ASC叢書3

スポーツビジネスの「キャズム」

新リーグ、新チームの成功と失敗を分けるマーケティング理論

一般社団法人スポーツと都市協議会 監修　花内　誠 編著

晃洋書房

The Chasm of Sports Business

はじめに

■ 紙一重

「地域に密着し，地域の誇りとなるチームを目指します！」

　ほんのりと赤らんだ頬に，キラキラと輝いた瞳で話をする新チームの経営者を，何人も見てきた。自らのチームを立ち上げ，さらにそのチームが勝利を積み重ねてタイトルを奪い，地域から愛される憧れのチームオーナーになる夢に一歩踏み出したばかりであれば，その昂揚感はいかほどのものか。チームを作るのは大変だったけど，ついにここまで来た。多くの経営者は勤めていた会社を辞め，貯金をはたいて夢を実現させた。中にはスポーツ科学の大学院で学び，ノウハウについても学んだ方も多い。あとは前途洋々と拓けたこの道を進んでいくのみ。

　私は，スポーツ事業を展開する会社に長く勤めているので，こうした経営者の方と数多くお会いしてきた。野球の独立リーグ，バスケットボール，バレーボール，ハンドボール，卓球，様々な種目の経営者の方々だ。どの種目の経営者もみな一様に「地域密着」「地域から愛される」「地域のため」「地域の誇りとなる」チーム経営を語られていた。

　ビッグイベントに携わるよりも，マイナーと呼ばれる種目やチーム，選手を発掘，育成したりする「新規開発」の部門の方が，こうした夢のある人たちと仕事ができるので，私は好きだ。残念なことだがマイナースポーツはお金にならず社内での評価も低くなりがちなので，担当を希望する人は少ない。我が社でも私ほど数多くのマイナースポーツの方々とお会いしてきた人間はいないと思う。

　私自身，Ｊリーグの開幕に感動し，「これからは地域密着型のスポーツの時

代が来る」と思い，産まれたばかりの娘にサッカーにちなんだ名前をつけた。もしかすると，あの時，娘が産まれていなければ，私自身，会社を辞めてチームを興していたかもしれない。立ち上げていたらどうなっていただろうか？いつか自分も彼らのように自らのチームを立ち上げてみたい。そんな思いもあって，半ば羨ましく思いながら，多くの方のお話を伺ってきた。

　しかしながら，1シーズン後，あれほど輝いていた方々にお会いすると，ほとんどの方がボロボロになっている。げっそりとやつれた頬に，疑心暗鬼なまなざしは，1年前と同じ人物と気が付かないほどだ。「地域のために」立ち上げたチームが，地域から十分なサポートが受けられず，1年の間に資本を減らし続け，2年目にしてチーム存続のがけっぷちに立たされている。この調子だと来年は危ういという絶望感と，昨年よりは収入は上向くはずという僅かな希望の間で，心が揺れ動き神経を磨り減らしている。

　その姿を見るたびに，彼らのようにスポーツの世界に飛び込まずサラリーマンを続ける自らに安堵を感じつつ，飛び込む勇気を持てない自分に苛立つ。

　どうして，彼らは成功できなかったのか？　それとも，これから成功していくのだろうか？　彼らの成功と失敗の差は何なのか？　ほんの紙一重の差が成功と失敗を分けているのではないか？

■ bj リーグ

　bj リーグを担当していた時にも数多くの経営者とお会いした。

　bj リーグはバスケットボールのプロリーグとして，2005〜2016年まで11シーズンに渡って開催されていた。

　1992年のJリーグ創設後に日本のスポーツ界は「プロ化」の波に飲み込まれた。企業チームの休廃部も増え，「プロ化」に活路を見出す人々が増えた一方，「プロ化」によって企業チームの廃部を恐れる人々の間で，日本のスポーツ界は迷走した。ほとんどの種目協会で「プロ化」が検討されたが，どの種目協会も「プロ化」には踏み切れずにいた。bj リーグは，廃部となった企業チーム

を存続させるために「プロ化」に踏み切ったチームによって創設されたが，「プロ化」に踏み切れない日本バスケットボール協会からは公認されず，当時の日本の男子バスケットボールリーグは，bj リーグと企業チームが中心となって運営されていた NBL の 2 リーグが並存することになり，遂には FIBA（国際バスケットボール連盟）が，日本協会のガバナンス能力に対する疑問から，資格停止処分を発するまでになった。

　FIBA から 2 リーグ統合を含めたガバナンスの再生を指示された日本バスケットボール界は，川淵三郎氏を中心としたタスクフォースを結成し，日本国内の男子バスケットボールリーグは，2016年秋から B リーグに統合された。

　私は2007年頃から縁があってバスケットボールを担当することになり，河内敏光コミッショナーをはじめとしたリーグ経営陣をはじめ，各チームの経営者の方々とお会いする機会が増えた。一方で，日本協会や NBL の経営者とも面識を得た。

　bj リーグは2005年のファーストシーズンに参入した 6 チームを「オリジナル 6 」と呼んでいた。オリジナル 6 のチーム名と現在（2019-2020シーズン）の B リーグでのポジション，そして経営体制については下記の通りである。

チーム名	2019-2020シーズン	経営体制の維持
仙台89ers	B 2	×
埼玉ブロンコス	B 3	×
東京アパッチ	2011年参加断念	×
新潟アルビレックス BB	B 1	○
大阪エヴェッサ	B 1	○
大分ヒートデビルズ	B 2 愛媛オレンジバイキングス	×

出典：筆者作成

　6 チーム中 5 チームが存続しているのは，バスケットボールを愛する人々の努力の賜物であるが，6 チーム中 4 チームは身売りなどで経営体制が変わっている。

　bj リーグは，その後，毎年のようにエキスパンションを重ね，最終年とな

チーム名	2019-2020シーズン	経営体制の維持
青森ワッツ	B 2	○
岩手ビッグブルズ	B 3	○
秋田ノーザンハピネッツ	B 1	○
仙台89ERS	B 2	×
福島ファイアーボンズ	B 2	×
新潟アルビレックス BB	B 1	○
富山グラウジーズ	B 1	○
信州ブレイブウォリアーズ	B 2	○
群馬クレインサンダーズ	B 2	×
埼玉ブロンコス	B 3	×
東京サンレーヴス	B 3	○
横浜ビー・コルセアーズ	B 1	×
金沢武士団	B 3	○
浜松・東三河フェニックス	B 1	○
滋賀レイクスターズ	B 1	○
京都ハンナリーズ	B 1	○
大阪エヴェッサ	B 1	○
バンビシャス奈良	B 2	○
島根スサノオマジック	B 1	×
広島ライトニング		×
高松ファイブアローズ	B 2	×
ライジング福岡	B 2	×
大分・愛媛ヒートデビルズ	B 2	×
琉球ゴールデンキングス	B 1	○

出典：筆者作成

る2015-16シーズンでは24チームとなる。

　24チームのうち，同じ都市に広島ドラゴンフライズがあった広島ライトニングを除き，全チームが存続しているが，23チームのうち，経営体制が存続しているのは14チームであり，それ以外のチームは，創設時の経営体制は維持されていない。（部分的な株式譲渡は除く）

　bjリーグは，その12シーズンで上記24チーム以外にもNBLへ転籍した千葉ジェッツや脱退した宮崎シャイニングサンズ，東京アパッチが消滅し，新たに東京サンレーヴスになったことなどを考えると平均すれば年に2チーム以上，チームが産まれた計算になる。

　Jリーグも1993年に誕生以来，2020年には56チーム（J1：18チーム，J2：

22チーム，J3：19チーム）に増えているから，こちらも年平均で2チーム増えている。

　しかしながら，bjリーグの場合はJリーグのような階層構造を備えていたわけではなく，1部リーグを6チームから24チームに拡大したことに特徴がある。

　Jリーグが，分厚い下部リーグを勝ち上がる資本力と育成力のあるチーム以外を振るい落とすシステムになっているのに対して，bjリーグは，いきなり試合興行を主たる収入とするチーム経営の1部リーグ所属チームを拡大していた。

　これは，野球やサッカーに比べるとバスケットボールの費用対効果の良さが影響していたと考えられる。野球は9人，サッカーは11人，バスケットボールは5人でプレーするが，チーム登記人数を考えると野球は40人，サッカーは22〜25人，バスケットボールは12〜15人である。一人当たりの年俸が違うので比較にはならないが，少なくとも一人当たり同じ給料を払っても，選手年俸総額が安く済むことは予想される。

　また，年間のホームゲーム開催数はレギュラーシーズンをベースにした場合，野球が70試合強，サッカーは20試合前後，バスケットは30試合であることも費用対効果が高い。屋内競技は，野球やサッカーのような屋外スタジアム競技と比較して，雨天による観客数の減少や，試合の中止の影響を受けにくいことも有利である。

　また当時のbjリーグは「サラリーキャップ制度」を導入しており，年俸総額は5000〜6000万円程度に抑えられていた。この選手年俸以外にも試合運営などの諸々の経費を入れても年間の経費は1〜2億円程度であり，年間収入が1.5〜2億円あれば，単年度黒字も達成できた。30試合あるホームゲームを1試合当たり1500名程度の観客数を達成できれば，上記の収入に手が届くと言われていた。

　関係者の中には「コンビニエンスストア1軒の年間売り上げは2〜3億。bj

リーグのチームを経営する社長は，コンビニエンスストアの店長みたいなものだ。」と言う人もいたくらいだった。

琉球ゴールデンキングスの奇跡

そんな bj リーグの中で異彩を放ったチームが琉球ゴールデンキングスだった。

2007-2008シーズンから bj リーグに参戦した琉球ゴールデンキングスは，木村達郎氏と大塚泰造氏という二人の若者が，安永淳一氏というニュージャージーネッツでスポーツビジネスの実際を知る人物を引き入れてゼロから作ったチームである。

設立の経緯と初優勝までのいきさつは木村達郎氏が自ら著した『琉球ゴールデンキングスの奇跡』（学研パブリッシング，2009年）に bj リーグに参入する前の2005年から優勝した2007-2008シーズンが終了し，2009年シーズンに向けてまでの数年間を詳細に記している。私も，3連覇中だった大阪エヴェッサをカンファレンスファイナルで破り，決勝で東京アパッチを破った試合を有明アリーナで観戦しただけでなく，レギュラーシーズンの初優勝の瞬間に沖縄で立ち合い，「僕ら優勝するの初めてなんで，どうしたらいいのかわからないんです。」と言う木村社長と沖縄の夜を痛飲した。

本にも書かれているが，参入1年目は10勝34敗と大きく負け越し最下位，観客数も伸びずに大赤字だった。このまま赤字だとこのシーズンが最後になるかもしれないと臨んだ2年目に優勝を成し遂げ，沖縄に凱旋すると全てが変わっていたというシンデレラストーリーを実現させたチームである。

その後，bj リーグでは最多となる通算4回の優勝を成し遂げ，今では B リーグの模範チームのひとつとして沖縄市に1万人アリーナを建設している，もっとも成功したチームのひとつと言える。

琉球ゴールデンキングスの成功の理由は多々あげられる。アメリカ文化の影響を受けた沖縄の風土など，たくさんあるが，なかでも優秀な人材がいたこと

があげられる。前述した3人の経営陣は，選手やコーチなどのスポーツオペレーションを木村氏が担当し，ビジネス面については大塚氏が，そして試合の運営などのゲームオペレーションを安永氏が担当する米国型のスタッフ体制を組んでいたのが特徴で，それぞれが自らの役割でベストを尽くす優秀な人材の集まりだった。

■ 不運なチームたち

　一方で，bjリーグでは多くのチームが苦境に立たされた。東京アパッチや宮崎シャイニングサンズのように脱退，消滅してしまったチームもあるし，チームは存続しても創設時の経営陣は退陣し，チームは他人の手に渡ったケースは数多い。

　中には，優勝した翌年にも関わらず観客が伸びず経営が行き詰まり，経営陣が変わってしまったチームすらある。

　彼らについて琉球ゴールデンキングスのように本が書かれることはないだろう。成功の要因は語られるが，「失敗の要因」は分析されることがない。琉球ゴールデンキングスの成功の要因が「人材」や「風土」だとしたら，失敗の要因も「人材」や「風土」だったのか？

　確かに失敗したチームは，琉球ゴールデンキングスのようにスポーツオペレーションとビジネスアドミニストレーションを分けた米国型のチーム経営ではなく，一人のワンマン社長がその両方を兼務しているケースも多かった。社長の独り相撲になってしまってはチーム経営以前の問題だ。

　人材の問題であれば，優秀な人材さえいれば成功するのだろうか？　だとすると，優秀な人材はどういう定義なのだろう？　私から見ても失敗したチームの経営者もバスケットボールを愛するモチベーションの高い人たちばかりだった。成功する人材の要因は，種目を愛するモチベーションの高さだけではなく，別な尺度でもみる必要がありそうだ。

　風土はどうだろう？　沖縄の風土が成功した理由で，同じように失敗した理

由も風土にあるとすればその違いは一体何のか？　それが判らない限り，失敗
し続けることになるのではないだろうか？

　成功した琉球ゴールデンキングスと彼らの差を分けた要因はなんだったの
か？　自分が将来，会社を辞めてチームを立ち上げるなら，それが判っていな
いと失敗する可能性が高い。この件は，私の脳裏から離れることなく，ずっと
自問し続けることになるが，簡単には答えが見つからない。私の頭にモヤモヤ
とまとわりつき，決して晴れることのない疑問として，今も私を悩ませ続けて
いる。

　そんな私は，「ひょっとして？」と思わせた1つの理論に出会った。「キャズ
ム」という普及学の理論である。この理論との出会いが，これまで霧の中にあっ
たスポーツビジネスの成功と失敗を分ける鍵の手掛かりとなる。

　この本はその手掛かりを追う筆者の軌跡と，それを様々な角度から有識者の
先生方に論考していただいたものである。これまでのスポーツビジネス関連と
は異なる本になっている。まずは皆様にご一読いただき，ご意見を頂戴したい。

　　　　　　　　　　　　　　　　　　　　　　　　　　花内　　誠

Contents

I

問 題 提 起

第 1 章
スポーツビジネスとキャズム理論の応用

01 スポーツビジネスの３つの成功

1 キャズム理論との出会い

　スポーツビジネスにおいて，成功と失敗を分けるものは何なのか？ どこかに答えがないのか？ スポーツビジネス関連の書籍を片っ端から読み漁った。残念なことに，そこには私が求めている答えは見当たらなかった。次にスポーツビジネス関連の本にこだわらず，一般のビジネス，経営に関する書籍にも当たり始めた。スポーツビジネスもビジネスであるから，そこに答えがあるかもしれない。モヤモヤを晴らしてくれる何かが見つかるかもしれないと考えたからだ。とはいえ，経営学に興味があるわけではない。ビジネスをスポーツビジネスに読み替え，商品をスポーツや試合，チケットに，顧客をファンやスクールの子どもたちと読み替えてみた。

　経営学は経済学，社会学，心理学のそれぞれの心理ディシプリンにまたがる。（『世界標準の経営理論』入山章栄著，ダイヤモンド社，2019年）経営学の歴史は浅いが，総合的学問と言える。それぞれの経営学関連書籍は示唆に富み，今まで勉強してこなかった自分を猛省した。しかしながら，スポーツビジネスの成功と失敗を分かつ要因について頭にかかるモヤモヤを晴らしてくれるものではなかった。

　その時出会ったのが『キャズム　Ver. 2』（ジェフリー・ムーア著，川又政治訳，

翔泳社，2014年）である。普及学をベースにハイテクマーケティングに特化した本で，スポーツビジネスに転用できると思ってもいなかったので，あまり期待した本ではなかった。実際のところ，買ってからしばらく本を開かずに忘れていた。しかしある日，開いてみたら，ページをめくる手が止まらなくなった。ハイテク関係者のために書かれた本だが，テクノロジーをスポーツに変えて読み始めると，今まで頭を取り巻いていたモヤモヤが晴れ，そこに光が差し込んだ気がした。このハイテクノロジーのためのマーケティング理論をスポーツビジネスに応用することで，スポーツビジネスにおいて成功と失敗を分けるものがおぼろげながら掴めるかもしれない。全体像はまだ見えないものの，今まで追い求めていたものの尻尾を捕まえたような気がした。

2 イノベーションの普及

キャズム理論について説明する前に，そのベースとなる普及学の考えについて説明する必要がある。社会学者のエベレット・ロジャーズはオハイオ州の農民に対する農業イノベーション普及の研究から，1962年『イノベーションの普及（Diffusion of Innovation）』（エベレット・ロジャーズ著，三藤利雄訳，翔泳社，2007年）を著した。新しいアイデアや技術が社会に普及する過程，あるいは普及しない過程を説明しようとする理論である。彼は，『イノベーションの普及』の第1章で「普及は一種の社会変化である。社会変化とは社会システムの構造と機能に変化が生じる過程のことである。」と言っている。

さらにロジャーズはアイデアが普及・拡散する過程の採用者を新しいアイデアや技術を採用する順に「イノベーター」「初期採用者（アーリーアダプター）」「初期多数派（アーリーマジョリティ）」「後期多数派（レイトマジョリティ）」「ラガード」という標準的な5カテゴリーに分けた。

その上で，ロジャーズは，各カテゴリーの特徴を以下のようにプロファイルしている。

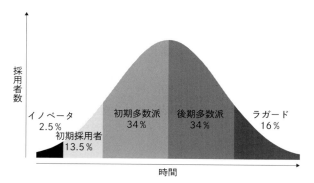

図1-1　革新性に基づいた採用者カテゴリー

出典：『イノベーションの普及』エベレット・ロジャーズ著，三藤利雄訳，
翔泳社，2007年を基に筆者作成（図1-2，1-3も同じ）

◆イノベータ（innovator）

　採用者カテゴリーにおいて，社会システムの中でイノベーションを最初に採用する個体あるいは個人のこと。冒険的。

◆初期採用者（early adopters）

　採用者カテゴリーにおいて，イノベーションをイノベーターに次いで初期に採用する人々。尊敬の対象。イノベータはコスモポライトであるのに対して，初期採用者はローカライトである。初期採用者は高いオピニオン・リーダーシップを有していることが多い。

◆初期多数派（early majority）

　採用者カテゴリーにおいて，社会システムの成員の半数が採用する以前にイノベーションを採用する人々。慎重派。仲間と頻繁に交流するが，社会システムのなかでオピニオンリーダーとなることは稀である。初期多数派の人たちは普及過程のなかで，後期の採用者とのつなぎ役を果たしている。

◆後期多数派（later majority）

　採用者カテゴリーにおいて，社会システムの成員の半数が採用した後にイノベーションを採用する人々。懐疑派。余剰資源が少ないので，イノベーション採用の際には，不確実性の大部分が取り除かれていなくてはならない。

◆ラガード（laggards）

　採用者カテゴリーにおいて，社会システム内でイノベーションを最後に採用する人々。因習的。ほとんどオピニオン・リーダーシップを持ち合わせておらず，ローカライトである。ラガードの多くは社会システム内のネットワークで孤立している。lag は「遅延」という意味。

（以上『イノベーションの普及』用語解説より）

3 キャズム理論

　ロジャーズの普及理論は1960年代に発表されてから，様々な分野での普及について応用され研究された。その中で1990年代に入ってムーアが，ハイテクノロジー分野の普及において，各カテゴリーの間には，普及を阻む「クラック（ひび割れ）」があるのではないか？　と問題を提起し，更にもっとも大きな「クラック（ひび割れ）」は，初期採用者（アーリーアダプター）と初期多数派（アーリーマジョリティ）の間にある。と提唱した。

　重要な点なので，少々長くなるが，『キャズム　Ver. 2』から引用したい。

　　ハイテク製品を市場に浸透させていくときの最大の落とし穴は，少数のビジョナリー（進歩派）で構成される初期市場から，多数の実利主義者で構成されるメインストリーム市場へと移り変わるところに，パックリと口を開けて待ち受けている。この2つの市場のあいだに横たわる溝の存在が見落とされることが少なくないが，実はハイテク分野のマーケティングを論ずる際に，これはきわめて重要な意味合いを持っている。我々はこの溝を「キャズム（深い溝）」と呼んでおり，ハイテク製品のマーケティングを長期的な視野で捉える際には，キャズムを越えることが最重要課題となる。つまり，キャズムを越えた者がハイテク分野で財をなし，失敗すればすべてが水泡に帰すのだ。

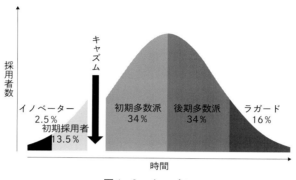

図1-2　キャズム

　キャズムに陥る要因について，ムーアはイノベーターや初期採用者と多数派以降の「価値観の違い」にあり，新しいアイデアや技術を提供する側（ベンダー）が，採用する側の価値観の違いに気が付かないことを挙げている。イノベーターや初期採用者が「新しい」ということに価値を見出し採用する時，「新しい技術です」というコミュニケーションは，イノベーターや初期採用者たちの価値観に受け入れられ，順調に採用されて市場に浸透する。しかしながら，あるレベルを超えると，ぱったりと伸びが止まってキャズムに陥る（図1-2）。それは，初期多数派は「新しい」ということにさほど価値を見出しておらず，もっと別な価値観（利便性など）でアイデアや技術を採用するからである。

　これを読んだときに，これはスポーツビジネスと同じだ！　私が探していたスポーツビジネスの成功と失敗を分ける要因の尻尾かもしれないと閃いた。

　例によって，ハイテクノロジーをスポーツに読み替え，顧客をファンに，商品をチケットに読み替えていくと，創設されたチームやリーグなどのスポーツビジネスが，順調に立ち上がったと思いきや，早々に陥り抜け出すことが難しくなる状態。その状態の存在と，その状態に陥る原因，さらには，そこから抜け出すための手法などが書かれているように思えた。

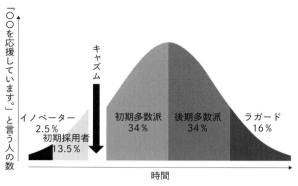

図1-3　スポーツビジネスのキャズム

4 スポーツビジネスにおけるキャズム理論の応用

　スポーツビジネスをキャズム理論に応用するとどうなるだろう？

　たとえば，ある地域において「あなたが応援するチームを教えてください」と尋ねた時に「〇〇というチームを応援しています」と答えた人の数がどのくらいいるのか？　2.5%以下であればイノベーター層に採用されただけだし，2.5〜16%以下であれば，初期採用者に採用されたレベルといえるのではないか？そして，16%〜50%の人が「〇〇を応援しています」と答えれば，それはキャズムを越えて初期多数派に普及しているといえるかもしれない。

5 スポーツビジネスの採用者

　直感的に「〇〇を応援しています」という人を，スポーツビジネスにおける「採用者」と当てはめてみたが，正しいのだろうか？

　スポーツビジネスにおいて「採用者」とは誰のことだろう？

　広告業界では，消費者の心理プロセスモデルとしてよく使われるものの１つとして「AIDMA」がある。消費者が消費行動を起こすまでの心理プロセスを

　　A（Attention）注目

　　I（Interest）興味

D（Desire）欲望

M（Memory）記憶

A（Action）行動

の5段階に分けて捉えるモデルである。

　本来は最後のA（Action）行動の調査ができればいいのだが，スポーツビジネスにおける「消費行動」は，「スポーツをする」「スポーツを会場で観戦する」「スポーツをテレビで観戦する」「スポーツイベントでボランティアをする」「ロゴグッズを購入する」など多岐にわたっているため，直接的に行動を規定し調査することは難しいのではないかと考えた。

　他にも「○○を知っていますか？」という質問であれば，Aの認知段階での「認知」を調べることも可能かもしれないし，「○○に興味がありますか？」「○○の試合を観に行きたいと思いますか？」「○○の商品を買いたいと思いますか？」であれば，Iの興味，Dの欲望などの段階を調査することも可能かもしれない。しかし，AIDMAの考え方であれば，最初のAからIDMAの順に人の数が徐々に減少していくはずで，最初のAの認知から最後のAの行動を推測するよりも，直前のMの記憶から最後のAの行動を推測する方が近いかもしれない。もっとも，可能であれば，色々な指標を用いて推測の精度をあげるべきであろう。

　色々な考え方があると思うが，スポーツビジネスにおける「採用者」とはそのチームを「自分のチーム」と認識している人と定義しても良いのかもしれない。「自分がチームの一員である」と認識し，自分が応援することでチームの勝利に貢献するという考えを持っている人，である。

　ここではスポーツビジネスにおいてキャズム理論が応用できるのかを問題提起することが目的なので，それぞれの検証を行う紙幅はないが，いずれこの考え方に従って，チームや地域を調査してみたい。

6 スポーツビジネスの３つの成功

そもそもスポーツビジネスにおける成功とは何だろうか？

小さなスポーツチームの年間報告では，年間１億円の収入が２億円になった時，あるいは１試合平均の観客数が500人から1000人に増えた時，「１億円も売り上げを伸ばした」「観客数が２倍になった」と成功を喧伝するのだが，読むたびに，モヤモヤした気持ちになることが多かった。（もっとも年間報告をちゃんと出しているチームは少ない。出しているだけでもちゃんとしているチームともいえる。）

もちろん，１億円が２億円に倍増すれば「良かったですね」と笑顔で対応はするのだが，本当は10億円の収入が期待されていたのに２億しか収入が無ければ，「目標の20%」「８割の機会損失」とも捉えられる。「期待していたほどではなかった」などと言うと，喜んでいた関係者は驚き，しょんぼりと萎れ，さらには「そんな無粋な」と怒り出す。ゆえに黙っているのだが，そうすると関係者は現状に満足してしまい，収入は頭打ちになってその後の伸びは期待できない。

スポーツビジネスの「成功」は３種類あると考える。

　１つめの成功は，イノベーターから初期採用者への成功である。

　２つめの成功は，初期採用者から初期多数派へキャズムを越える成功である。

　３つめの成功は，初期多数派から後期多数派への成功である。

どの成功も重要な成功であるが，３つの成功はそれぞれ意味合いが異なる。

　１つめの成功は，立ち上げ（ローンチ）の成功である。無事に新リーグや新チームが立ち上がったことを成功とすることである。

　２つめの成功は，キャズム理論でいう成功である。「ビジネス」としては，初期多数派にまで商品やサービスが普及して，収入とともに利益率も向上する成長期に入る。私はこの「キャズム」を越えることが，もっとも重要な成功ではないかと考える。

イノベーターや初期採用者のカテゴリー内での伸びも成功には違いないが，それではいずれキャズムに陥る可能性もある。成功とはキャズムを越えて，初期多数派に渡り，いずれ後期多数派へとつながる道を踏み出すことではないだろうか？

3つめの成功は，後期多数派にまで商品・サービスが普及する「成熟期」である。これはこれで，なかなか難しい成功である。キャズムではないが，初期多数派と後期多数派の間にも，「クラック」が存在するであろう。それを越えることは容易ではないが，キャズムを越えて成長期に入っている商品・サービスであれば，きちんとした手を打てばキャズムを越えるよりも，クラックを越える方が比較的容易なのかもしれない。

いずれにしても，この3つの成功を，認識することなく「収入が増えた」「ファンが増えた」というレベルでは，成功を続けることは難しい。

新しいスポーツリーグや，スポーツチームが立ち上がれば，メディアは「期待の〇〇」と取り上げてくれるかもしれない。うまくいけば「快進撃」，「顧客倍増」などと成功報道をしてくれるだろう。しかし，その後，急速に勢いを失うリーグやチームを多く見てきた。まさにキャズムに陥るケースである。

それは，そのチームにとっての「成功」が1つめの成功でしかなかったのではないだろうか？　メディアの成功報道をきちんと見極め，2つめの成功に向けての手を打たなければ，ITビジネスと同様，スポーツビジネスもキャズムに陥る可能性が高い。次節では，キャズム理論にスポーツビジネスを当てはめ，スポーツがより発展する方法を考えたい。

02 スポーツビジネスの普及モデル

キャズム理論をスポーツビジネスに当てはめるとすれば，どのようなモデルが考えられるだろう。

特定の対象マーケットにスポーツが「普及」するというのは，どういうこと

だろうか？

　ロジャーズは，アイデアや新商品を「採用」することを「普及」するとしている。製品の特徴によって，たとえば車やスマホなど一度採用すればその後長期間採用され続けるものと，清涼飲料など一度試してみたがその後採用されないものがあるだろう。

　スポーツビジネスの場合も，「試合を観戦する」という場合は，「試しに観に行ってみた」「行ってみたけどつまらなかったから，もう行かない」ということもある一方，「自分はこのチームのファンだ」と心に刻めば，余程のことが無い限り一生ファンであり続ける。

１ スポーツの普及モデルとスポーツビジネスの普及モデル

　スポーツの普及というと，自らがそのスポーツをプレー「する」というイメージを持つだろう。種目別の協会や連盟は主にこの「スポーツ」の普及を目的にあげている。

　しかしながらスポーツビジネスにおける「普及」というのは，違うのではないか？　ドラッカーは企業の目的を「顧客の創造」と定義している。（『現代の経営』P. F. ドラッカー著，上田惇生訳，ダイヤモンド社，2006年）であれば，スポーツビジネスにおける企業の目的も「顧客の創造」であり，「顧客」とはスポーツビジネスにおいて，なんらかの利益をもたらす存在＝ファンの獲得と定義できるのではないだろうか？

　スポーツビジネスの自体の目的は，そのスポーツやチームが，サスティナブルに勝利する環境を整備することであり，そのためには，スポーツをプレー「する」人からの利益だけではなく，スポーツをプレー「しない」がスポーツを「みる」あるいは応援する（「ささえる」）人たち＝「ファン」からの利益で，より環境を整備していく方が有利だからである。

スポーツビジネスの普及モデルとしては，特定のマーケットにおいてファンをふやしていく過程と考えるとイメージしやすいのではないだろうか。

もっとも，「ファン」をどう定義するのかがこれまた難しい。

シーズンチケットを保有しているファンだけがファンではないだろう。年に1度も会場に観戦に行かないが，常にチームの動向を気にかけ，一喜一憂するファンも多くいるだろう。スポーツビジネスとしては，チケットであろうが，グッズであろうが，チームになんらかのお金を落としてくれる存在をファンと定義するのが良いと思われる。

「スポーツの普及モデル」と「スポーツビジネスの普及モデル」は似て非なるものである。

ファンを普及モデルで分類する

スポーツビジネスの対象としての「ファン」を普及モデルで分類してみよう。

【イノベーター】　普及モデルでは，冒険的で新たなアイデアへの関心が高いために，仲間のネットワークから離れて，よりコスモポライトな社会的関係を求めるとある。これをスポーツに当てはめると，新たなアイデア＝スポーツの種目と置き換え，まだ世の中に知られていない新たなスポーツ種目への関心が高く，その種目の同好会的な集まりに参加している人たちをイメージすればよいだろうか。

【初期採用者】　普及モデルでは，尊敬の対象とされ，イノベーターよりもなお一層地域社会システムに根差した存在とされている。すでにオリンピック種目となっている種目を体育会でプレーしている人たちを思い浮かべればいいかもしれない。

【初期多数派】　普及モデルでは，慎重派とされ，社会システムの成員の半数が採用する以前にイノベーションを採用する。仲間と頻繁に交流するが，社会システムのなかでオピニオンリーダーとなることは稀である。積極的に大学生活

をエンジョイする大学生のようなイメージだろうか。スポーツはどちらかといえば好きだけど，自らが体育会でプレーするほどでもない。イベントがあれば面倒くさがらずに顔を出す。そのイベント自体に興味があるというより，友達と一緒にいつも過ごしている。アクティブなイメージだろうか。

【後期多数派】　普及モデルでは，懐疑派とされ，後期多数派は懐疑的かつ警戒の念をもちながらイノベーションに接近するので，彼らは社会システムの成員の過半数がイノベーションを採用するまで採用しようとはしない。スポーツはどちらかというと好きでないが，周囲と話をあわせるためには，みんなが参加するイベントには顔を出しておかないと話があわなくなるのは嫌，という人たちだろうか。

【ラガード】　普及モデルでは因習派とされ，イノベーションを最後に採用する人たちである。彼らの資源は限られており，採用は前に「うまくいくことが確実」でなければならないからである。スポーツにおいても，新しいスポーツや新しいチームのファンにはなかなかならない。

「ファン」における「する」と「みる」

　スポーツビジネスにおける「ファン」を，スポーツを「する」ファンとスポーツを「みる」ファンに分けて考えるべきだろうか？

　スポーツビジネスとしては，前述したようにスポーツを「する」人だけでは，勝つための環境を整備することは難しい。「みる」人を巻き込むことで環境整備が進む。なので，「みる」人が「ファン」と分類されやすいが，前述のカテゴリー分けのように，イノベーターと初期採用者は「みる」というより「する」人たちが中心である。

　また，「スポーツ」という言葉も曖昧だ。スポーツは「野球」「サッカー」などの種目に分けられる。すべてのスポーツ種目を均等に「する」ことはないだろう。そもそも種目数は多すぎるし，今もどんどん新しいスポーツ種目が増えている。

スポーツを「する」というのは，特定の種目を「する」ことと同意義と考えてもいいだろう。ここでは「スポーツ」をする，みると表現しているが，実際には「種目」をする，みるという表現が正確であり，「サッカー」のファン，「クラブ」のファン，「選手」のファンということに当てはめるのだが，それらを一括して「スポーツ」と表現していることに注意が必要だ。

　種目を「する」人たちは，その種目を「みる」人でもある。彼らの多くは，自らのプレーの参考に「みる」だろう。つまり「する」人は「みる」人でもある。

　普及の軸を「ファン」と表現しているが，プレーヤーも「ファン」の中に含めて考えても良いのではないか？

③ スポーツビジネスのキャズム

　キャズムが初期採用者と初期多数派の間に存在するのであれば，スポーツビジネスにおけるキャズムは，スポーツを「する」ことに価値を見出すイノベーターや初期採用者たちの価値観と，スポーツを「みる」ことに価値を見出す初期多数派以降の人たちの価値観の違いから生じているのではないだろうか？

スポーツを「する」人の価値観

　イノベーターや初期採用者は，スポーツを「する」ことに価値観を見出す。自らがプレーすることで，他の人がプレーをする時にそのパフォーマンスを比較することができる。そのために，スポーツを「する」人たちは，スポーツを「みる」時にパフォーマンスを重視した見方をする。

　さらに，スポーツを「する」人は，特定の「種目」に偏ってプレーする人が多いため，「種目愛」と呼べるような愛着を自らがプレーする種目に持つ場合も多い。彼らにとっては，スポーツとは特定の種目を指す。

スポーツを「みる」人の価値観

　初期多数派以降の人たちは，スポーツを「する」よりも「みる」ことに価値観を見出す。中にはプレー経験者もいるが，多くはトップアスリートというよりはジュニア時代に競技生活を諦めている。特定の種目に対して愛情を抱く人も多いが，イノベーターや初期採用者に比べると「スポーツ全般」に対して幅広く興味を持っている。さらに特定の種目（例えば野球）をプレー「する」人も，別の種目（たとえばラグビー）を「みる」際には，イノベーターや初期採用者ではなく，自らが初期多数派として別の種目を「みる」。

　彼らは，そのスポーツ種目を語るほどプレーしてはいないので，プレーのパフォーマンスよりも，「共感」に対して価値観を持つ。それは選手の感情の発露や，自らが所属するコミュニティ（例えば日本人）が，他のコミュニティ（例えば外国）に勝利を収める喜びを共有することに価値を見出す。そのため，初期採用者に比べると勝敗にこだわるようにもみえる。

④ メジャースポーツとマイナースポーツ

　キャズムは，「メジャースポーツ」と「マイナースポーツ」の間に横たわっていると考えられる。それでは，メジャースポーツとマイナースポーツを分けるものは何なのだろうか？

　メジャースポーツでも，マイナースポーツでも，そのスポーツ種目をプレーすることは，一様に楽しい。もちろん，種目の好き嫌いはあるだろうが，イノベーターや初期採用者たるプレーヤーたちは，自らの種目を楽しんでいるはずである。「する」人数が多い種目がメジャー，少ない種目がマイナーなのであろうか？

　スポーツを「する」人数は，笹川スポーツ財団「中央競技団体現況調査2018」によれば，多い順に実施人数，競技人数，登録人数と分けて考えられる。同書によれば，最多登録人数は，剣道の191万1256人であり，続いてサッカーの95万8924人である。野球は推計値なので参考であるが，サッカーよりも多い。(BFJ

（全日本野球協会）による調査集計（推定値含む）では，130万8711人）。武道である剣道がメジャーなのか，マイナーなのか，の取り扱いは，それだけで別に1冊必要になるのでここでは触れないが，野球とサッカーだけみると，「する」人数が多い方が，メジャー種目のようにも思える。その他登録者10万人を超える種目を笹川スポーツ財団「中央競技団体現況調査2018」からピックアップして**表1-1**にあげておく。

登録者数と実施人数が近い種目と乖離している種目の差を考慮する必要があるが，「する」人数の多い種目の方が「メジャー」に見えるが，必ずしも「する」人数だけで「メジャー」「マイナー」が分れるものではないようだ。

表1-1　中央競技団体登録者

種目	登録者数
剣道	1,911,256
野球	1,308,711
サッカー	958,924
バスケットボール	620,715
ゴルフ	598,114
ソフトテニス	439,117
陸上競技	424,365
バレーボール	422,924
卓球	348,195
国際スポーツチャンバラ	300,000
バドミントン	298,574
ソフトボール	184,516
グラウンド・ゴルフ	173,026
柔道	147,715
水泳	118,122
ハンドボール	95,721
ラグビー	95,200
テニス	42,858

出典：笹川スポーツ財団「中央競技団体現況調査2018」を基に筆者作成

スポーツは地域のお祭りを発祥とするものが多いが，祭礼に参加する人が，宗教行事として行う＝司る者と，見るもの＝信者に分化していったことと同様に，スポーツも「する」人と「みる」人が分化していった歴史を持つ。元来，「する」人だけでなく「みる」人もともに参加していたと考えるのであれば，メジャーかマイナーかは「みる」人の数も含めた人数で考えるべきではないだろうか？

初期多数派（＝その種目に興味のない人）にも普及されているものがメジャースポーツであり，一方で，イノベーターや初期採用者に普及がとどまっているものがマイナースポーツなのではないかと考えられる。

前節でも述べたように，AIDMA の法則に従えば，最初の Attention（注目）から Interest（興味），Desire（欲望），Memory（記憶），Action（行動）に

移っていくわけで，そのスポーツを注目，あるいは認知していなければ，「面白そう」（興味），「観てみたい」（欲望），「覚えておこう」（記憶），「観に行こう」（行動）には移らない。だとすれば，少なくとも多くの人にAttention（注目）されていなければメジャーとは言えない。そして，多くの人がAction（行動）として，そのスポーツを「観る」ことで参加することが，真のメジャーなのだろう。

では，どのくらいの人に注目されていれば，「メジャー」と言えるのだろうか，キャズムを越えて，初期多数派層に注目されていることが，「メジャー」の第一条件だと考える。さらに，Interest（興味），Desire（欲望），Memory（記憶），Action（行動）のそれぞれの段階で，初期多数派層に普及することが「メジャー」なのではないだろうか？

つまり，「メジャースポーツ」とは，そのスポーツが，多数派まで普及された状態，「マイナースポーツ」とは，そのスポーツが多数派まで普及されておらず，初期採用者までで普及が止まっている状態である。そして，「メジャースポーツ」と「マイナースポーツ」の間には「キャズム」が存在している。

5 良い試合，レベルの高い試合，面白い試合

私を含め，ほとんどのスポーツ関係者は「良い試合，レベルの高い試合，面白い試合を観れば，観客は増える」と考えている。スポーツビジネスは，コツコツと良い試合を積み重ねることで，いつか皆から注目される存在になると考えて頑張っている。しかし，どうやらその考えを改めなくてはいけないようだ。

努力して良い試合をすることが重要な要素であることは，当たり前のように正しいが，それだけで観客が増え，いずれメジャー化する。というのは違う。

「良い試合，レベルの高い試合，面白い試合」というのは，まさにキャズム前の初期採用者層までの価値観であり，初期多数派にとっては「良い試合，レベルの高い試合，面白い試合」というのは観戦する理由としては，十分ではない。彼らにとって重要な価値観は，その試合を観戦すること，応援することが，

自らの所属するコミュニティにとってプラスになり，自らがそのコミュニティに属していることを確認することである。

　サッカーのワールドカップの決勝戦よりも，予選の日本代表戦の方が，日本において視聴率が高い事実がそれを表している。「良い試合，レベルの高い試合，面白い試合」というそのスポーツ種目におけるパフォーマンスを価値観に置けば，ワールドカップの決勝戦は最高レベルの試合である。しかしながら，そのテレビ視聴率よりも，予選を戦う日本代表戦の方が日本においては，視聴率が高い。日本人にとって，日本代表戦は，まさに自らの「日本」というコミュニティに属していることを確認することに他ならない。

　「良い試合，レベルの高い試合，面白い試合」は 3 つの成功のうちの「第 1 の成功」＝初期採用者層までの中での成功の要因であり，「第 2 の成功」＝キャズムを越える要因ではない。次節では，「第 2 の成功」＝キャズムを越えるためにはどうしたらいいのかを考える。

03 ｜「第 2 の成功＝キャズムを越える」ための法則

　キャズムの越え方には，いくつかの法則がある。ここでは，その法則を事例を交えながら検討してみたい。法則を知らずに運だけでキャズムを越えることもあるかもしれないが，法則を知っていれば，それを取り入れることでキャズムを越えやすくなることは間違いない。

　さらに，キャズムを越えることは，そのスポーツ，リーグ，チーム，選手などが初期多数派に普及しメジャー化すると言える。プロダクトライフサイクルから考えれば，メジャー化することで，製品やサービスは成長期に入り，ビジネスとしての成功を意味する。スポーツが発展するためには，そのスポーツ，リーグ，チーム，選手がメジャー化を目指すことが必要である。

法則1 ｜ 初期多数派に価値観をあわせる

　ムーアは，キャズムの生じる原因を初期採用者と初期多数派の間の価値観の相違にあるとしている。

　スポーツの場合は，スポーツをする人間とみる人間の間の価値観の相違と考えられる。

　スポーツをする人間は，そのスポーツ＝種目に興味を持っている。愛していると言っても差し支えない場合も多い。彼らは，「こんなに楽しく面白く魅力のあるものは，誰にとっても楽しく面白く魅力がある」と考える。それは，全てのスポーツ種目とスポーツ関係者に当てはまる。

　残念ながら，それは初期採用者までの価値観であり，多数派以降の価値観ではない。多数派の価値観は，種目の楽しさ，面白さ，魅力などの「パフォーマンス」の価値観とは別のところにある。前節にあるように「共感」への価値観であり，「コミュニティ」への価値観にある。多数派は特定の種目への興味がないのだから，彼らに種目の楽しさ，面白さ，魅力を伝えても伝わらない。

　これまた前述したように初期多数派の多くはスポーツ好きで，自らもスポーツを行っている可能性が高い。サッカー好きに野球の素晴らしさを説いても，「サッカーの方が楽しく，面白く，魅力がある」と言われる可能性が高い。同様に野球好きにサッカーの魅力を説いても，「野球の方が楽しく，面白く，魅力がある」と言われるだろう。

　では，何を伝えれば初期多数派の価値観にあわせることができるのか？

　それは「共感」と「コミュニティ」である。

　その種目を通じて，初期多数派にどのようなメリットがあるか？　あるいは初期多数派と自分たちがどのような共感を抱くことができるのか？　を伝えることが重要である。

■事例1 Jリーグ

Jリーグは，その「百年構想」を以下の様に謳っている。

Jリーグ百年構想

・あなたの町に，緑の芝生におおわれた広場やスポーツ施設をつくること。

・サッカーに限らず，あなたがやりたい競技を楽しめるスポーツクラブつくること。

・「観る」「する」「参加する」。スポーツを通して世代を超えた触れ合いの輪を広げること。

　誰もが気軽にスポーツを楽しめるような環境が整ってはじめて，豊かなスポーツ文化ははぐくまれます。そのためには，生活圏内にスポーツを楽しむ場が必要となります。そこには，緑の芝生におおわれた広場やアリーナやクラブハウスがあります。誰もが，年齢，体力，技能，目的に応じて，優れたコーチの下で，好きなスポーツを楽しみます。「する」「見る」「支える」，スポーツの楽しみ方も人それぞれです。

出典：公益社団法人日本プロサッカーリーグ（Jリーグ）HP（https：//aboutj.jleague.jp/corporate/aboutj/100 years/）

　サッカーの素晴らしさや魅力を前面に押し出さず，サッカー以外のスポーツ関係者に向けてのメッセージにすら見える。モデルとなったのは，ドイツのシュポルツフェラインと言われているが，サッカーに限らず，様々な種目がともに楽しむことができるスポーツクラブをつくることを謳い，見事にサッカー以外のスポーツ関係者である初期多数派の価値観にあわせた構想になっている。

　Jリーグがメジャー化した理由は，いくつかあるだろうが，この百年構想の存在と，サッカー以外のスポーツを含めて理念に謳うなど，初期多数派の価値観へのアプローチが理由のひとつとあげても良いだろう。

■事例 2　FC 今治　里山スタジアム構想

　FC 今治は愛媛県今治市をホームタウンとする J 3 のサッカーチームである。2020年時点で J 1 から J 3 に所属する全58チーム（うち 2 チームはガンバ大阪とセレッソ大阪の U-23チーム）のうち，もっともホームタウン人口の少ないチームのひとつである。J リーグのチームは，ホームタウンの人口が少なく十分なマーケットが期待できない場合，近隣の市町村もホームタウンに加えている。例えば，鹿島アントラーズは鹿島市だけでなく，神栖市，潮来市，行方市，鉾田市の 5 市をホームタウンとしている。人口約15万人の今治市をホームタウンとする FC 今治よりも小規模の地域をホームタウンとしているチームは，人口約 7 万人の鳥栖市をホームタウンとするサガン鳥栖（J 1 ）ぐらいしか見当たらない。J リーグでは，J クラブの本拠地を「ホームタウン」と呼んでおり，「J リーグ規約」には，J クラブはホームタウンと定めた地域で，その地域社会と一体となったクラブづくりを行いながらサッカーの普及，振興に努めなければならないと記されている。一方，J リーグ規約第22条〔J クラブの権益〕第 1 項には「J クラブは，原則としてそのホームタウンを含む都道府県を活動区域とする。」とあり，他クラブのホームタウンでの活動に関する定めはない。活動クラブが事前にホームタウンクラブの承諾を得るといった申し合わせはあるものの，守られなかった場合の罰則規定はなく，またホームタウンクラブの拒否権が確立されてはいない。サガン鳥栖の場合，佐賀県が活動区域となり，他の J クラブはないが，FC 今治の場合，愛媛県には県庁所在地の松山市に愛媛 FC（J 2 ）があるため，実質的には，もっともホームタウン人口の少ないチームと考えても良い。

　FC 今治は，元日本代表監督の岡田武史氏がオーナーを務めることでも注目を集めている。岡田氏が経営をリードしているが，その企業理念にも，ミッションステートメントにも，経営方針にも，「サッカー」「フットボール」という単語はない。

　以下 FC 今治のホームページから引用する。

企業理念

　次世代のため，物の豊かさより心の豊かさを大切にする社会創りに貢献する。

　※心の豊かさを大切にする社会とは，売り上げ，資本金，GDP などという目に見える資本
ではなく，知恵，信頼，共感など数字に表せない目に見えない資本を大切にする社会。例え
ば目の前の利益よりステークスホルダーからの信頼を大切にするなど。

ミッションステートメント

1．社員に始まり，より多くの人たちに夢と勇気と希望，そして感動と笑顔を
　もたらし続けます

2．多様な人が集まり活気ある街づくりに貢献します

3．世界のスポーツ仲間との草の根の交流を進め，世界平和に貢献します

4．地球環境に配慮して事業活動を行います

経営方針

1．積極的な情報公開

2．グローバルに通用するコンプライアンスの遵守

3．チャレンジする勇気を持ちあわせた安全経営

4．自由闊達に議論ができるフラットな組織

5．従業員が働きやすく誇りを持てる会社

6．外部の意見を積極的に受け入れて迅速に対応する体制

出典：FC 今治公式サイト（https：//www.fcimabari.com/club/mission.html）

　上記を読んだだけでは「サッカー」のチームだとは思われないかもしれない。

　同じ「我々の想い」タブの中にある「2025年に目指す姿」を読んで，初めて
「サッカー」「フットボール」が出てくる。

出典：FC 今治公式サイト（https：//www.fcimabari.com/club/view_of_2025.html）

　組織として，会社全体の下にスポーツオペレーションとビジネスアドミニス
トレーションの 2 つの領域を置き，会社（全体），フットボール（スポーツオ
ペレーション）とビジネス（ビジネスアドミニストレーション）のそれぞれの
領域での目標を明確に表現している。
　さらに，フットボールパーク構想として，

フットボールパーク構想について
〜ありがとうサービス．夢スタジアム〜

そこにいる全ての人が，
心震える感動，
心踊るワクワク感，
心温まる絆を感じられるスタジアム

ビジョンを実現するため，「ありがとうサービス．夢スタジアム」では
サッカーの試合を見ていただくだけではなく，いろいろなワクワクがあり，
人と人のつながりができる「フットボールパーク」にしたいと思っています。
クラブは「水軍の末裔が世界に向かって大海原に打って出る」というコンセプトを持っています。
とするとこのスタジアムは海に出て行く海賊船です。
そこでは海賊達がみなさんをお迎えし，
みなさんに楽しんでもらえるいろいろな仕掛けを準備しています。
同じ思いで応援することにより新しい絆が生まれます。
そして，クラブが勝ってハッピーになりパークを楽しんで帰っていただくのが最高です。
でも，万が一試合に負けて悔しい思いを持たれていても，
あまりサッカーのことがわからなくても，
「来てよかった，楽しかった」と感じていただける場にしたいと思っています。
サッカーのピッチ，スタンド，イベント広場など「フットボールパーク」全体を楽しんでいただければと思います。

出典：FC今治公式サイト（https://www.fcimabari.com/stadium/）

　FC今治は，Jクラブの中でも，もっとも少ないホームタウン人口でありながら，サッカーの枠にこだわらず，初期多数派へアプローチすることで，今治市の中でキャズムを越えてメジャースポーツ化をしていると言える。

法則2　マーケットをずらす

FC今治の例をあげたように，限られたマーケットの中でキャズムを越えてメジャー化する方法がある。

「メジャー」のマーケットは全国だけではない。限定されたマーケットの中だけで「メジャー」になることもできる。

「世界」で有名なチーム（A）もあれば，「日本」では有名なチーム（B）もあり，「〇〇県」ではよく知られたチーム（C）もあり，さらに「〇〇市」だけで知られたチーム（D）もある。

〇〇市民にとっては，AもBもCもDも「メジャー」なチームである。しかし，Dのチームは，〇〇市民だけで知られたチームである場合，〇〇市民にとっては，「我々のチーム」と感じるケースがあるだろう。

つまり，「世界」でメジャーになることが難しければ，「日本」で，「日本」ではメジャーになることが難しいのであれば，「〇〇県」で，「〇〇県」でメジャーになることが難しければ，「〇〇市」でメジャーになることを目指せば良い。

元々Jリーグの創設時は，「メジャー」なスポーツはプロ野球であり，プロ野球が全国的にメジャーな存在であることに対し，各チームのマーケットを「全国」から「地域」に絞ることで，Jクラブのチームが，その地域で「メジャー」になるという方法をとっている。

当初は，その地域を市町村の基礎自治体としていたが，いくつかの特例を認めているうちに，現在は先述のように，ホームタウン（複数の自治体も可能）と活動区域（基本的にホームタウンを含む県域）となっている。

地域密着と地域社会

ロジャーズが「普及は一種の社会変化である。社会変化とは社会システムの構造と機能に変化が生じる過程のことである。」（『イノベーションの普及』）と述べているように，スポーツビジネスにおいて，チームやリーグなどが対象と

するのは「対象とする社会に所属する人」である。

　地域密着を謳う地域チームであれば，「対象とする社会」は当然「地域社会」と考えるべきだろう。地域社会の中でいかに顧客を獲得するのか？　その前に「地域社会」を明確にしておく必要がある。

「東京○○」というチーム名は有効か

　対象となる社会は大きい方が有利なのだろうか？

　顧客を得るのに，100万人の地域社会と10万人の地域社会であれば，どちらがたやすいか？　１％でも１万人の顧客がいる100万人の地域社会の方が有利に思える。「大きいことはいいことだ」と考える経営者も多い。

　そのため，スポーツチームにおいて「東京○○」を名乗るチームが多い。

　３つの主要プロリーグにおいて東京都に本拠地を置くチームは11チームある。そのうち８チームが「東京」を名乗っている（**表１-２**）。

　彼らの地域社会が「東京」であるなら，対象は約1400万人である。普及理論から考えて「キャズム」を越え，初期多数派層に入るためには，16％〜50％の人々が「顧客」として対象になっているはずである。それは約224万人〜700万人が顧客になっていることを意味する。

　何を基準（ものさし）とするのかは，考えどころだが，基準を年間観客数とするならば，2019年シーズンは読売巨人軍は302万7682人（71試合），東京ヤクルトスワローズは195万5578人（71試合），FC東京53万6187人（17試合）が上位となる。８チームのうち少なくとも224万人の顧客を持っている可能性があるのは，年間観客数から推測すれば，読売巨人１チームのみになるのだろうか？　もちろん，一人で何度も観戦するリピーターの数も考えれば，上記の観客数のUU（ユニークユーザー）数は，もっと少ないだろうし，逆にスタジアムでの観戦はしないが，毎試合テレビやラジオで応援している熱心なファンもいるかもしれない。

　あくまでも年間観客数は，普及の状況を示す基準（ものさし）には適切では

表1-2　東京都に本拠地を置く主要プロリーグチーム

プロ野球	東京読売巨人軍 東京やクルトスワローズ
Jリーグ	FC東京（J1） 東京ヴェルディ（J2） FC町田ゼルビア（J2）
Bリーグ	アルバルク東京（B1） サンロッカーズ渋谷（B1） アースフレンズ東京Z（B2） 東京エクセレンス（B2） 東京サンレーヴス（B3） 八王子トレインズ（B3）

表1-3　地域を限定したチーム

チーム名	ホームタウン	人口	初期多数派
FC町田ゼルビア	町田市	43万人	6.8〜21.5万人
サンロッカーズ渋谷	渋谷区	23万人	3.7〜11.5万人
八王子トレインズ	八王子市	56万人	9.0〜28.0万人

ないが，年間客数が多いチームは，潜在顧客も含めて，普及が進んでいると推測できるし，その逆も真だろうと，ある程度の手がかりには考えられる。

　年間観客数を手がかりにすると，プロ野球の2チームとFC東京でさえキャズムを越えているのかは微妙であり，残りはまだキャズムを越えているとはいえないだろう。

　一方でFC町田ゼルビア，サンロッカーズ渋谷，八王子トレインズの3チームの地域は**表1-3**の通りである。

　年間観客数は，FC町田ゼルビアは，9万9077人（21試合）とサンロッカーズ渋谷は7万5210人（30試合），八王子トレインズは不詳であった。

　少なくともFC町田ゼルビアとサンロッカーズ渋谷は，行政人口に対して，初期多数派並みの年間観客数を達成している。来場した観客が地域密着の対象となる行政エリア内からの来場なのかもわからないので，確実ではないが，東京1400万人の中での存在感と，各行政エリア内での存在感は異なるのではない

表1-4　ロンドンに本拠地を置くサッカープロチーム

プレミアリーグ（1部相当20チーム）	アーセナル FC ウェストハム・ユナイテッド FC クリスタル・パレス FC チェルシー FC トッテナム・ホットスパー FC
EFLC（2部相当24チーム）	クィーンズパーク・レンジャーズ FC チャールトン・アスレティック FC フラム FC ブレントフォート FC ミルウォール FC
EFL1（3部相当24チーム）	AFC ウィンブルドン

2019-2020シーズン

かと予想される。

　ムーアはキャズムを越えるためには，まず「小さな池の大きな魚」になることが大切。と再三述べている（『キャズム　Ver. 2』）「東京」全体をマーケットと捉えるにしても，まずは自らの近い小さなマーケットで十分に存在感を出すことが大切なのではないだろうか。

ロンドンにはロンドンを名乗るサッカーチームはない

　日本の首都である東京におけるスポーツチームの事例をみてきたが，諸外国ではどうだろうか？　サッカーの母国であるイギリスの首都ロンドンには，**表1-4**のように多くのチームがある。

　お気づきだと思うが「ロンドン」を名乗るチームは無い。多くは「チェルシー地区」や「アーセナル地区」のようにロンドン市内の一地区の名前になっている。ロンドンは早い時期に大都市化しており，クラブができた時にはすでに大都市化していたと思われるので，「ロンドン」を名乗るチームがあっても良さそうに思うが無い。

　クラブが存続し続けるためには，多数派に受け入れられている必要があるとすると，「ロンドン」全体での多数派に「自分のクラブ」と認識，記憶される

のは難しいが，一地区であれば，地域内で多数派に受け入れられることが可能となり，結果として地域社会でクラブを支え続けられるのかもしれない。

　ひょっとすると，「スポーツクラブ」の社会あるいはコミュニティというのは，ある程度の上限人数が心理学的にあるのかもしれない。

ニューヨークや他の大都市には都市名のついたチームがある

　とはいえ，ニューヨークをはじめ，ロサンゼルスなどのアメリカの大都市，ヨーロッパでもミラノ，バルセロナ，マドリード，ミュンヘンなどの大都市には「都市名」がついたチームが存在している。

　都市の成り立ちとスポーツチームの成り立ちは相前後する。ロンドンでは見られなかった「ロンドン〇〇」であるが，他の都市では「都市名〇〇」が結構見られる。

　これはいくつかの要因があるのだろうと推測される。たとえば，フランチャイズとホームタウンの違いによるものが考えられる。

　フランチャイズとホームタウンの違いは「独占営業圏」の有無と考えるのが解りやすい。

　フランチャイズは，営業圏の「独占」が与えられる。つまり，同じエリア内の他の競合チームを排除できるので，できるだけ広く大きなマーケットであることが望まれる。MLB をはじめとするアメリカプロスポーツでは，この制度が広くみられる。大都市名を関したチームが多く存在するのは，この影響があるのかもしれない。

　一方，欧州のサッカーは「ホームタウン」制度をとっているため，1 つの都市に複数のチームが存在する。いくら大きなマーケットを狙っても，競合するチームががっちりとマーケット内の小さなマーケットを握ってしまえば，そこに入り込むのは難しい。結果的に大きなマーケットをとっても，マーケットの細分化に抗えない。なので，ロンドンにはロンドンというチームは無いのだろう。他の欧州各都市は，ロンドンに比べて大都市化が遅れたことと，スポーツ

表1-5 ターシャス・チャンドラー (1987年, TC) によっ
て推定された都市別人口の値

1850年

順位	都市名	人口
1位	ロンドン	2,320,000
2位	北京	1,648,000
3位	パリ	1,314,000
4位	広州	875,000
5位	イスタンブール	785,000
6位	江戸	780,000
7位	ニューヨーク	645,000
8位	ボンベイ	575,000
9位	サンクトペテルブルグ	502,000
10位	ベルリン	446,000

1900年

順位	都市名	人口
1位	ロンドン	6,480,000
2位	ニューヨーク	4,242,000
3位	パリ	3,330,000
4位	ベルリン	2,707,000
5位	シカゴ	1,717,000
6位	ウィーン	1,698,000
7位	東京	1,497,000
8位	サンクトペテルブルグ	1,439,000
9位	マンチェスター	1,435,000
10位	フィラデルフィア	1,418,000

1950年

順位	都市名	人口
1位	ニューヨーク	12,463,000
2位	ロンドン	8,860,000
3位	東京	7,000,000
4位	パリ	5,900,000
5位	上海	5,406,000
6位	モスクワ	5,100,000
7位	ブエノスアイレス	5,000,000
8位	シカゴ	4,906,000
9位	エッセン（リール）	4,900,000
10位	カルカッタ	4,800,000

出典：The Institute for Research on World-Systems

＝サッカーの普及がロンドンより遅れたことが要因と思われる。

　スポーツチームの「地域」マーケットは，適度な大きさがあるのかもしれない。アメリカでも，NBAのニュージャージーネッツがホームアリーナの移転をきっかけに「ブルックリン」ネッツと名称を変更したり，MLBのロサンゼルスエンゼルス（1961-）が，カリフォルニアエンゼルス（1966-1996），アナハイムエンゼルス（1997-2004），ロサンゼルスエンゼルスオブアナハイム（2005-2015）を経て再びロサンゼルスエンゼルス（2016-）となった事例もある。

　できるだけ広く大きなマーケットを望む経営者の欲望とマーケット側の普及との間には国を問わず葛藤があるのだろう。

法則3 ｜ 十分なメディア露出

　「価値観をあわせる」「マーケットをずらす」以外にも，マスメディアにおいて，十分なメディア露出があれば，半ば強引にキャズムを越えることも可能である。マスメディアで取り上げられている記事・コンテンツは，そのメディアによって選別された記事・コンテンツではあるが，その選別は，「より多くの読者・視聴者（＝多数派層）が興味を持っているだろう」と推測されて編集・編成されている。つまり，無意識のうちに，そのマスメディアに接触する読者・視聴者も，「自分以外の読者・視聴者（＝多数派層）は，こういう記事・コンテンツに興味があるのだ」と感じることになる。職場や学校で「昨日のテレビ見た？」「今朝の新聞にこんな記事が載っていた」という会話が交わされるのは，マスメディアに露出されている記事・コンテンツは大多数の人（＝多数派層）の興味の対象であるということを表している。

　特に新聞の1面や，地上波テレビのゴールデンタイム（19時〜23時）で取り上げられる記事・コンテンツは，大きな影響力を持つ。

　キャズムを越えて初期多数派に普及していない記事・コンテンツは，新聞の1面に掲載されたり，地上波テレビのゴールデンタイムで放送されることは，基本的にない。ということは，新聞の1面や地上波テレビのゴールデンタイム

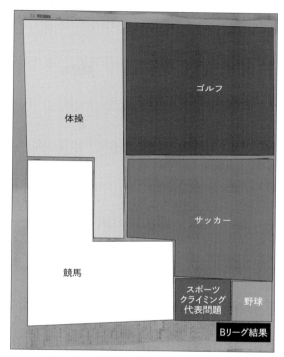

図1−4　全国紙スポーツ面のレイアウト

出典：全国紙スポーツ面を基に筆者作成

で放送されるスポーツがあれば，それは，キャズムを越えたスポーツ＝メジャースポーツであるとも言える。

　図1−4は，2020年の12月のとある日曜日の全国紙のスポーツ面である。プロ野球シーズンではないが，Jリーグはシーズン中である。ゴルフは渋野日向子選手が4大大会のひとつである全米女子オープンで首位（最終結果は4位）に立っている記事。オリンピックでもメダルが期待されている体操の全日本選手権，クライミングはオリンピック代表選考に関してのCASの裁定結果。野球は，選手の年俸情報など，Bリーグは試合の結果である。

　前日の土曜日には，大学スポーツや様々なスポーツも行われているが，新聞

社として取り上げたのは，「世界一になるか」「日本一が決まるか」「オリンピック種目かどうか」などの基準を持ちながら，自紙の読者が望んでいる記事・コンテンツを考えながら，記事を取り上げるかどうか，取り上げる際に，どの記事をどのくらいの分量で取り上げるのかが決定されているはずである。

　スポーツ関係者には「良い試合を積み重ねていけば，いずれメディアも取り上げてくれるようになる」と考えている方も多いが，危険な考えである。全国紙や地上波テレビ局などのマスメディアが，大きく取り上げてくれるようになるためには，どうしたらいいのかを考える必要がある。

　先述の「世界一」「日本一」「オリンピック種目」のような内容を出せるように考えることも重要だが，それでは単発の記事・コンテンツになってしまい，安定したメディア露出ができない。

　また，人間は一度に処理できる情報の塊の数（チャンク）には上限があり，7プラスマイナス2や4プラスマイナス1とも言われている。新聞の1面当たりの記事の数なども，この情報の塊の数（チャンク）の影響を受ける。

　よって，その日に行われるスポーツで記事として取り上げられる数にも限度がある。すでにメジャースポーツの開催が決まっている日に，自分たちの大切な試合をぶつけてしまえば，自分たちの試合の記事量がメジャースポーツに奪われてしまい，記事が小さくなる場合もあり，最悪の場合は取り上げてくれないことすらあるかもしれない。

　また，新聞社もテレビ局も記者の数には限りがあるため，どのスポーツに何人ずつの記者を担当させるかも重要な要素となる。自らのスポーツに担当記者がいれば，その担当記者が記事を書いてくれる。専任の担当記者であれば，自らの記事が掲載されるために，たくさん記事をかいてくれるだろう。プロ野球やサッカーなどは，専任の記者がいるが，他のスポーツは，様々な種目を兼任しているケースが多い。当然，どのスポーツを取り上げるかは，記者の意見も含め，新聞社，テレビ局の方針で決定される。毎日，毎紙面，毎番組，どのスポーツをどれくらい取り上げるか取捨選択が行われている。繰り返しになるが，

「良い試合を積み上げていけば，いずれメディアが取り上げてくれる」などという考えは危険である。「どうしたら，メディアが取り上げてくれるか？ 取り上げやすいか？ 取り上げざるを得ないか？」を考えて，メディア対策を行う必要がある。

価値を売る VS 価値を高める

メディアとの関係で取り上げられることが多いのが「放送権」である。

残念ながら，ほとんどのスポーツ関係者は放送権を売ることしか考えていない。以前，欧州のサッカーリーグが日本での放送権の入札の際に，金額の多寡だけではなく，そのリーグのプロモーション計画（情報番組や，放送の番宣など）を提案条件に入れていた。自分たちの価値を高く売るだけでなく，たとえ放映権の価格が安くなったとしても，情報番組などを通じて自分たちの価値を高めるということをきちんと考えているのだと感じられた。

一方，日本のあるスポーツリーグのトップに，放送権を売るだけでなく，情報番組の重要性や場合によっては，自らが費用を負担しても，メディアを使って，価値を高めることを説明したが，「メディアというものは，金をもらうところで，払うところではない」と一蹴されてしまった。

価値を増大させるのは良い試合だけではない。興味のない人への接触機会や理解促進は，マスメディアを通じて行われることが効率的である。Ｊリーグが立ち上がり期に多くのＪリーグ情報番組があったことは，Ｊリーグの人気を高めることに大きな影響があった。様々な理由から徐々にサッカーの情報番組が減っていることに危機感を感じている。

メディアパートナー・主催・共催

メディアをパートナーとして捉える場合，主催や共催という形をとる場合も多い。たとえば，春，夏の甲子園大会は，春は毎日新聞社，夏は朝日新聞社が高野連とともに主催している。

特定のメディアをパートナーとすれば，そのメディアでは積極的に取り上げてくれることが多い。一方で，他のメディアからは敬遠されて露出が減るケースも多いので，コンテンツ側は慎重に対応する必要がある。きちんとメリットデメリットを天秤にかけて総合的に判断できる人材がいなければならない。

　もっとも，キャズムを越えているケースではマスメディア側もメディアパートナーになりたがり，他のメディアもその種目やリーグ，チームを無視できないので，ある程度露出は減らないと予測できる。

　しかしながら，キャズムを越える前では，マスメディア側はリスクを冒してまでメディアパートナーになることは少ないだろう。なってくれたとしても，コンテンツ側は足元を見られ，不利な条件をのまざるを得ないかもしれない。また，その場合は，他のメディアからは無視される可能性もある。メリットデメリットの振れ幅は大きくなるので，難しい決断が求められる。

メディアによる所有

　メディアパートナーを更に強固にしたものが，メディアによる所有である。

　読売ジャイアンツは，世界的にも，メディアが所持する，もっとも成功したスポーツチームのひとつである。

　しばらく前まで，レギュラーシーズンのすべての試合が地上波テレビ局で全国中継されていた。当時は今よりも試合数が少なく，レギュラーシーズンは年間130試合であったが，ほぼ全試合がゴールデンタイムで放送されていた。これは世界的にも例のない形の放送であった。サッカーでもACミランなどメディアが所有するチームもあり，積極的な放送がされているが，サッカーのレギュラーシーズンは40試合前後である。その3倍以上の放送が特定チームを中心に行われるというのは，特筆すべき番組編成であった。

　さらに，親会社の読売新聞は1000万部前後の販売部数でギネスブックに掲載される世界最大の部数を誇る新聞社である。当然，スポーツ面でもジャイアンツの活躍は詳しく報道される。同社系列だけでなく，他の新聞社やテレビ局で

ももっとも報道量の多いスポーツ＝ジャイアンツといった図式があり，キャズムを越えて，後期多数派やラガードにまで普及していたと言えるだろう。

現在のスポーツ報道のすべての情報量よりも多くの情報量がジャイアンツに割かれて流通していた時代が，ついこの間まであった。他の技術やアイデア同様，ここまで寡占が進むと新たな技術・アイデアが始まる。それがJリーグだったと考えることも可能だ。全国で寡占している野球，ジャイアンツに対して，「地域密着」を旗印にマーケットを細分化して個別に攻略するという手法については，前述の通りである。「地域密着」については，より詳細に後述する。

法則4	メジャースポーツとブランドを共用する

キャズムを越える方法のひとつに，すでにキャズムを越えたブランドを共用するという手法がある。

キャズムを越えてメジャースポーツとなっているものとブランドが共用できれば，それまでの実績から一気にメジャースポーツの一部分としての扱いを受けることができる。

オリンピック

もっとも成功している事例は「オリンピック」である。

「オリンピック」は極めてよく考えられたブランド戦略をとっており，そのブランドを余すことなく利用することで世界のスポーツを活性化させている。例えば，新しい種目である。2024年に予定されているパリ五輪では，「ブレイキング」と呼ばれるブレイクダンスを新種目として採用した。ブレイクダンス自体はメジャーな存在かもしれないが，競技スポーツの種目としては，マイナースポーツであることは間違いない。ほとんどの選手たちを「ダンサー」として認識していても「スポーツ選手」として認識している人の数は，日本では少ないはずだ。大学の体育会に「体育会ダンス部」として存在している数は，他のスポーツ種目に比べてごく少数だろう。

しかし，オリンピック種目になったことで，一気にメジャースポーツになる
チャンスが「ブレイキング」にはある。ストリートを母体とするブレイキング
ではあるが，それはあくまでも「する」人の価値観であり，「みる」人の価値
観をきちんと取り入れることができれば，キャズムを越える可能性がある。そ
の機会を「オリンピック」というブランドの共用で持つことが可能になるので
ある。

大学スポーツ

　アメリカの大学スポーツは，どの種目も同じブランドを共用する。例えば，
ノートルダム大学は，アメリカンフットボール部もバスケットボール部も「ファ
イティングアイリッシュ」というニックネームを使用し，チームカラーも同じ
色を使っている。他の大学も同様である。種目ごとに別のニックネームを使っ
ている大学は寡聞にして知らない。大学の中を1つの市場として考えれば，ア
メリカンフットボールとバスケットボールで競合するのではなく，同じブラン
ドで同じファンを共有することで，スポーツが市場の中でメジャーな存在に
なっている。さらには，陸上競技も水泳も他のスポーツも同じブランドを使う
ことで，大きな市場をすべてのスポーツで共有できている。よって，得られる
利益はアメリカンフットボールとバスケットボールで独占することはなく，各
部で分け合って利用している。一見，「他の部に利益を取られる」ように見え
るが，大学全体の市場を分割せずにメジャーとして存在することで得られるプ
ラスの方が遥かに大きい。

　日本では，一部の大学を除くと各部で別々のニックネーム，別々のチームカ
ラー，ブランドを使用している大学の方が多い。これでは，野球部とサッカー
部，バスケットボール部が競合してしまい，キャズムを越えることが難しい。
歴史的に1920年代には大学野球がもっとも人気のあるスポーツとしてキャズム
を越えて後期多数派まで広がっていた。その時代に，野球部が得た収入を他の
部と分けていた大学もあれば，野球部が独占していた大学もあった。アメリカ

では同時期にシカゴ大学のエイモス・アロンゾ・スタッグが，現代的なアスレティック・デパートメントと，地区カンファレンスによる大学スポーツの「する」「みる」「ささえる」循環経済システムの構築を果たし，それまでのアマチュアリズムによる「する」人間が自らの費用を賄う一方通行型の経済システムからの脱却を果たしている。「する」人間が自らの費用を賄っていては，スポーツは拡大再生産できない。アロンゾは，早い段階で「する」「みる」「ささえる」を循環させて，大学スポーツが持続的に維持発展可能な形を成立させた。彼は古いロゴマークを一新させ新たに赤いCの字のロゴマークを制定した。当時，黒や青などの寒色系の色が多かったマークに赤いロゴマークは印象的だっただろう。実際，アメリカに遠征した早稲田大学はそのブランディングを取り入れて臙脂色のWの字のロゴマークを取り入れている。

残念ながら，一般学生を含めた大学全体をひとつの共同体市場と考えて，「する」「みる」「ささえる」循環経済システムを持つ現代的なアスレティック・デパートメントを導入している大学は今の日本には見当たらない。スタッグの様な大学関係者が現れれば，日本の大学スポーツもアメリカのような発展をすることが可能だと信じている。

その他の事例

「サムライジャパン」は野球日本代表のブランドとして，プロもアマも共用している。もともとプロはプロの試合，アマはアマの試合で日の丸をつけて戦っていたが，「サムライジャパン」のブランドで統一している。野球は，プロの団体とアマの団体が細かく分かれており，統一団体が存在していないため，なかなかマーケティングポテンシャルを発揮することができない状況にある。「サッカーの様に，種目を統一する団体を創るべき」という人たちは多いが，現実的にはプロ野球の利権を持つ読売新聞社と，甲子園大会などアマの利権を持つ朝日新聞の利権が絡み，簡単に統一することは難しい。しかし，団体は別々のままでも「サムライジャパン」のブランドを共用することで，統一されたマー

ケティングをすることが部分的には可能になっている。

　新潟では，アルビレックスが不完全な形ではあるがブランドを共用しているし，FC東京はバレーボールチームを，東京ヴェルディもいくつかの種目を同じブランドで展開している。Jリーグが百年構想で「スポーツの発展」を謳っているのだから，今後ももっと複数種目を展開していくチームが増えても良いと思うが，やはり「サッカーで稼いだお金を他のスポーツで使う」という抵抗感が強いのかもしれない。「する」と「みる」の価値観を理解し，複数種目を展開することで市場への普及をはかり使う以上の収入を得られる機会を作る努力が必要になる。

　国によっては，ナショナルチームにおいても統一ブランディングされている国もある。2019年に日本で行われたラグビーワールドカップでは，各国の選手とともに各国からのファンが来日した。その中で白と水色のユニフォームを着るアルゼンチンファンも多くいた。何人かの背中には，10番の背番号と「Messi」と書かれていた。メッシは，FCバルセロナに所属するアルゼンチン代表で世界最優秀選手に何度も選ばれたサッカー選手である。

　サッカーとラグビーは「する」スポーツとして分離した歴史を持つ。しかし，「みる」側にとっては，どちらも同じアルゼンチン代表としてアルゼンチンの共同体市場ではブランドを共用していることがみてとれる。それを本来はラグビーのユニフォームを買ってくれる機会をサッカーのユニフォームで代用されたととるか，本来はサッカーのファンだった人間がラグビーも応援に来てくれたととるか，考える必要がある。

04 地域密着の重要性と難しさ

1 メディアマーケットとの一致，不一致

　日本におけるスポーツチームが地域密着する「地域」について，もっとも重要でありながら，あまり指摘されていないのがメディアマーケットとの一致，

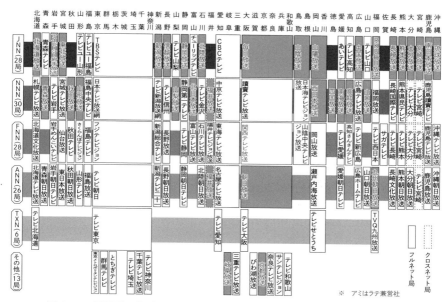

図1-5　民間地上基幹放送事業者のネットワーク（テレビジョン放送・127社）
（2015年4月1日現在）

出典：総務省資料「放送の現状」（平成27年11月2日）を基に作成

不一致の問題である。プロ野球やJリーグ，あるいはBリーグも基本的には行政エリアを中心にフランチャイズ，あるいはホームタウンが設定されている。しかし，この行政エリアとメディアのマーケットエリアが一致するチームと不一致のチームがあることは，あまり知られていない。

　例えば地上波TV局は以下のエリアに分類される。

　関東圏（東京，神奈川，千葉，埼玉，茨城，栃木，群馬），関西圏（大阪，兵庫，京都，奈良，和歌山，滋賀），中京圏（愛知，岐阜，三重）の3大都市圏は行政エリアを越えて放送が行われているし，それ以外でも岡山・香川の2県は瀬戸内海を挟んで両県の放送が見られているし，鳥取・島根エリアも県をまたいで相互に放送が観られている。徳島県は人口の8割以上が関西圏の放送が受信可能なエリアに居住しており，佐賀県も同様に福岡県の放送が受信可能

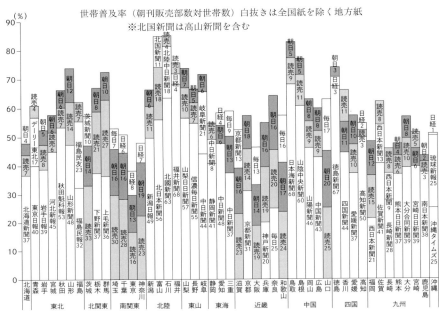

図 1 - 6　地元で根強い地方紙（都道府県別新聞販売部数トップ３）

注：新聞の発行部数については広告料金が部数によって決まるため自社公称部数は過大になり勝ちである。これに対して加盟社の自己申告部数を独自の監査によって確認している日本ABC協会の「新聞発行社レポート半期」「同普及率」（2017年１月〜６月平均）掲載のABC部数が当図の原資料。沖縄県のみ各社自社公称部数を含めた上位３紙を表示。日本ABC協会非加盟社の公称部数が３位以内に入るのは以下のケース。青森の陸奥新報（３位），岩手の岩手日日（２位），秋田の北羽新報（２位），福井の日刊県民福井（２位），長野の長野日報（２位），三重の伊勢新聞（２位），奈良の奈良新聞（３位），島根の島根日日新聞（３位），鹿児島の南海日日新聞（３位，奄美）。

出典：読売新聞広告局「読売新聞メディアデータ2018」を基に作成

エリアの居住者が多い。

　新聞はどうだろうか？

　新聞は，朝日新聞，毎日新聞，読売新聞，産経新聞，日本経済新聞の５紙からなる「全国紙」と地方を中心に普及する「地方紙」から成り立っている。地方紙は，「ブロック紙」と呼ばれる中日新聞や西日本新聞のような複数県をまたいで普及している一部の例外を除いて，ほぼ県域をメディアマーケットとしており，「県紙」とも呼ばれる。

沖縄を本拠地にしている琉球ゴールデンキングスは，琉球新報と沖縄タイムスの２つの県紙が普及しており，琉球ゴールデンキングスの活躍は県民の関心事として両紙に大きく取り上げられる。

メディアマーケットとの一致不一致によって何が起きるか？

　メディアマーケットと行政エリアが一致する「県域メディア」とメディアマーケットが行政エリアをまたぐ「広域メディア」の２種類が存在する。

　「県域メディア」地区であれば，スポーツチームの対象とする地域とメディアマーケットが一致するので，スポーツチームの活躍はメディアに取り上げられやすい。本書でも書いたように，琉球ゴールデンキングスの bj リーグでの初優勝は，沖縄の放送局，新聞社にとってはトップニュースとして取り上げる価値があり，すぐに県民に普及するきっかけとなり得た。

　一方，「広域メディア」地区のチームはどうだろう？　たとえば，東京や神奈川の大都市のチームが優勝したら，「広域メディア」はトップニュースとして取り上げてくれるだろうか？　答えは否であろう。広域メディアにとって，対象マーケットは県域をまたいでいるために，たとえ，東京都民にとって価値のあるニュースでも，神奈川県民や千葉県民にとって価値がなければ，その価値は薄まってしまい，トップニュースとして取り上げる価値はない。更に言うなら，取り上げるニュースの分量さえ小さくなるか，あるいは取り上げてくれないことも考えられる。

　つまり，「県域メディア」の地域を本拠地とするチームは，マスメディアを利用して自らの認知を広めて，普及しやすい環境になるのに対して，「広域メディア」地区のチームは，マスメディアという極めて重要なコミュニケーション手段が，ほぼ使えない状況に追い込まれている。

２ 日本代表と全国メディア

　様々な種目の日本代表と全国紙や地上波テレビネットワークのメディアマー

ケットは一致している。よって全国紙や地上波テレビネットワークは，日本代表の話題を取り上げやすい。日本代表にとっての地域は日本である。日本のメディアは全国紙が地上波テレビネットワークを系列に持っているため，マスメディアの多くは，日本全国をメディアマーケットとしたニュースを取り上げる。

　2019年に日本で行われたラグビーのワールドカップは日本代表の快進撃もあって，多くの「にわか」ファンを産み，成功裏に終わった。成功の要因は様々あるが，その中の1つに，全国メディアと日本代表のマーケットが重なることが挙げられるのではないか？　イノベーターや初期採用者はラグビーの面白さを知っているかもしれないが，初期多数派，後期多数派の人々はラグビーの選手やルールについて知らなかったはずであり，それが「にわか」としてファン化したのは，マスメディアがこぞって取り上げたからではないだろうか？

　特に，地上波テレビでお昼のワイドショーといわれる主婦向けの平日昼の時間帯に，この手の話題が取り上げられると，一気に「にわか」が増えるように感じる。同様の現象は，サッカーのワールドカップや，オリンピック，ワールドベースボールクラシックなどの世界大会での日本代表でもみられる。

日本代表としての海外リーグ日本人選手

　チームとしての日本代表に限らない。海外リーグで活躍する日本人選手も同様に日本人の代表として認識されて話題になるため，全国メディアで取り上げられやすい。MLBでの野茂英雄，イチロー，大谷翔平。欧州サッカーでの中田英寿，香川真司，久保建英などがあげられる。近年ではNBAにも八村塁が所属し，メディアに登場するようになった。

　彼らが国内でプレーしていた時には同じように，メディアに取り上げられていただろうか？　彼らが国内リーグでプレーしていた際に，チームの地元では話題になっても，全国的な人気にはなるのは難しい。しかし，彼らが海外で日本人選手として出場すれば，「同じ日本人」として日本全国での興味対象となるので，全国メディアで取り上げられる。

ここでも，メディアマーケットが，スポーツのマーケットに大きな影響を与えることが見て取れる。

3 Webメディアで変わるのか

地上波テレビや新聞といった従来のマスメディアから，インターネットやスマートフォンの普及によってメディア環境は大きく変化している。スポーツを取り巻くメディア環境も大きく変化することが予想される。

ここで，考えておくべきはメディアの役割であろう。メディアが単なる情報流通の経路としての役割しか果たさないのであれば，地上波テレビや新聞といったオールドメディアから，インターネットを通じた新しいメディアに替わるだけである。

しかし，マスメディアには「編成」「編集」という役割があり，無数にあるニュースをメディア側で選別し掲載する大きさや時間配分，順番を決めている。

先述したように，心理学者のジョージ A. ミラーは，人間が一度に記憶できる要素の数は，7プラスマイナス2であるという「7プラスマイナス2の法則」を提唱している。新聞の一面の記事数や，yahooやMSNなどのトップパネルのニュース数なども，これに当てはまる。

人は知らず知らずのうちにメディアによって選別されたニュースを受け取っているのであり，それは，webメディア時代にも影響があるだろう。

普及理論でも，多数派は周囲の普及状況を見極めて自らの行動を判断するのであり，メディアが選別したニュースに自ら応援するスポーツチームが掲載される時，そのチームを応援することが多数派になっている証拠として受け取る。よって，webメディアにシフトされていったとしても，どこかに多数派に受け入れられる編集，編成の役割を持つ媒体が必要であり，それを既存の地上波テレビや新聞が担う可能性も高い。

webメディアに移行すれば，メディアマーケットとの一致不一致を気に病む必要は無いというのは言い過ぎで，今後しばらくの間もチームの対象となる

地域におけるメディアマーケットの一致不一致は考慮すべき問題であり続けるだろう。

05 キャズム理論から導かれる人口減少時代のスポーツ

　これまで，「キャズム理論」をスポーツビジネスに当てはめて，考察してきた。最後に，これからの日本のスポーツビジネスの展望を含めて考察しておきたい。これから日本は，少子高齢化が本格的に加速し様々な場面で人口減少局面と向き合っていくことになる。これまでの人口の自然増を前提としたシステムや手法が通用しない時代になる可能性が高い。しかも日本の人口減少は，世界的にも先頭として生じているため，これまでの様に上手くいった欧米の先進事例を集めてきてつなぎ合わせるという演繹的手法が通用しない。事象をきちんと論理的に煮詰めて，エッセンスを取り出し，その上で人口減少に向き合わなくてはならない。

　スポーツも，この流れから逃れることはできない。競争させて勝ち残ったものだけが選手となれる，人口増を前提としたヒエラルキー型の選手育成システムが今までの様に機能することは期待できない。育てた選手を辞めさせずに上手く選手の特長を組み合わせてチームを作ることが望まれる選手育成になるだろうし，国民体育大会を小さなオリンピックとしてスポーツ施設を建設するニューディール政策型のスポーツ施設建設も，人口増の中ではスポーツの場を確保するために必要な政策だったが，人口減少局面では，維持管理コストを確保するためにスポーツ施設を減らしながらも，質を上げるために大学と地方自治体のスポーツ施設を共用する必要にせまられ，どうしていけばいいのかを考える時代がすぐに来るだろう。

　変化が起きて慌てることは最悪だ。しかも，人口減少という確実な未来が見えている今，必要なことは，それに対する帰納法的手法のカギとなる構想（フレームワーク）づくりである。変化に対して泥縄式に事業（プロジェクト）を

展開することは避けねばならない。変化の前にしっかりとした構想（フレームワーク）をしておけば，変化に対して必要な事業（プロジェクト）を的確に打ち出すことが可能になる。

スポーツビジネスは，活性化して30年余の新しいビジネス領域であるので，構想（フレームワーク）化をするための理論が備わっていない。今回の「キャズム理論」をスポーツビジネスに当てはめるという挑戦は，そのための実験的試みとも言える。まだまだ道は半ばである。

ただ，ひとつ希望の光を見出したのは，スポーツの持つ「公共性」が「キャズム理論」でも重要な要素として再確認できたことだ。

キャズムを越えるためには，スポーツのパフォーマンスだけでなく，コミュニティに対するアプローチが重要であることが再確認できた。これは，スポーツビジネスの持つ難しさでもあるが，私は，ここに可能性を感じる。

スポーツは「コミュニティ」のシンボルとして，コミュニティを活性化することができる数少ないツールである。

人口減少だけでなく，世界的に様々なリスクと向き合わなければならない時代が来ている。しかも，農村型コミュニティが衰退し，都市における自治会の加入率が年々減少している現代は，リスクに個人で向き合わなくてはならない。解決策は，義務で入る自治会ではなく，加入退会が個人の自由意志で決められる様々な趣味的コミュニティの重層的育成である。

ドイツではそうしたコミュニティは「フェライン」というクラブ型組織として登録され，60万団体もあり，それらが行政の手の回らないパブリックサービスを補完的に担っている。そうして，行政と個人の2元では対応しきれないリスクに「フェライン」が対応している。まさに公助，共助，自助の体現である。

そのコミュニティのもっとも重要な要素のひとつが「スポーツ」なのだ。

これからの日本においても，まさに必要とされる共助の担い手として「スポーツ」は社会の役に立つことができる。それが，本当の意味でのスポーツの役割なのではなかろうか？

スポーツのパフォーマンスやエンタテイメントとしてではなく，これから日本が，世界に先立って幸福な社会を実現させる重要なパーツがスポーツである。それこそが，スポーツの希望の光であるし，スポーツこそが社会の希望の光となり得る。そのためにも，いままでのように一方通行な経済システムではなく，循環型の経済システムを構築し，安定したスポーツの場を供給する必要がある。そのための構想（フレームワークづくり）を進めていきたい。

（花内　誠）

第Ⅰ部の最後に

　ここまでの第Ⅰ部は，花内が「スポーツビジネスに「キャズム理論」が応用できるのではないか？」と問題提起をしてきた。

　「キャズム理論」を応用するにあたっては，母集団の捉え方と，「普及」の定義によって，様々な考え方ができるのではないか。例えば，母集団を「コミュニティ」と捉え，「する」「みる」の区別なく「普及」を「認知」「興味」や「参加意向」のようなものを指標とすれば，初期採用者までを「する」中心の層，初期多数派以降を「みる」中心の層といった「価値観の相違」が見られるのではないか？　など，疑問がいくつも浮かんでくる。

　ただ，「キャズムの越え方」を考えると，学術的に証明は難しいが，花内の経験上のスポーツビジネスの成功，不成功が「キャズム理論」の考え方にしっくりと当てはまる。

　ムーアによる「キャズム理論」も，普及理論の提唱者であるロジャーズには冷遇されたと聞く。学術的な評価はいまひとつではあるが，現実のIT産業にとっては極めて有意義な実用書と「キャズム理論」を評価する人もいる。

　スポーツビジネスにとっても，同様な位置付けなのかもしれないと感じる。今までのスポーツビジネスの経験で，もやもやして説明できなかったことが，「キャズム理論」で，色々と説明できる。それは，学術的な証明はできていないし，私の数少ない経験から導き出した答えが正しい保証もない。

　ただ，この原稿を書いている時点で，私の直感は，少なくとも「キャズム理論」をスポーツビジネスに転用することは実用的だと告げている。

　第Ⅱ部以降は，これらの疑問の答えを含めて6人の先生方にそれぞれの専門分野から「スポーツとキャズム理論」について執筆いただいた。

　まず，理論の背景として第2章では，経営学側からスポーツをみることにつ

いて「キャズム理論」の現状と「キャズム理論」をスポーツビジネスに応用する時の課題や問題点。あるいは、メリット，デメリットなどについて論じてもらった。

そして，第 3 章では日本における先行研究とスポーツの「普及」についての考え方ご紹介いただいた。山下秋二先生の『スポーツ・イノベーションの普及過程——スポーツの産業化に伴う個人と組織の革新行動』など，日本の先行研究の中で本書であつかう内容がどう位置付くのか，特にスポーツの「普及」をどうとらえるのか？ その類型の整理と可能性についてまとめてもらった。

また，第 4 章ではスポーツビジネスと「キャズム理論」の海外の先行研究を紹介いただいた。

第Ⅲ部第 5 〜 7 章では，スポーツの普及とキャズムの実際として，競技団体や大学スポーツについての実体について寄稿いただいた。

原稿を依頼するにあたり，立命館大学の伊坂忠夫副総長からご提案いただき，立命館大学スポーツ健康科学部10周年記念シンポジウムとして，オンラインにて開催した（2020年 9 月26日（土），スポーツ健康科学研究センターがシンポジウム「Withコロナ／Post コロナ時代におけるスポーツの未来像——経営学・イノベーションから切り拓く——」）。With コロナ／Post コロナの時代に，スポーツが本質的に有している価値をいかにして顕在化し伝えていくことができるのか，そして経営学・イノベーションの視点からスポーツがもたらす価値について焦点をあてた本イベントに，当日は254名の方にご参加いただいた。立命館大学のホームページにてシンポジウムの録画が公開されているので，是非，ご覧いただきたい。

シンポジウムでの 2 つのパネルディスカッションは第Ⅳ部に収録した。

パネルディスカッションは 2 つのテーマで行われ，「post コロナ時代におけるスポーツの未来像 1 ——関西の大学スポーツイノベーションを考える」のテーマでは，パネリストとして伊坂忠夫・学校法人立命館副総長（以下，肩書はシンポジウム開催当時），藤本淳也・大阪体育大学学長補佐，上田滋夢・追手門学院大学教授が登壇，モデレーターは和田由佳子・立命館大学専任講師が務め，

関西には本音を語ることや独特のノリといった地域独自のコミュニケーションの取り方があり，それは社会において相関関係のモデルを作ることができるのではという意見などもあがり，活発な議論が交わされた。

　２つめのパネルディスカッション「post コロナ時代におけるスポーツの未来像２」では，パネリストとして羽生英之・東京ヴェルディ代表取締役社長，上林功・株式会社スポーツファシリティ研究所代表取締役，池田敦司・一般社団法人大学スポーツ協会専務理事が登壇し，モデレーターは花内誠・立命館大学客員教授が務め，サブテーマを「サードプレイス by スポーツ」に変更しそれぞれの専門分野からの見解と，アフターコロナに向けての展望が語られた。

　いずれの先生方の言葉は有意義で，貴重なお話をいただけたことを実感している。皆様にも，ホームページでの録画をみていただくこともさりながら，本書で各先生方のキャズムをめぐるお話をじっくりと，お読みいただきたい。きっと，今まで気が付かなかった発見や，これからのスポーツに役立つ知識を得ることができるはずだ。そうして，また一歩，日本のスポーツ環境が進歩していく一助となることを期待している。

II

理論の背景

第 2 章

スポーツの普及に潜む「もうひとつのキャズム」
イノベーション論からみたキャズム理論の射程

---

01 | はじめに

　イノベーションの普及については，歴史学，社会学，経済学，経営学（事業戦略論やマーケティング論を含む），心理学，ネットワーク論など様々な分野において研究されてきた。そして，異なる視点から導かれた研究結果や洞察は，それぞれ他の分野のインプットとして相互に活用されてきた（Fagerberg, 2005）。

　普及学の泰斗ロジャーズは，社会学を基礎としながらも，組織論や経済的要因，そして企業や政府開発機関の戦略など様々な分野の知見を取り入れながら大著『イノベーションの普及』をまとめた（Rogers, 2003）。ムーアの「キャズム理論」もまた，ロジャーズの研究成果である「革新性に基づく5つの採用者カテゴリー」から着想を得ている。「キャズム理論」は，ハイテクマーケティング分野におけるムーアのコンサルタントとしての経験的知見や事例の考察を通じて提起されたものである（Moore, 2014）。ムーアは，ハイテク製品の普及にあたって，少数のビジョナリーで構成される初期市場から多数の実利主義者で構成されるメインストリーム市場へと移り変わるところに「キャズム（深い溝）」が存在し，キャズムを渡るための方法論を提示した。

　本章の目的は，本書編纂にあたって設定された作業仮説をたたき台として，ハイテクマーケティング分野における経験的考察から生まれた「キャズム理論」のスポーツ分野への応用可能性を検討することである。ここでいう作業仮説と

は，「特定のマーケットにおいてファンをふやしていく過程」をスポーツビジネスの普及と捉え，スポーツを「する」ことに価値を見出すイノベーターや初期採用者と，スポーツを「みる」ことに価値を見出す初期多数派以降の人たちとの間にある価値観の違いに対して，スポーツビジネスが適切に対応していないがゆえにキャズムが生じ市場が拡大していかないのではないか，というものである。

　以上の目的を達成するための本章の構成は次の通りである。第一に，ハイテク製品の普及過程の観察に適するいくつかの理論モデルを取り上げ，そこに「キャズム理論」を位置付ける。それにより，「キャズム理論」の独自性を浮き彫りにしながら，キャズムを越えるための具体的な方策（キャズム戦略）の内容に迫る。第二に，「キャズム理論」のハイテク製品以外（スポーツマーケティング）への応用可能性および先述の作業仮説への適用可能性を検討する。これにより，「キャズム理論」の射程および作業仮説の限界を明らかにし，スポーツの普及に潜む「もうひとつのキャズム」の存在を導出する。最後に，スポーツの普及に潜む「もうひとつのキャズム」を越えるための手がかりとして，「オープンイノベーション2.0」の概念を紹介する。

02 イノベーションに潜む陥穽

> 「魔の川を　わたり死の谷　越えゆかん　崖も潜むよ　ダーウィンの海」

1 イノベーションと普及

　イノベーションの語源はラテン語の "innovare（何かを新しくする）" である。日本では1956年の『経済白書』においてイノベーションが「技術革新」と翻訳されたがゆえに，技術的な新しさが強調される傾向がある。しかし，それはイノベーションが生み出されるまでは認識されなかった社会的意義を作り出

す活動をも含んでいる（徳田, 2020）。適用される分野も，国家運営や企業経営だけにとどまらない。教育や芸術，そしてスポーツなどあらゆる分野の「新しい価値の創造」に用いられる。イノベーションは実に守備範囲が広くて意味内容の豊富な懐の広いコトバである。

　イノベーション研究の第一人者であるシュンペーターによれば，イノベーションとは「古いものに取って代わり，長期的な経済発展の原動力となる」もの，古いものとの競争を経て「結果を残したもの」である（Schumpeter, 1926）。経済学であれば超過利潤，経営学では創業者利得や競争優位，社会学では行動変容というカタチで結果的に認識されるものである。事後的に「社会的に受容」された新しい価値に対して用いられるものであるがゆえに，その新しさがイノベーションであるかどうかは先験的・アプリオリに誰にも分からない代物である。したがって，イノベーションというと「新しい価値の創造」の側面に目を奪われがちであるが，それが受け入れられる「社会的受容」の側面を併せ持った概念としておさえておく必要がある。そして普及学は，後者の「社会的受容」のプロセスに焦点をあてた研究分野といえる。

　ロジャーズ（Rogers, 2003）によれば，普及学におけるイノベーションとは「個人あるいは他の採用単位によって新しいと知覚されたアイデア，習慣，あるいは対象物」のことであ。そして，その普及とは「イノベーションが，あるコミュニケーション・チャネルを通じて時間の経過の中で社会ステムの成員の間に伝達される過程」である。新しいアイデアであれ，行動様式であれ製品であれ，「普及という結果」を残すまでの過程に着目している。そして，その過程に潜む様々な「陥穽」を認識し，それらをどのように飛び越えていくのかを体系的に明らかにしている。

2　「魔の川」，「死の谷」，「ダーウィンの海」と「キャズム」

　本書の第Ⅰ部で示されているように，ムーアが提起した「キャズム」はイノベーションの過程における陥穽の１つである。それは，ハイテク製品の普及に

The
Darwinian Sea
The Struggle of
Inventions to
Become Innovations

Research & Invention

Innovation &
New Business

The "Struggle for Life" in a Sea of Technical and Entrepreneurship Risk

図 2-1　ダーウィンの海

出典：NIST（2002）

おいて，少数のビジョナリー（進歩派）によって構成される初期市場から，多数の実利主義者により構成されるメインストリーム市場へと移り変わるところに待ち受けている陥穽のことである。他の普及学の研究と同じように「キャズム理論」の特徴は，研究フレームワークの中に「時間」の概念を取り込んでいる点にある。静止的なスナップ・ショットの分析ではなく，連動していく映画の変化過程のような時系列的分析を重視している（宇野, 1990）。

　ハイテク製品の普及（ないしマーケティング）を取り扱うイノベーション論や技術マネジメント研究においても，古くから時間の概念が研究フレームワークに導入されてきた。そして「新しいものが結果を出すまでの過程に着目，その過程に潜む陥穽を認識し，いかにしてそれを飛び越えていくのか」という共通の目的を持って体系化されている。それではイノベーションの普及の過程には，いったいどのような陥穽が潜んでいるのだろうか。

　図 2-1 のようにイノベーション論では，ハイテク製品の基礎となる発明や新しい科学的知見，工学的知識のポートフォリオ（インベンション）と，それらを新しい市場や産業の創出に結びつけること（イノベーション）との間に大きな陥穽が存在することを認識してきた（NIST, 2002,「ダーウィンの海」）。そして今日では，その大きな陥穽が，比喩的に「魔の川（Devil River）」，「死の谷（Valley of Death）」，「ダーウィンの海（Darwinian Sea）」の 3 つに細分化されている。

　「魔の川」とは研究・技術開発ステージから製品開発ステージへ移行する際

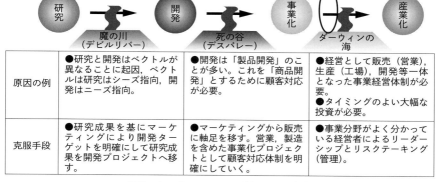

原因の例	●研究と開発はベクトルが異なることに起因，ベクトルは研究はシーズ指向，開発はニーズ指向。	●開発は「製品開発」のことが多い。これを「商品開発」とするために顧客対応が必要。	●経営として販売（営業），生産（工場），開発等一体となった事業経営体制が必要。 ●タイミングのよい大幅な投資が必要。
克服手段	●研究成果を基にマーケティングにより開発ターゲットを明確にして研究成果を開発プロジェクトへ移す。	●マーケティングから販売に軸足を移す。営業，製造を含めた事業化プロジェクトとして顧客対応体制を明確にしていく。	●事業分野がよく分かっている経営者によるリーダーシップとリスクテーキング（管理）。

図 2-2　4 つのステージと 3 つの陥穽

出典：出川（2006）に楕円を筆者加筆。

に存在する陥穽，「死の谷」とは製品開発ステージ（製品化）から事業化（商品化）に移行する際に存在する陥穽，そして「ダーウィンの海」は事業が他社との競争に勝ち残り，競争優位を獲得するまでの陥穽である（図 2-2 参照）。

「魔の川」を越えるには，研究と開発に違いを認識して，上手く移行していくことが重要になる。研究も開発も自然法則を駆使して新しい製品を生み出していく創造の過程ではある。しかし，イノベーションのマネジメントという観点からは，研究のベクトルは発散型，開発のベクトルは収束型である。研究はサイエンスの成果をもとに試行錯誤し，あらたなシーズをどんどん見出していくステージである（シーズ指向）[1]。これに対して開発は，研究ステージで見出された様々なシーズを取捨選択しながら組み合わせ，ひとつのターゲットに絞り込んでいくステージである（ニーズ指向）。その手段がマーケティング（テクノ・マーケティングとも呼ばれる）であり，マーケティングによって得られたスペックを満足するものが製品である。「魔の川」を飛び越えるポイントは，マーケティングにより開発ターゲットを明確にした上で，研究成果（シーズ）を開発ステージへ円滑に移行していくことになる（出川, 2004, 2006）。

「死の谷」を越えるには，製品（product）と商品（goods）に違いを認識して，

上手く移行していくことが重要になる。製品とはマーケティングに基づいて顧客のニーズに合った機能を持たせて開発したものであるのに対し，商品は実際の顧客がお金を出して買ってくれるものといえる[2] (出川, 2004)。評価サンプルやソフトウェアの β 版とでも言うべき開発間もない製品を市場へリリースし，顧客の反応を開発や生産へフィードバックしていく。このフィードバックループを迅速に回しながら，製品の完成度を上げて商品化を図っていくのがポイントである。したがって，マネジメントの対象は研究開発機能や小回りのきくプロジェクトにとどまらなくなってくる。迅速にループを回すことができるように，事業計画に基づいて販売や生産など異なる職能部門との連携を図る組織的対応も求められる。「死の谷」を飛び越えるポイントは，「製品の商品化」と「職能部門間の連携」である。

　「ダーウィンの海」を越えるためには，市場において他社との競争に打ち勝つことである。競争戦略の定石であるコストリーダーシップ戦略（低コストの実現を背景にした低価格を追求する戦略），あるいは差別化戦略（製品／サービスの違いを顧客に認知させ，違いに価値を認めてもらうべく顧客にアプローチする戦略）を用いて，持続的な競争優位を獲得していく必要がある (Porter, 1980, 1985；網倉・新宅, 2011)。並行して「組織は戦略にしたがう (Structure follows Strategy)」の命題 (Chandler, 1962) により，内外のリソース（ヒト，モノ，カネ，情報）とケイパビリティ（リソースを活用する能力）を用いて，物流，生産，販売，アフターサービスなどの価値活動を有機的に結びつけ，選択した競争戦略に適合的なバリューチェーン（価値連鎖）にまとめあげていくことである (Tokuda, 2005)。

　既述の通り，ムーアは初期市場からメインストリーム市場へと移り変わるところに待ち受けている陥穽をキャズムと称した (Moore, 2014)。両者の間にキャズムが生じてしまうのは，初期市場とメインストリーム市場の顧客グループでは，ハイテク製品に対する価値観や関わり方，適応力が異なるからである。前者のユーザー（ビジョナリー）は変革のための手段，ブレイクスルー，最先端

技術，製品自体の独自性や機能を期待している。これに対し後者のユーザー（実利主義者）は現行オペレーションの生産性の改善への期待，他のユーザーの導入状況，そして当該製品が業界標準になるかどうかを採用の意思決定の材料にしている。したがって，現在，ビジョナリーに対する戦略が功を奏していたとしても，実利主義者に対しては全く新しい戦略を採用しなければならないとし，このキャズムを越えるために，ムーアは次項にて紹介するキャズム戦略（＝ひとつの基本戦略と4つの戦術）を提示したのである。ムーアの「キャズム理論」の独自性は，ダーウィンの海に潜むもうひとつの海溝の存在を示唆した上で（**図2-2楕円**），その海溝を越えるための処方箋を提示しているところにあるといえる。

3 製品ライフサイクルとキャズム

　生き物にライフサイクルがあるのと同じように，製品やサービスにもライフサイクルを見いだすことができる。「キャズム理論」の特徴は，他の普及学の研究と同じように，研究フレームワークの中に「時間」の概念を取り込んでいる点にある。そして，イノベーション論において「時間」の概念を取り込んだ代表的なライフサイクルモデルが製品ライフサイクル（PLC）理論である。

　製品のライフサイクルの段階をいくつに区分するかについては様々な考え方があるが，「導入期」，「成長期」，「成熟期」，「衰退期」の4段階とするのが一般的である（網倉・新宅, 2011）。1950年にディーン（Dean, 1950）がPLCを提唱して以来，多くの経済学者，経営学者，社会学者が，商品・サービスにPLCのような栄枯盛衰が本当に存在するのか，PLCにはどのようなパターンがあるのか，なぜそのようなことが起こるのか，PLCの各段階で何をすべきなのかについて研究を積み重ねてきた（三谷, 2013）。

　PLC理論によれば，導入期には製品の本質的な機能を徹底的に分かりやすくしプッシュ型コミュニケーションを採用しながら市場へ導入するとともに，限定されたチャネルに高いインセンティブを与えることが定石とされる。そし

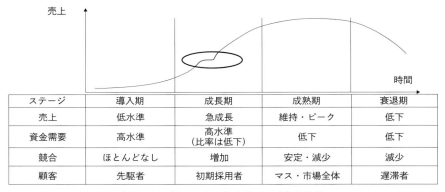

図2-3　製品ライフサイクルの区分と特長

ステージ	導入期	成長期	成熟期	衰退期
売上	低水準	急成長	維持・ピーク	低下
資金需要	高水準	高水準 （比率は低下）	低下	低下
競合	ほとんどなし	増加	安定・減少	減少
顧客	先駆者	初期採用者	マス・市場全体	遅滞者

出所：出典：https://bizhint.jp/；新宅・網倉（2011）に楕円を筆者加筆。

て成長期では，製品の本質的な機能に加え，補助的機能を加えて全体的な製品の魅力を向上させ，規模や経験効果を踏まえ価格を低めに設定し普及を狙うものとされている。したがって，成長期ではチャネルを大きく拡大し，プロモーションはマスコミを大々的に利用したプル型が推奨されている。

　これに対し，ムーアの「キャズム理論」の独自性は，成長期に潜む伸び悩みの時期（普及率で言うと16％）の存在を指摘し（**図2-3**楕円），そのプラトーを乗り越えて再び成長軌道へ乗せていくための処方箋を提示しているところにある。そもそもPLC理論そのものは，導入期後期から成長期前期までの「移行期」の存在を前提としているわけでも重要視しているわけでもないので当然ではあるが，この時期に特有の市場の変質に着目している点に「キャズム理論」の特徴があるということになる。

4 アバナシー＝アターバック・モデルとキャズム

　PLCの売上高を示す曲線がＳ字を描く背景に，どれだけの数のイノベーションが生まれるのかというイノベーションの発生頻度もまた時間的な経過にともなって変化していく。アバナシーとアターバック（Abernathy=Utterback, 1978）

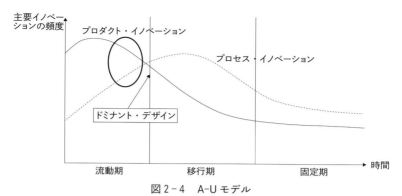

図 2 - 4　A-U モデル

出典：Abernathy＝Utterback（1978）に楕円を筆者加筆。

は，イノベーションをプロダクト・イノベーションとプロセス・イノベーションに分けた。そして，ある製品分野における双方のイノベーションを 1 セットの組み合わせとしてみていくと，その頻度は時間経過とともに共通の発展パターンが存在することを突き止め，それを A-U モデルとして定式化した（図 2 - 4 参照）。双方のイノベーションの発生頻度の組み合わせによって，A-U モデルは流動期，移行期，固定期に区分され，同区分の中で最も重要な現象が移行期の始まるドミナント・デザインの登場である。

　ドミナント・デザインとは，当該産業において確立される，その後の技術的標準となる製品デザインのことを意味している。ドミナント・デザインが確立するまでは，そもそも製品の評価基準が定まっておらず，どのような要素技術によっていかなる製品を具現化していけば良いのか不明である。また，顧客の側でも，その製品はどのような場面でどのように使用すべきなのか，どのような機能を持つべきなのかという製品の本質的価値や使用スタイルを理解していない（近能・髙井, 2012）。

　ムーアの「キャズム理論」の独自性は，そのような不確実性の高い状況において，ドミナント・デザインの確立に向けて移行期に向かう直前に何をするべきなのか，図 2 - 4 の楕円の時期にさしかかった企業への処方箋を提示したと

ころにあるといえる。

03 「キャズム理論」のスポーツマーケティングへの応用

1 キャズム戦略の内容

　以上，研究フレームワークに時間軸を位置付けたいくつかのイノベーション・モデルを参照しながら，同じく時間軸を重視した「キャズム理論」の独自性を捉えてきた。ここでは，ムーアの提唱するキャズムを越えるための具体的な施策，いわゆるキャズム戦略について簡単に見ておくことにする。

　「先行事例として紹介できる顧客がその顧客グループの中にいない」という前提のもと，キャズムを越えて新たな顧客グループに移行する処方箋としてのキャズム戦略は，ひとつの基本戦略と４つの戦術からなる。

　キャズム戦略の基本戦略は，ニッチ戦略である。ニッチ戦略とは，メインストリーム市場の中のターゲット・セグメントをひとつ選定し，そこへ集中的にリソースを投下していく戦略である。企業がキャズムを越えられずに失敗する理由は，メインストリーム市場には多くの可能性があるため，焦点を絞りきれずにあらゆる可能性を追い求め，結局，どの実利主義者に対しても納得するソリューションが提示できないで終わるからである。

　他方，キャズム戦略を構成する４つの戦術については，それらをマーケティングミクスのコンテクストで捉え直した場合，以下のようなマーケティングの４Ｐとして特徴付けられる。

1　Product：ホールプロダクトの構築

　国際マーケティング研究の大家であるセオドア・レビットが提唱したのが「ホールプロダクト（図２-５）」の概念である。それは，顧客に提供される製品については，実際に提供される「コアプロダクト」だけではなく，様々な周辺機器や補完サービスなどを組み合わせることにより「完全な製品」となるこ

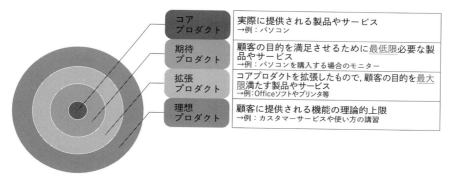

図2-5　ホールプロダクトの概念

出所：新井（2012）

とを考慮せよということである。たとえば，電気自動車であれば，実際に顧客に提供される自動車そのものだけでなく，充電ステーションへのアクセシビリティや充電時間や使い勝手等の利便性，他の燃料と比べたときのランニングコストの競争力，故障時や中古車市場売却時のアフターサービスに至るまで，顧客に提供される機能や便益を包括的に示したものになる。

　ビジョナリーとは違い，新しい製品の採用を決定する実利主義者は，自らの目利きによってホールプロダクトの動向を精査し，より納得のいくプロダクト群を取り揃えようなどとは思わない。実利主義者は，ワンストップでドミナント・デザインを提供するホールプロダクトにしか関心はない。キャズムを越えるには，ニッチ戦略を選択したうえでのホールプロダクトの投入が必須である。ホールプロダクトを揃えるためのリソースが足りない場合には，パートナーとのコラボレーションを通じて補完する必要がある。

2　Price：マーケットリーダーとしての価格設定（競合他社＋30％）

　どちらかと言えば価格にこだわらず，高価な買い物をすることに一種の喜びさえ感じているビジョナリーに対して，実利主義者が求めるのは低価格である。とはいうものの，価格以上に実利主義者が支持するのは，ホールプロダクトの

ドミナント・デザインを擁するマーケットリーダーが発するメッセージである。したがって実利主義者は，競合よりもマーケットリーダーの製品価格が最大３割程度高いことに異を唱えるものではない。逆にマーケットリーダーでないベンダーに対しては，実利主義者は強く値引きを迫るであろう。

以上のことから，新機軸の製品をホールプロダクトとして販売しようと試みるマーケットリーダーは，類似の機能を提供する代替製品や競合製品よりも若干のプレミアムを乗せた価格設定にすることができる。そして，当該製品を扱ったことのない実利主義者とのパイプをすでに持っている販売チャネルへのインセンティブとして，手厚いマージンをもって遇することも可能になる。

3　Place：顧客重視の販売チャネルと販売方法の選択

キャズムを越えるためには，ターゲットカスタマーの要求を理解してホールプロダクトを提示する販売チャネルの構築が鍵である。その際，製品というよりは顧客（実利主義者）を重視するタイプの販売チャネルの確保が原則であることをムーアは強調する。

キャズム戦略では，顧客のペルソナとして，企業役員，個人，部門管理者，エンジニア，中小企業オーナーの５つの類型が示されている。キャズムを越えようとする企業は，これらのペルソナ（類型）に対して，関係性マーケティング，プロモーショナル・マーケティング，ダイレクトマーケティングなどを駆使しながら，最適な販売方法を選択すべきである。ハイテク製品に関わるマーケティング手法は日進月歩で変化しているものの，販売チャネルが相手とするこれら顧客の顔ぶれに大きな変化はない。

4　Promotion：競争相手の創造

市場のないところに新機軸の製品を導入するには，「競争を作り出す」ことが肝である。競争なきところに市場はない。ドミナント・デザインを獲得している競合製品が存在しない初期市場においては，真の競争相手はベンダーのラ

イバル企業ではない。それは，顧客の「現状を維持しよう」とする力（経路依存性），リスクに対するおそれ，あるいは「購入の必然性」の欠如といった顧客側に存在する。

　ここでムーアは，キャズムを乗り越えるために2種類の競争相手の創造を想定する。ひとつは代替手段（顧客の問題解決手段としての競争相手），もうひとつは対抗製品（同種製品としての競争相手）である。前者はキャズムを乗り越えようとする企業のターゲットカスタマーに，これまで製品を販売してきたベンダーであることが多い。解決すべき顧客の困りごとは同じだとしても，従来とは違う製品や手段によって，より効果的・効率的にソリューションを提供することがプロモーション上の戦術になる。後者は，まさに不連続なイノベーションを武器に同じように新機軸の製品を実利主義者へ投入しようとする企業である。競争相手のテクノロジーを認めつつも，ターゲット・セグメントに対して差別的なホールプロダクトを投入していくことがプロモーション上の戦術となる。

2 「キャズム理論」のスポーツ分野における有用性

　以上のような独自性と内容を持つ「キャズム理論」のスポーツ分野への応用可能性を問うことによって，我々はいったどのような新しい知見をスポーツビジネスにもたらすことができるのであろうか。

　本章の冒頭で述べたように，本書編纂にあたって設定された作業仮説は，「特定のマーケットにおいてファンをふやしていく過程」をスポーツビジネスの普及と捉える。そして，スポーツを「する」ことに価値を見出すイノベーターや初期採用者と，スポーツを「みる」ことに価値を見出す初期多数派以降の人たちとの間の価値観の違いに対して，スポーツビジネスが適切に対応していないがゆえにキャズムが生じ市場が拡大していかないのではないか，というものである。

　さて，この作業仮説が特定スポーツのファンを増やす普及の「過程」に着目

	ハイテク 主に B2B	非ハイテク 主に B2C
リアル	**第２象限** キャズム戦略の主戦場	第１象限
ネット	**第３象限** IaaS PaaS SaaS	**第４象限** 補論２ Google, Facebook, YouTube, Skype, etc.

図2-6 「キャズム理論」の守備範囲

出所：筆者作成

していることから，同じく普及の過程に潜むキャズムを取り扱う「キャズム理論」を適用することに大きな問題は無いであろう。くわえて，キャズムを越えるときの大原則は，特定のニッチ市場を攻略地点として設定し，持てる勢力を総動員してそのニッチ市場をできる限り早く支配することであり，これは扱う商材の違いにかかわらず，市場に新規参入するときの昔からあるセオリーそのものであることから（ムーア，2014：132頁），特定の新しいスポーツの導入過程に「キャズム理論」の適用を試みるのは妥当であろう。問題は，「キャズム理論」が適用可能な守備範囲である。

　図2-6はムーアが『キャズム　ver. 2　(2014)』の中で提示した「キャズム理論」の適用範囲を筆者がマトリクスにして網掛けしたものである。ハイテク業界のメインストリーム市場は他の業界のメインストリーム市場とそれほど変わらず，とりわけ売買がB2Bの場合に共通点が多いことから（ムーア，2014：66頁），チャネルがリアルおよびネットの違いにかかわらず，スポーツ製品／サービスの中間財については「キャズム理論」の守備範囲におさまる（第2，第3象限）。

　これに対して，スポーツをしたり見たりする非ハイテクのB2Cについては，e-スポーツやスポーツ配信サービス等（第4象限）を除くリアルチャネルを介す場合（第1象限の白抜き），「キャズム理論」の守備範囲から外れる。したがって，リアルチャネルを介して広がるスポーツについては，まずは「その普及過

程にキャズムがある」というエビデンスを揃えた上で[3]，「キャズム理論」を援用・修正し，Ｂ２Ｃ版キャズム理論として適用していく必要があるだろう。現状は，スポーツファンを増やす過程に「存在するかどうかも分からないキャズム」を確認・分析するために「度が合っているか不確かなメガネ（キャズム理論）」が手つかずのまま放置されているといったところである。

3 作業仮説の検討

次に，スポーツを「する」ことに価値を見出すヒトと，スポーツを「みる」ことに価値を見出すヒトの間にキャズムが存在するという作業仮説について検討してみよう。

表2-1は，日本における「みる」スポーツと「する」スポーツの比率を集約してランキングにしたものである。「みる」スポーツについては，野球，サッカー，フィギュアスケートの順である。これらのコンテンツは，スタジアムでの観戦やTV等の各種メディアを通じて「みる」ヒトに消費される。これに対して「する」スポーツについては，ウォーキング，ジョギング，ゴルフの順である。面白いことに，ゴルフを除き，これらのスポーツは「みる」ヒトに消費されることが無いゆえに市場としても成立していない。

ここで，「みる」スポーツとして上位にランクされているフィギュアスケートに着目してみよう。フィギュアスケートは，野球やサッカーに比して競技人口が極度に少ないにもかかわらず，「みる」ヒトが多い。数の上では「みる」ヒトと「する」ヒトのギャップが極端に大きいタイプのスポーツである。これは，「する」ヒトがほとんど居なくても，「する」ヒト（プレーヤー）やコト（競技の躍動感や勝敗の不確実性など）を「コンテンツ（商品）」にし，その魅力を「みる」ヒトに伝えることさえできれば，ビジネスとして成立可能であることを示す典型的な例と捉えることができる。

さて，「フィギュアスケート型」のスポーツを「する」ヒトは，フィギュアスケートの純粋なプレーヤーである。同時にプレーヤーは，フィギュアスポー

表 2-1　「する」スポーツと「みる」スポーツの比率

よく観るスポーツ （複数回答）		行っているスポーツ （複数回答）	
野球	33.2% （▲1.8pt）	ウォーキング	20.2% （▲1.4pt）
サッカー	25.8% （▲2.7pt）	ジョギング・ランニング・マラソン	9.1% （▲1.8pt）
スケート・フィギュアスケート	15.2% （▲1.3pt）	ゴルフ	5.7% （▲1.7pt）
バレーボール	15.1% （3.8pt）	体操・トレーニング・エアロビクス	5.4% （▲1.6pt）
テニス	14.0% （▲0.5pt）	ヨガ・気功・太極拳	4.7% （0.6pt）

出所：三菱 UFJ リサーチ＆コンサルティング（2019）

ツのコンテンツの重要な生産要素（労働力）でもある。商品経済に取り込まれた途端に、「する」ヒトは、①プレーヤーという側面と、②生産要素という側面の二重性をまとってくる。プレーヤーは自身のプレー自体から生じる高揚・効用に価値を見出しているのであって、自身のプレーがコンテンツ化された商品を消費しているわけではない。コンテンツを消費し楽しむのは「みる」ヒトである。そして「みる」ヒトを増やすには、コンテンツが第三者によって「売れるように」編集されマーケティングされる必要がある。

　「キャズム理論」の曲線が同一製品／サービスの採用者の数を時間軸にプロットしたものである以上、理屈の上では、①プレーヤーと、②コンテンツを明確に区別したうえで、キャズム戦略はそれぞれの市場に対して個別に適用さればならないだろう。

　これに対して、「みる」ヒトがほとんど居なくとも市場が成立しているのがウォーキングである。ウォーキングやジョギングは、「する」ヒトの高揚・効用がコンテンツ化されて「みる」ヒトに届けられることは今のところほとんどない。したがって、「する」ヒトが増えたところで「みる」ヒトが増えるわけではない。シューズやスポーツウェアなどのスポーツ用品や、運動施設、ジム

などのスポーツ施設およびそれら関連サービスなど，もっぱら「する」ヒトによってそれらが消費され市場が成立する。したがって，このような「ウォーキング型」スポーツの市場を拡大するには，「する」ヒト自体の数を地道に増やし，関連市場を拡大していくことである。そして「する」ヒトを増やしていく過程においてはキャズムが存在するかもしれないし，それを越えるためにキャズム戦略が有用となる局面が出てくるかもしれない。

　「フィギュアスケート型」，あるいは「ウォーキング型」いずれにしても，ファンを増やしていくことがスポーツビジネスの普及につながることに異論はない。また，ファンの総体を「みる」ヒトと「する」ヒトに分けて，それぞれの価値観（ニーズ）の違いに応じた普及戦略をとることは至極，合理的である。市場の拡大にとって，純粋にスポーツをするプレーヤーを増やすことも大事だし，スポーツコンテンツを楽しむヒトを増やすことも大事である。留意すべき点は，「フィギュアスケート型」と「ウォーキング型」という極端な例が示すように，同じファンでも「する」ヒトと「みる」ヒトでは楽しんでいる対象が異なっていたり，「みる」側のファンが居なくとも成立するタイプのスポーツもあるがゆえに，両者を同一曲線上に位置付けてキャズム戦略を適用することに無理があるのではないかということである。キャズム戦略の適用の余地を考慮するならば，区分すべきは，スポーツを「する」ヒトによって拓かれる市場（用品，施設，サービス市場）と，「みる」ヒトによって牽引される市場（コンテンツ市場）である。そして「キャズム理論」は，それぞれの市場に対して別個に適用されるべきではないだろうか。

04 スポーツ普及の社会的次元とオープンイノベーション2.0

1 もうひとつのキャズム

　イノベーションの普及について，実はイノベーション戦略では普及の目的は一義的でない。それは，前項のビジネスとしてスポーツを考えた場合の経済的

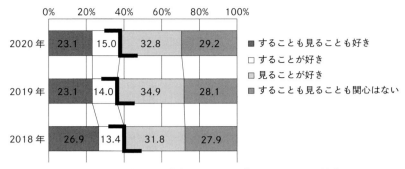

図 2-7　スポーツを「する」ヒトと「しない」ヒトの比率

出所：三菱 UFJ リサーチ＆コンサルティング（2020）に太線を筆者加筆。

次元（市場規模拡大，競争優位獲得，収益最大化などの目的）を重視した普及の他に，社会的次元（国民や地域社会の QoL 向上，保険料の低減，健康年齢の延伸などの目的）を考慮した普及がある。したがって，「誰による，何を目的とした誰のための普及か？」を問うことが肝要である。

　前者を重視したモデルを仮に「プライベート型／市場・産業型」と捉えるならば，それは，関連特定産業（プレーヤー，関連用品，施設，メディア）による市場規模拡大，それを前提とした特定企業や組織のイメージ，従業員の士気向上のためのスポーツ投資が普及の目的になる。他方，後者を考慮したモデルを「パブリック型」と捉えるならば，国や自治体による市民 QoL 向上，健康な暮らしに向けた政策の立案と実行がスポーツ普及の目的になる。そして，「パブリック型」のイノベーションを標榜したとき，国や自治体の関心は，スポーツを「する」ヒトと「しない」ヒトの間のキャズムをいかに乗り越えるのかということになる。

　図 2-7 は，日本におけるスポーツを「する」ヒトと「しない」ヒトの比率を表わしたグラフである。太線の左右で両者は分かれている。約 4 割前後が「する」ヒト，6 割が「しない」ヒトである。

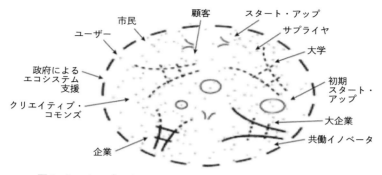

図 2 - 8　オープンイノベーション2.0：新しいイノベーション環境

出所：European Commission（2016）

2　オープンイノベーション2.0

　社会的次元としてのスポーツの普及とイノベーションを考えた場合，「する」ヒトと「しない」ヒトのキャズムをいかにして乗り越えていけばよいのか。改めてロジャーズ（Rogers, 2003）を紐解くならば，普及学は人々の行動変容や社会変動の詳細を克明に追究できる武器を持っている。そして，普及学における時系列的な過程研究には，普及の個人過程，普及の集団過程，普及の社会（集団間）過程，そして普及の結果としての社会変動過程の4つの研究分野が広がっている。スポーツを「しない」ヒトを「する」ヒトに変えていく過程は，それら4つの研究分野を総合して分析されるべき対象であり，そのような過程を経て実現される社会的イノベーションに相応しい分析視角として登場したのがオープンイノベーション2.0である。本章の最後に，スポーツの社会的普及やイノベーションを考えていくうえで有効な視座として期待されるオープンイノベーション2.0の概念について紹介しておきたい。

　オープンイノベーション2.0は，2013年に欧州委員会 EU が提唱した新たなオープンイノベーションのモデルである（European Commission, 2013）。図2-8は，オープンイノベーション2.0のイメージである。細胞膜に包まれたような領域には企業，スタートアップ，共同イノベーター，新規スタートアップ，

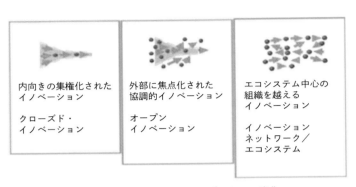

図 2 − 9　イノベーション・プロセスの変化

出所：European Commission（2016）p. 18, Figure 2. を元に筆者作成。

公的なエコシステム支援，大学のほか，市民，顧客，ユーザー，クリエイティブ・コモンズ，サプライヤーといった多種多様なステイクホルダーが存在している。

　この多様なステイクホルダーの同居するオープンイノベーション2.0のモデルには，２つの特徴がある。ひとつは「分権化」である。従来のモデルであるクローズド・イノベーションやオープンイノベーション（1.0）は，程度の差こそはあれ基本的には，企業に集権化（centralized）されたイノベーション・モデルであった。つまり，イノベーションの主体は企業が担うものであるとする，強い既定が内在していた。これに対して，オープンイノベーション2.0は分権化（decentralized）された様々な主体（産業界，官界，学会，そして市民）が関与し，協働するイノベーション・ネットワークないしエコシステムとして描かれる（図 2 − 9 参照）。

　無論，従来もイノベーションが普及し汎用技術となる過程では，企業以外の主体もそのプロセスに深く関与してきた。しかし，オープンイノベーション2.0が強調するのは，多様なステイクホルダーがより深くイノベーション・プロセスにコミットすること，かつ，そうしたステイクホルダー間の利害を調整し合意的形成を図ることこそ，イノベーションを成立・普及させる上では重要であ

るという視座である。

　しかし，分権化され多様なステイクホルダーによって構成されるイノベーション環境は果たしてうまく機能するのだろうか。ステイクホルダー間の調整コストは指数関数的に高くなってしまうのではないか。この点について，オープンイノベーション2.0では文化的シフトの必要性を説く。すなわち，個人が経済的合理性を追求する結果，社会の利益が促進されるとするアダム・スミスの「見えざる手」による経済社会モデルから出発し，チャンドラーが描いた集権的な巨大企業とそのネットワークの「見える手」による資源配分モデル，そして共有されたビジョンと価値を基盤として共通の目的（common purpose）を持つステイクホルダーが協働する「シェアリングエコノミー」へのシフトである（Curley, 2016）。共有されたビジョンと価値は，多様に広がったステイクホルダー間の調整コストを抑える。同時にそれは，彼らにコミットメントの意識を芽生えさせ，適切なモチベーションを与えることにつながる。

　オープンイノベーション2.0のもうひとつの特徴は，産官学の3者による連携（Triple Helix model）に「ユーザー／市民」を加えた4者の連携（Quadruple Helix model）を重視していることである。社会的価値の創造と実現のために，ユーザー／市民との協働は不可欠である。社会的イノベーション・プロセスの初期過程からユーザー／市民が関与することによって，アイデアの多様化やイノベーションの普及，社会的受容において大きな役割を果たすことが期待できる。

　従来のオープンイノベーションに係る議論においてもユーザーについての言及はある。しかしそれは，ユーザーとの関係性に着目してリード・ユーザーによるイノベーションの活用が企業のパフォーマンス向上をもたらすことを実証した一連のユーザーイノベーション研究（e.g. von Hippel, 2005）の成果を取り込んだものに過ぎない。これに対してオープンイノベーション2.0は，それよりもはるかに幅広く多様なステイクホルダーによって構成されたイノベーション環境の形成と社会的価値の創造が意図されている。

市民が求めるのはスポーツそのものではない。それは，そのスポーツとの関わりによって実現する便益だという考えは，マーケティング発想の中核である（Levitt 1962）。そして，近年のマーケティング研究では，顧客（ここでは市民）を価値創造プロセスへの参画者として位置付けることの重要性が，ますます指摘されている。

　分権化と市民重視に特徴付けられるオープンイノベーション2.0が思い描くエコシステム，それはビジネス・エコシステムを越えたソーシャル・エコシステムとでもいうべきものである。そのようなものとしてエコシステムを理解するならば，オープンイノベーション2.0とは「社会的に共有された目標に向かって，ビジョンと価値を共有するステイクホルダーが協働する分散協調型の社会的ネットワーク」と言い換えることができるであろう。

05 おわりに

　本章では，イノベーション論の中でも時間の概念を重視した諸理論との関係の中で，「キャズム理論」の独自性に迫りながら，その理論的特長と内容の把握に努めた。その上で，ハイテクマーケティング分野における経験的考察から生まれた「キャズム理論」のスポーツ分野への応用可能性について検証してきた。

　まず，「キャズム理論」を特定の新しいスポーツ，あるいは関連するスポーツ製品／サービスの普及過程に適用して分析することにさしたる問題はないことが明らかにされた。ただし，チャネルがリアルないしネットの違いにかかわらずスポーツ製品／サービスの中間財については「キャズム理論」の守備範囲におさまるものの，スポーツのような非ハイテクのＢ２Ｃに関わるものについては，ネット以外のリアルチャネルを媒介する場合は「キャズム理論」の守備範囲から外れることが明らかにされた。

　つづいて，スポーツを「する」ことに価値を見出すヒトと「みる」ことに価

値を見出すヒトの間にキャズムが存在するという作業仮説について検討した。その結果，キャズム戦略を適用する場合，ファンという名の下に「する」ヒトと「みる」ヒトを同一曲線上に位置付けることに無理があることを指摘した。また，キャズム戦略の適用の余地を考慮するならば，区分すべきはスポーツを「する」ヒトによって拓かれる市場（用品，施設，サービス市場）に生じるキャズムと，「みる」ヒトによって牽引される市場（コンテンツ市場）に生じるキャズムであり，それぞれの市場に対して別個にキャズム戦略を適用されるべきということである。

　最後に，社会的次元としてのスポーツの普及とイノベーションを考えた場合，キャズムは「する」ヒトと「しない」ヒトの間に存在することが示された。そして，このキャズムを越えて社会的イノベーションを実現するための手がかりとして，オープンイノベーション2.0の概念が紹介された。オープンイノベーション2.0には「分権化」および産学官市民の「4者連携（Quadruple Helix model）」という特長を有する。それは，社会的イノベーション・プロセスの初期過程から市民を関与させ，アイデアの多様性の確保や普及，社会的受容において大きな役割を果たすことが期待できるガバナンスモデルであり，「社会的に共有された目標に向かって，ビジョンと価値を共有するステイクホルダーが協働する分散協調型の社会的ネットワーク」である。

　そのような共有されたビジョンとガバナンスメカニズムを通じて，具体的にスポーツを「する」ヒトと「しない」ヒトとの間に横たわるキャズムをいかに乗り越えていくべきか，稿を改めて検討していきたい。

注
1）シーズを発散的に見出していくステージとはいえ，例えばそれらシーズの特許権を取得して排他的に占有したとしても，当該特許が「魔の川」を越えて活用されずに，死蔵特許として管理費だけが嵩むこともまた回避しなければならない。
2）たとえ「科学的」にノーベル賞級の発見をベースに開発された製品であったとしても，コスト的に見合わなければ商品化にこぎつけることはできない。

3）キャズムの存在は，ハイテクＢ２Ｂ製品の普及過程においてムーアの経験的知見により「発見」されたものであるが，Ｂ２Ｃについてはその限りではない。またロジャーズは，そもそもキャズムが存在するという主張を裏付ける知見はないとしている（ロジャーズ，2007：231頁）。

参考文献

Abernathy, W. J. and Utterback, J. M.（1978）Patterns of industrial innovation. *Technology Review*. vol. 80, no. 7, 40-47.

網倉久永・新宅純二郎（2011）『経営戦略入門』日本経済新聞社．

Chandler, A. D., Jr.（1962）*Strategy and Structure : Chapters in the History of the American Industrial Enterprise*. Cambridge, MA : The MIT Press.（チャンドラー，A. D., Jr.（1967）三菱経済研究所訳『経営戦略と組織』実業之日本社）

Curley, M.（2016）*A New Mode of Technical and Societal Innovation*. European Commission.

Dean, J.（1950）Pricing Policies for New Products. *Harvard Business Review*, 28, 45-53. Fagerberg, J., D. C. Mowery., R. R. Nelson.（2005）*The Oxford Handbook of Innovation*, Oxford University Press.

出川通（2004）『技術経営の考え方：MOT と開発ベンチャーの現場から』光文社新書．

出川通（2006）「産学連携での WIN-WIN を得るには」『産学官連携ジャーナル』JST, vol. 2, No. 8, 18-20.

European Commission.（2013）Open innovation 2.0 yearbook 2013, European Union.

European Commission.（2016）Open innovation 2.0 yearbook 2016, European Union.

von Hippel, E.（2005）Democratizing Innovation, MIT Press.

近能善範・髙井文子（2011）『コア・テキストイノベーション・マネジメント（ライブラリ経営学コア・テキスト）』新世社．

Levitt, T.（1962）*Innovation in Marketing : New Perspectives for Profit and Growth*, McGraw-Hill.

三谷宏治（2013）『経営戦略全史』ディスカヴァー・トゥエンティワン．

Moore, G. A.（2014）*Crossing the Chasm 3rd Edition*, Harper Business.（ムーア，ジェフリー A（2014）『キャズム Ver. 2』川又政治訳，翔泳社）．

NIST（2002）*Between Invention and Innovation : An Analysis of Funding for Early-Stage Technology Development*, GCR02-841.

Porter, M. E.,（1980）*Competitive Strategy*, The Free Press.（ポーター，M. E.（1980）『競争の戦略』土岐坤・中辻萬治・服部照夫訳，ダイヤモンド社）

Porter, M. E.,（1985）*Competitive Advantage*, The Free Press.（ポーター，M. E.（1985）『競争優位の戦略』土岐坤・中辻萬治・小野寺武夫訳，ダイヤモンド社）

Rogers, E. M.（2003）*Diffusion of Innovation 5th edition.* Simon & Schuster, Inc.（ロ
　ジャーズ, E. M.（2007）『イノベーションの普及』三藤利雄訳，翔泳社）

Schumpeter, J. A.（1926）*Theorie der wirtschaftlichen Entwicklung : Eine Untersuchung
　über Unternehmergewinn, Kapital,* Kredit, Zins und den Konjunkturzyklus,
　Duncker & Humblot.（シュンペーター, J. A.,（1977）塩野谷祐一・山伊一郎・東
　畑清一訳『経済発展の理論』上・下巻，岩波文庫）

Tokuda, A.,（2005）A Tentative Assumption on the Entrepreneurial Strategic Alli-
　ances of a Firm, *The Annual Bulletin, Japan Academy of International Business
　Studies,* No. 11, 151-164.

徳田昭雄（2020）「劇論　Society 5.0とオープンイノベーション2.0」『世界経済評論』1-
　2月号，pp. 118-126.

宇野善康（1990）『普及学講義：イノベーション時代の最新科学』有斐閣選書.

参考 URL

新井宏征（2012）「プロダクト・マネジメント入門」『プロダクト・マネジメントにおける
　「インテリジェンス」』〈https://pmstyle.biz/column/product/product3_2.htm〉

三菱 UFJ リサーチ＆コンサルティング（2019）『2019年　スポーツマーケティング基礎調
　査』〈https://www.murc.jp/wp-content/uploads/2019/10/news_release_191011.pdf〉

三菱 UFJ リサーチ＆コンサルティング（2020）『2020年　スポーツマーケティング基礎調
　査』〈https://www.murc.jp/wp-content/uploads/2020/10/news_release_201027.pdf〉

（徳田　昭雄）

第3章

日本のスポーツに潜むキャズム

01 はじめに

　本章の執筆に関してご理解を頂きたいことがある。本書では経営学，マーケティング，スポーツマーケティング，スポーツマネジメントの専門領域や実務での最先端の知見を持たれたご高名な方々が論考されている。その執筆者の一人として機会を頂いたことは大変喜ばしいことであるが，著者の研究領域とは些か異なり，その領域への論考はラガードの外でしかなく，怖じ気づいている。そのため，専門領域である社会学，ガバナンス論，戦略論の理論研究の立場から本章の論考を進めていくことをお許し頂きたい。

　さて，本書による問題提起，この"Chasm"（キャズム）という概念は Moore（ムーア）により提示された。ハイテクマーケティングの世界では避けて通れない論であり，かのスタンフォード大学の MBA（経営管理大学院）やその他世界のトップレベルのビジネススクールの課題文献として"Crossing the Chasm（Moore, 1991＝2014）"が指定されていることは，今更説明する必要もないであろう。冒頭に申し上げるならば，著者はこのキャズムの概念自体がイノベーションそのものであるととらえている。

　高度経済成長期中に生を受け，バブル経済とその崩壊，リーマンショック，そして今回の新型コロナ感染症によるパンデミックとともに歩んだ身として，キャズムの概念を知らずにマーケットという大海原に出航し，座礁や沈没，漂

うハイテク関連企業やそこで働く人々の栄枯盛衰を直接見てしまった。自らの人生のみならず，知己らの去秋を辿ることで，この論の正しさは改めてよくわかる。そして，このキャズム論で繰り返される「価値領域と価値観」によって人々は行動する──これは本章の中心概念である──ことを生身で理解している。今も昔もスタジアムのフィールド上に生息する輩にとって，その空間の温度は数値を超越して寒くもあり，熱くもある。

　本章では，スポーツの普及にみられるイノベーションに焦点をあてながら，そこに潜むキャズムとはなにか，というムーアの根元的な問いを中心に据える。次に，スポーツビジネスにキャズム論を援用するにあたり，ブルデューのハビトゥス，界の概念によって，イノベーション，キャズムの発生を論じる。そして，人々がスポーツに関心を抱く源である「非日常性による興奮」から，人々が対象とするスポーツ，スポーツ行為の再考を試みる。最後に，わが国におけるスポーツのイノベーションの普及過程を社会現象の視点から論じ，キャズムとは何だったのかを論考したい。

02 キャズムとはなにか？
──普及学とキャズム論にみられるキャズムの視点

　ムーアによって提唱されたキャズム理論については本書の第Ⅰ部にて示されているのでそちらを参照いただきたい。本節では，キャズム論の発想の源となった普及学の視点との差異について論考する。

　ロジャーズは普及学の観点からムーアのキャズム論に対して，「採用者カテゴリー間に『キャズム（深い溝）』が存在するという主張を裏付ける知見はない」（ロジャーズ，2007＝2018：231）との見解を示している。しかしながらロジャーズの普及学と比較をすると，イノベーションの受容過程に見られる各カテゴリーの特性への言及は同じである。顧客に「いかに能動的にイノベーションを受容（購入）させるか」という実際のマーケティング戦略を提示したという差しか見られない。言わば，研究者視点か，実践者視点かの違いでしかない。そ

のため，本章では，ムーアのキャズム論はロジャーズの普及学を土台として実践的に発展させた論として扱うものとする。

さて，キャズム論は，連続的イノベーションと非連続なイノベーションを明確に分け，人々の行動様式の変化から社会インフラの変化へと導く非連続なイノベーションにフォーカスしている（ムーア，2002＝2010：12-13）。その際，ロジャーズの言及同様に，人々の価値観によってマーケットが階層化されることを指摘している。キャズム前の初期市場（イノベーターとアーリーアダプター＝初期採用者）とキャズム後のメインストリーム市場（アーリーマジョリティ＝初期多数派とレイトマジョリティ＝後期多数派）では，求める価値が全く異なるということである。

さらに「キャズムを越えようという試みはマーケティングとして自然な流れに逆らう行為」（ムーア，前掲書：230）と述べており，このことを認識していなければキャズムを越えられないとも論じている。マーケット（顧客）を価値領域に基づいたセグメントに分類し，そのセグメントの中でも「購入の必然性」（ムーア，前掲書：178）を生み出すターゲットに絞る必要性を述べている。

キャズム論は，キャズムという語感がキャッチー（目につきやすい）であるため，マーケットの初期市場からメインストリーム市場に移行する際の「深い溝＝キャズム」の発生に注意が必要であると理解されがちである。しかしながら，この理解はキャズム論の中心ではない。

本章の冒頭でも述べたように，キャズムに陥るのは「市場に対する認識の誤り」が失敗の原因であり，異なった価値観を持つ顧客へのアプローチが必要であることも強調している。しかしながら，キャズムを越えたメインストリーム市場の後半部分であるレイトマジョリティ（図1‐2参照）へのアプローチは，初期市場の顧客と同様に「自然な流れに即した行為」になると論じている。

すなわちキャズム論の中心とは，顧客は自らの価値観に基づいた行動をするため，価値領域に基づいたマーケットが形成されることを理解すべきであり，そのためのマーケティング戦略の必要性を述べている。至極当然のことである

が，ムーアの経験から，多くの企業が認識を誤って失敗をしているという現実を突きつけているのである。さらに，ハイテクマーケットのみならず，産業全般でも同様であると述べている（ムーア，前掲書：227-231）。キャズム論はキャズムの指摘だけでなく産業戦略論とも言える。

03 日本のスポーツにみられるイノベーションの議論

それでは，現在までの日本のスポーツにみられるイノベーション研究を概観してみたい。

1 スポーツにみられるイノベーション研究の動向

「スポーツ・イノベーション」研究に関して，国立情報学研究所（NII）の学術情報ナビゲーター（CiNii）に「スポーツ・イノベーション」，「スポーツイノベーション」を入れた検索では，論文2篇，発表1題（2020年9月25日現在）であった。どれも山下秋二・出村慎一（学会発表要旨・論文とも1987, 1988）によるものであった。

「スポーツ（空白）イノベーション」では150件を確認できたが，この中からプレー技術や用具，指導論に関わるものを除くと49件であった。

「スポーツの普及」に関しては，前述の山下・出村を含めて23件であった。「スポーツの普及に関わらない」と判断したもの26件の特徴として，「イノベーションの拡大解釈」，もしくは「キャッチーな標題としてイノベーションという用語を使った」ものであり，スポーツにみられるイノベーション研究とは離れていたので除外した。

本書のテーマである「キャズム」に関するものは確認することができなかった。おそらく研究者にとって，ムーアはアカデミアの住人なのか？ という始原的な問いから，キャズム論に触れることへの抵抗があるのかも知れない。

現在でもスポーツ・イノベーションそのものに着目した研究がない中，山下

は前述の調査で確認された論文（1987，1987）を発展させて，「スポーツ・イノベーションの普及過程」（1994）としてまとめている。著者の知る限り，スポーツ・イノベーション研究の萌芽と位置付けられる。「する」スポーツは心理，指導領域の視点から多くの研究がなされているが，山下の研究は「する」スポーツをイノベーションの視点で捉え，その普及過程を解明しようとしたものとして，まさにイノベーションであった。

　山下は，商業資本が提供する運動のための新たなサービスを「スポーツ・イノベーション」と規定し，これらのアイデアが「スポーツの生活化」の新しい試みとして社会共有されていく過程（普及過程）を分析した。

　この普及過程はスポーツの売り手と買い手による市場プロセスとして捉え，分析対象を１）個人の消費行動，２）組織体の経営行動に分けた。さらに，それぞれのイノベーション採用単位での分析視点を，a）個々の行動変数（個人および組織レベル），b）個々の採用単位間の影響と依存関係（個人間と組織間レベル）に分けた。

　また，これらの分析に用いられる鍵概念として，ムーアも範とした Rogers（1983），　Rogers=Shoemaker（1971，宇野他訳：281）の普及学の概念を中心に据え，個人レベルでは「イノベーション決定期間」と「革新性」，組織レベルでは「組織の革新性」，個人間レベルでは「ゲートキーパー（gatekeeper）[1]」，組織間レベルでは「組織相互依存性」に着目した（山下，1994：253-256）。

　この山下の研究成果は，ムーアがキャズムの発生の際に，イノベーター，アーリーアダプター，アーリーマジョリティ，レイトマジョリティのグループ間に見られる「価値観の差異」を論じたことと非常に近いものがみられる。

　さらに，山下は自らの研究を振り返り，個人や組織がいかにイノベーションを「採用」するかということに焦点をあててきたが，「普及過程全体からみれば，イノベーションの最終段階にたどりつくための手段にすぎない」（山下，前掲書：258）と論じた。さらに，「イノベーションを採用した結果，個人や組織，社会システム全体にどのような変化がもたらされたのかという重要な問題が残

る」（山下，前掲書：259）と言う指摘は，キャズム論において，いかに人々の行動様式の変化から社会インフラの変化へ導くかという視点と重なるのは興味深い。

　一方，イノベーションを常に望ましいものととらえがちであり，社会のあらゆる人々に普及して採用され，イノベーションの普及はより速く行われるべきであるという考えのもとで研究が進められる傾向があることも指摘し，「それが，普及研究の誤った前提であることは明らかである。」（山下，前掲書：259）とムーアがキャズムを越える際にスピード感の重要性に言及していることとは時間軸のとらえ方が異なっていることがあげられる。

2 スポーツの普及にかかわる研究の動向

　さて，山下以外，明確にスポーツ・イノベーションをテーマとした研究はみられない。そのため，広義の普及という視点からの研究を概観してみたい。そこでターニングポイントとなるのは1993年のＪリーグの開幕である。

　1993年のＪリーグ開幕前後を契機に，スポーツの普及研究の潮流は，「スポーツ観戦者」，すなわち「みる」スポーツとして，「スポーツ観戦者行動」が研究のメインストリームとなっている（江口，2008）。

　藤本・原田(1993)は，スポーツ観戦者行動の文献を辿り，それまでのスポーツ観戦行動に関する研究の特徴として，デモグラフィック分析（性別，年齢，人種，職業，教育水準，職業，居住地区など），個人的要因（個人のパーソナリティー特性，ライフスタイルや過去のスポーツ経験など），経済的要因（世帯収入や入場料など），魅力要因（チームの戦績やスター選手の有無など），その他の選考要因（天気，試合時間，スケジュールなど）など数多くの変数が用いられてきたことを指摘し，これらの要因をスポーツ観戦に関する経営およびマーケティング研究において，どのように位置付けるかが課題であると論じている。

　さらに藤本 (1999) は，プロスポーツの潜在的観戦者を観戦意図レベルに基

づいてセグメントに分類し，その特徴を抽出した。そして，マーケティングセグメンテーションの有効性の検証を行い，マーケット・セグメンテーションの重要性を提示した。

松岡（2001）は観戦者調査を通じて「スポーツファンのロイヤルティ（顧客ロイヤルティ）」に含まれる変数として「心理的コミットメント」に着目した。この「心理的コミットメント」が再観戦や観戦動機に影響を及ぼしているとの仮説から観戦者行動を把握した。

この年代までを整理すると，研究の性質が観戦者の属性を明らかにするような基礎的研究から，経営側に立った観客・集客に役立つことを目的とした実践的な研究に移行していることが確認できる（江口，前掲書：51）。

吉田（2011）は，最新の消費者行動に関して海外の研究動向を整理した。スポーツ消費者行動に関する研究は隆盛な領域の1つとして，（1）消費者動機関連，（2）社会的アイデンティティ関連，（3）顧客満足関連，（4）顧客ロイヤルティ関連の4つに分類されるが，スポーツマーケティングの4つの重要な性質（例えば，スポーツプロダクトの象徴性，スポーツファンの熱狂性，スポーツ経験の感情性，スポーツ消費の娯楽性など）との関連性の希薄さを指摘している。

吉田が指摘した海外におけるスポーツマーケティング研究の視点と呼応するように，隅野・原田（2003, 2005）は，海外における一般の消費者行動研究において，変数として「感情（emotion）」を扱った研究が注目を集めるようになってきたことに着目した。

スポーツ観戦という消費行動のメカニズムにおける特異性を明らかにすることにより，消費者行動の潜在性を明らかにしようとした。海外の研究分析から，従来の消費者行動研究で扱われてきた財を「必需的消費[2]」とし，スポーツやエンタテイメントは「選択的消費[3]」であり，選択的消費に関わる行動を理解するには感情を代表とする「主観的」「快楽的」及び「経験的」な視点の重要性を指摘した。チームアイデンティフィケーションへの影響や感情の中の「楽しみ」

が観戦に対する満足に直接ポジティブな影響を及ぼし，再観戦や再購買を導く重要な要因であると観戦行動のメカニズムを明らかにするとともに，感情測定の尺度モデルを提示している（隅野・原田, 2003, 2005）。

　その後はこの視点が引き継がれ，松井・原田（2011）が「感情」と「満足度」との関連性を見出している。

　押見・原田（2017）は，「イベントにおけるポジティブな感情を快感情」と定義し，Hallman and Breuer（2010）や Xiang and Chalip（2006）による「スポーツイベントと商品などに対する消費者の行動意図を説明する変数」（押見・原田, 2017：4-5）として有用なフィットの概念を用いて分析を行った。スポーツイベント観戦経験による快感情が，都市とイベント間におけるフィット，都市イメージ，観戦者の行動意図に正の相関があることを指摘している。

　伊藤・彦次・山口（2020）は，隅野・原田の「感情」，押見・原田の「快感情」を発展させた研究として，Tsai et al.（2006, 2007）の感情評価理論を土台に，プロスポーツイベント観戦者の理想とする快感情と再観戦意図とのポジティブな関連性を明らかにした。

　原田（2001, 2002）はこれらの「感情」に関わる研究が発表される前に，スポーツ消費者行動の基礎研究として，この「感情」を決定する因子として経験的視点，すなわち「経験価値」を指標とした「経験価値マーケティング」をスポーツ観戦者に適用する視点を提示している。

　経験価値マーケティングとは，文字通り顧客の経験を重視するマーケティングの考え方である。齋藤・原田・広瀬（2010）は，Mathwick et al.（2002）による「消費経験[4)]の枠組みの中で生じる顧客価値を『経験価値』(experiential value)とし，これを『顧客自身が消費経験を通じて，製品やサービスに対して知覚した好ましい事柄』」とした定義を用いて，スタジアムにおけるスポーツ観戦の経験価値を「スタジアムにおいて，試合やサービスや他の観客とインタラクションすることにより，観戦者が知覚する付加価値のある経験」と再定義し，Jリーグの1チームだけではあったが検証を試みた。その中で，審美性の「演出」と

「雰囲気」，審美性の中の「選手」とフローの中の「共感」，そして，審美性の中の「雰囲気」と「サービスエクセレンス」に強い相関があることを明らかにした。

　また，これらは4つのクラスターに分類され，「サッカーそのものに経験価値を感じている観戦者」は「サービスエクセレンス」や「投資効果」に経験価値を感じず，「フロー」には正の値を示し，「審美性」にも平均的な値であったが，「周辺的要素に価値を感じている観戦者」は「投資効果」において正の値を示した。ワーディングの問題を自身で課題としてあげてはいるものの興味深い結果である。さらに，スポーツ観戦とショッピングにおける「エンタテイメント」との整合性に疑問を提示したのは貴重である。

　この研究を継承した位置付けにあるのが有吉（2013），伊多波（2014）である。

　有吉は齋藤・原田・広瀬の研究が1チームだけを対象とした調査であったことから，公開シンポジウム参加者にて検証した。ワーディングを整理するなかで，経験価値の汎用化を目指し，観戦区分や観戦する種目での相違点や共通点を明らかにした。観戦区分をサッカー，野球，相撲とし，経験価値因子を「エンタテイメント性」「芸術性」「脱日常性」「教育性」（Pine and Gilmore, 1999：2005）とした。すべての因子間に相関が認められ，観戦頻度が多いほど，各経験価値因子を知覚していたことが明らかになった。「スポーツの経験的価値を顕在化するには，観戦頻度が有効な独立変数である」（有吉, 2013：530）と結論付けている。

　伊多波・有吉（2014）は，有吉と同じデータを使用して論を発展させた。スポーツの観戦動機の社会的心理的要因をスポーツの経験価値と定義し，有吉同様に観戦区分を「野球」「サッカー」「相撲」とし，経験価値を前述の4つの因子を用いて重回帰分析を行った。そして Funk et al.（2009）が構築したスポーツ観戦動機の社会的心理的要因，SPEED[5] との比較検討も行った。

　その結果，各競技の観戦頻度と他競技の観戦頻度には有意性が認められ，スポーツ観戦間の競技の枠を越えたスピル・オーバー効果や相乗効果が起こるこ

と，スポーツ履歴は，観戦需要の創出の有効な実用的要因であることを提示した。しかし，社会的心理的要因として4つの経験価値因子を独立変数と設定し，各スポーツの「観戦頻度」との因果関係を分析したところ，当該スポーツの経験価値を訴求させて他のスポーツ観戦需要を効果的に喚起させることは難しく，競技間の差異には強い独自性の影響がみられることを明らかにした。

　スポーツの観戦動機の社会的心理的な4つの要因との比較検討において，「教育性」以外においてはSPEEDと類似した結果に有意性が認められ，指標性のある社会的心理的要因であることを検証した（伊多波・有吉，2014：255-257）。

　ここまでは，わが国におけるスポーツのイノベーションに関わる研究を概観してきたが，キャズム論と同様の概念や視点からの研究はみられなかった。さらに，スポーツにみられるイノベーションの研究においても，実質的に山下の研究以外は見つけることができなかった。しかし，その近接領域として，スポーツ観戦者を消費者行動ととらえた研究の流れが確認された。それは，マーケティング・セグメンテーションと心理的コミットメントの視点による観戦者動向の把握から始まり，実用的モデルを求めた経験価値マーケティング，その基礎研究としての感情，その後の経験価値の指標化に向けた研究へと進んでいることが確認される。

3　スポーツにみられるイノベーション研究への疑問

　わが国において，「スポーツのイノベーション」に関わる研究はみられなかった。これは研究者にその視点がないことを意味するものではない。むしろイノベーションを生み出すための視点を整理すべく，基礎研究を積み重ねていることがわかる。そこで，これらの先人に敬意を払いながらも「スポーツにみられるイノベーション研究」に関して些かの疑問を提示してみたい。

　第1の疑問として，「スポーツのイノベーション」に関わる研究がみられないのは，研究者自身がイノベーター（イノベーション志向）になりにくい前提があるからではないだろうか？　ということである。なぜなら，すでに検証さ

れた研究を基盤に自らの研究を進展させることが科学たる所以だからである。いわゆる，「先人の肩に乗る」である。

　特に，これまでの研究からスポーツを消費財，スポーツ観戦者をスポーツ消費者として明確にとらえ始めたのは，1993年のJリーグ開幕を迎える前後である。そのため時代として依拠する研究は海外のメインストリーム研究となる。研究に忠実であればあるほどこの傾向は強くなっていることが伺える。

　本書にて徳田が詳細に述べているように，イノベーションは「価値の変容（創出）」をもたらすものである。イノベーション採用者によってその受容過程が異なる。これはシュンペーター（1934），ロジャーズ（1995＝2007），ムーア（2002＝2010），山下（1997）においても共通した見解である。海外のメインストリーム研究で導出された結果とわが国における「スポーツ」，もしくは「スポーツ観戦」における価値は同義と言ってよいものであろうか？　近代スポーツの発生からもたらされた総体的なヨーロッパでの価値観。ナショナル・パスタイム（娯楽）として当初より大衆化を前提としたアメリカの価値観。わが国におけるスポーツの受容過程からもたらされる価値観では，歩みが大きく異なる。そのため研究指標にはわが国の独自性と特殊性——以後は「固有性」と述べる——を考慮する必要性を抱く。

　第2の疑問として，社会調査の視点にズレがないか？　ということである。これまでの研究は有吉（2013），伊多波・有吉（2014）を除いて，ほぼ観戦者調査，そしてスタジアムを中心とした調査である。観戦者は当初より観戦動機を持っている。家族であれ，友人であれ，他者（重要な他者含む）から誘われても，動機がなければ行かない。行きたくないものは行きたくないのは自明の理と言えよう。

　この視点ではShurr（1985）によるスポーツ観戦者と非観戦者の比較分析の研究が確認できるが，藤本（1999）はマーケット・セグメンテーションにおいてこの視点を指摘した。飯島・庄子ら（2012）は「個人が特定の活動を習慣化していく過程を理解するために，様々な行動科学の理論やモデルが応用され，

数多くの研究がされている」（飯島・庄子ら，前掲書：272）ことを土台に社会調査を行った。これらが指摘する観戦動機を持っていないものへの視点は社会調査の基盤であるが，わが国においてこれらを「先人の肩」にしたものはみられない。

バイアスを排除した社会調査の必要性が求められるとともに，「行きたくない」人々がいかにスポーツ消費へと誘導される過程を明らかにすることが，イノベーションの受容研究ではないだろうか。「行きたくない」「行く必要がない」からの価値観の転換である。

第3の疑問として，スポーツ観戦者行動を消費者として規定してよいものか？　ということである。研究の枠組みを規定することは基本的所作である。この手法に疑問を抱くのではない。スポーツを「する」「みる」「ささえる」という行為（以後，スポーツ行為）を「消費」ととらえることによって，重要な因子や変数を見過ごしてしまう可能性があるのではないだろうか？　言い換えると「行為の意図」はなにか？　ということである。

企業ビジネスを主体とした場合，どのような文言が企業理念として明文化されても，収益に基づいたガバナンスの中で，マネジメントとしてのマーケティング活動（行為）である。一方，基本的にスポーツ行為は収益（支出）に基づいた行為ではない[6]。

山下は「スポーツ・イノベーションはこれまで研究されてきた他のイノベーション（中略）とはちがって，多くの人々（個人）にとって，それを必ずしも採用する必要はない」（山下，前掲書：257）と述べ，自らのスポーツ・イノベーション研究を進めながらも根幹に潜む問題点に触れている。また，原田（1995）は「基礎研究から応用研究への連関」「応用研究がケースの提示に過ぎない」「観客と非観客との比較がない」など，観戦者行動の構造に含まれる普遍的な真実を見出す意図の有無について萌芽期にこの問題を指摘している。さらに伊多波・有吉（2014）は，欧米の先行研究に見られる SPEED の5因子を利用しながらも，「情報の非対称性が解消されることで需要が喚起できる」（伊多波・有吉：

236) と I. M. カーズナー（1973）を援用した Funk et al.（2009）の研究視点の中心となる社会的心理的要因，すなわち社会的背景の重要性を示唆している。

　これらからもわかるように，スポーツ行為をスポーツ消費者と限定するのではなく，社会的行為を含めた個々人の価値観の探究が求められている。

　ここまで述べてきたわが国の「スポーツにみられるイノベーション研究」への３つの疑問を総括すると，スポーツ行為の社会的背景をもとに創出される価値観，この価値観からもたらされる行動，つまり，スポーツ行為（者）を「社会的行為」の視点で探究する必要があるのではないかということである。この出発点を「企業の顧客」ととらえることにより，行為が見えなくなり，普及のための研究視点が曖昧になってしまう。すなわち，ムーアが指摘するキャズムが研究においても出現している。

04 | わが国の実践現場にみられるスポーツ普及とキャズムの発生

　前節までは，わが国のスポーツにみられるイノベーション研究を概観し，その中に潜むキャズムを述べてきた。本節では実践現場に視点を移し，わが国のスポーツ普及の現状からキャズムの発生をみることとする。

1 「する―みる―ささえる」に潜むキャズム

　多くのスポーツにおいて，「する―みる―ささえる」の基盤として，その競技統括組織（以後，NA）の登録者数を指標としていることが伺える。そのため，各 NA の主要な業務として，登録者の増加を目的とした「普及」という活動が行われている。「普及」の指標は「する」人々を表す NA 登録者数であり，登録者数の増加が競技普及に相関しているという概念である。すなわち，この「する―みる―ささえる」を増加させるための「普及」の入り口は「する」ということとなる。

　J リーグの開幕はゼロから新たなスポーツの需要をつくったため，「社会イ

ンフラの転換」（ムーア, 1991＝2002）ととらえることが可能である。しかし，これまでの「普及」が「する」を入り口をとして，「する―みる―ささえる」と連動していれば，その後に連続もしくは非連続のイノベーションを含めたなんらかの変容が確認できるはずである。残念ながらその萌芽は確認できない。そこで，まず「する」や「みる」という我々の行動を，先人の知恵を用いて紐解くことから始めたい。

　社会を科学として分析した社会学者のヴェーバー（1972＝2016）は，我々の行動は社会的に意味を持った行為（社会的行為）であると述べた。つまり，当人に意図は無くとも，相互作用をもたらすことから，行為には意味が見出されるということである。スポーツ行為も同様である。その行為の源となるのは人々の価値，すなわち価値観である。「する」という行為は，人々が「する」ことに価値を抱いているために行動した結果である。「みる」という行為は，人々が「みる」ことに価値を抱いているために行動した結果である。

　また，「する」人々が「みる」という機会に遭遇したとき，「する」という行為を迷うことなく選んでしまう。このような「習性や振る舞い」のことを，フランスの社会学者ブルデュー（1979, 1982）はハビトゥス（habitus）と言った。そして，同様のハビトゥスを持つ人々が呼応した繋がりを「界（仏：champ, 英：field）」として概念化し，「界」の中では暗黙のルールがあることも提示した。

　さらに，社会の中では人々の繋がりが築かれ，この繋がりが人々の資本となることを社会関係資本（Social Capital）と述べた。そして，この社会関係資本によっても「界」が形成されることにも言及した。

　スポーツに目を向けると，近代スポーツの形成過程に着目したユダヤ人の社会学者エリアス（1986＝1995）は，スポーツの競技者＝「する」だけでなく，観衆＝「みる」をも含めた，人々の生活様式がスポーツであったと述べた。さらに近代スポーツは，「非日常性による興奮」を唯一表出できる場であったと論考した。エリアスの論考で使われた「場」に関しては，ブルデューの概念であ

る「界」の一部として，同じ概念枠組みで理解することが可能である。すなわち，「非日常性による興奮」という「ハビトゥスによる界」，「社会関係資本による界」が形成されていることを表している。

　先人の知恵に敬意を表すならば，我々はスポーツ行為に含まれる「する」と「みる」を同じ価値（価値観）として理解してしまったことを自戒すべきではないだろうか。

　「非日常性による興奮」を求める行為としては同じであるが，「する」人々にとっての「非日常性による興奮」と「みる」人々にとっての「非日常性による興奮」は同じなのだろうか。特に「ささえる」人々の「非日常性による興奮」を得る行為は表現が非常に難しい。これは現代の科学による脳内のセロトニンの発生や行動特性を数値化した人間の究明とは異なる科学的視点による解明の必要性が生まれよう。

　「非日常性による興奮」を求めて「する」人々のハビトゥスと，「みる」人々のハビトゥスは異なるものである。スポーツがスポーツとして存在しているのは，この一連の行為，ハビトゥスによるものである。すなわち，「する」と「みる」の機会が同時に出現したとき，我々はハビトゥスに従う。さらに我々は，同じ社会関係資本を持った人々との繋がりによる「界（仲間）」，ここに存在する暗黙のルールによっても行為が規定される。「する」に価値を抱く人々は，社会関係資本から形成される「界」からも影響を受け，「する」ことを選ぶ。「みる」ことも同様である。

　スポーツに魅了される源，「非日常性による興奮」を求める行為の視点から究明すると，「する―みる―ささえる」は同じ行為ではない。「する」「みる」「ささえる」のように，全く別の価値観による行為，すなわちハビトゥスからもたらされる行為である。

　我々はスポーツに関わる行為を競技者や消費者としてとらえがちである。普及に関して，そこに存在するハビトゥスや界，社会関係資本を鑑みず，「する」を入り口とした「する―みる―ささえる」が連動していると思い込んでいるの

ではないだろうか。その概念自体がムーア論で言う価値の差異，すなわち，我々の「普及に潜むキャズム」が明らかとなる。

2 スポーツの構造に潜むキャズム

1964年の東京オリンピック以降，国家や企業，大学を代表する競技者だけでなく，スポーツを楽しむ人々の層をつくってきた。

サッカーを例にすると，東京オリンピック後の1965年に全国リーグとして日本サッカーリーグ（JSL）が創設され，各地域で行われていたトーナメントやリーグがJSLを頂点として統一された。その後，1993年のJリーグ創設，1999年のJ2, 2014年のJ3の創設によって，プロリーグの構造が整えられた。このプロリーグへの参入条件にはJFLでの最終成績などが課されており，Jリーグ発足時以降も旧JFLから参加したチームがほとんどであったように，実質的に日本フットボールリーグ（JFL）はJリーグの下位構造に位置している。すなわち，J1リーグを頂点とした昇降格によって上位リーグへと連動した構造となっている。

歴史的に体練，体育における教育ツールとしてスポーツが扱われてきたこともあり，Jリーグ（トップリーグ）との連動性が確立されるまでは，学校の部活動を中心とした広義の競技者育成の傾向が強くみられた。高校—大学—実業団（企業チーム），もしくは高校—実業団というトップアスリートのルートに乗らなければ，上位リーグへの連動性がない，地元の県・市などのリーグや大会にてレクリエーション（余暇）として「する」ことが主流であった。

一方，Jリーグの創設において，プロ化によるスポーツの永続的な発展を意図して，リーグで定められた規定数のプロ選手をチーム（クラブ）は抱えることとなった。さらに，各都道府県に1つのプロクラブ設立を目標としたため，地域リーグや県リーグはJリーグの下位リーグに位置付けられることとなり，プロ選手も含んだ競技者が増加することとなった。

このように，わが国ではリーグ下位層から上位層まで連動した環境が整えら

れ，構造的にプロ選手を含めた競技者層が厚くなった。高校，大学年代においても各リーグや大会が個別に設けられている。ここでの特徴は，どの生徒・学生にもほぼ公平な競技機会が担保されていることである。高校や大学（以後，学校）が，学校を代表するチームを持つかどうか，その学校の部活動に加入させるかどうかは基本的に選択できない。生徒，学生が競技を行う意志があれば──現実的には親の意思ということもある──，学校が組織主体，経営主体であることとは別に，教育上の観点から在学期間中は競技者の継続を担保している。

　また，少子化の影響により若年層の減少が明らかになってきて以来，学校の経営上，生徒や学生確保のために優先的に競技者を入学させ，定員を充足させるためのツールとなっている実態がある。そのため，学校での競技者層が厚くなる構造となっている。

　さらに，学校卒業後も余暇のレクリエーションとしてではなく，下位リーグでの競技活動の継続が可能な構造となっている。そのため，全体的に競技者層が増加した長い上底の台形型構造となる。

　このように，わが国においては，誰もがリーグ上位層を目指した競技者として活動ができる構造となっている。また，育成年代から本格的な競技者へと移行する高校，大学においても，本人の意志があれば卒業まで競技継続が可能となる。同様に，卒業後も競技継続が可能な構造のため，さらに競技者層が厚くなる。

　すなわち，「する」というハビトゥス，界，社会関係資本からもたらされる行為は拡がる。「みる」「ささえる」というハビトゥス，界，社会関係資本への転換はいつ行われるのだろうか。ここにもムーア論で言う「構造に潜むキャズム」がみられる。

05 | スポーツ行為者にみられる価値観の再考

　ここまでは，わが国における普及と構造にみられるキャズムを指摘してきた。本節では，アメリカとわが国におけるスポーツ行為の比較を通じて，その源である価値観に基づいたスポーツ行為の再考を試みる。まずは，スポーツに包摂される概念を整理したい。

　スポーツがわれわれの興味・関心を喚起するのは，「非日常性による興奮」であることをエリアス（前掲書，1986＝1995）が言及した。そのスポーツは Game の形式（以後，Game）によって行われ，「非日常性による興奮」はこの Game の「不確定性」からもたらされることも含まれている。

　Game の帰結は優劣（勝敗）である。自ら（チーム）が優れていることを確認（証明）できるか否かの「不確定性」に「非日常性による興奮」を抱く。さらに Game 自体の「不確定性」のみならず，Game に参加したい人々がいても，参加できるか否か（選ばれるか選ばれないか）も不確定である。この Game に参加できる人々は「不確定性」を少なくできる人々となる。言い換えると，Game の参加には「不確定性」を少なくできる人々が選ばれる。すなわち，「する」人々（チーム）や大会組織に選ばれた人々（チーム）だけが Game に参加することができ，「非日常性による興奮」を得られるのである。すなわち，スポーツには「選別と淘汰」の概念が包摂されている。

1 アメリカのスポーツにみられる日常性

　スポーツの大衆化の先人であるアメリカのスポーツ行為をみてみたい。

　アメリカにおけるスポーツの特徴として，競技者への門戸が狭い構造が確立されていることがあげられる。プロ選手，次に大学スポーツ，そして高校スポーツまで，競技者への門戸は狭い。特に高校所有のチームから大学チームへは，選ばれた者しか競技（者）継続をすることができない。また，どの高校や大学

も学校を代表するチーム（わが国の部活動）を持っているわけではない。学校が組織主体，経営主体としてチームを持たない（持てない）という選択が可能である。さらに，高校は地域，大学は全米のスポーツ統括組織からかなりハードルの高い条件を課された上で，リーグ，大会等への加入，参加の可否を決定される。構造として下位層がみられるのはベースボールであるが，チームの昇降格はなく，競技者が能力に応じて上下層へと移動するシステムである。それ以外はローカル（地域等）においてレクリエーション（愛好者）として Game 等を楽しむ層が形成されている。

　プロ選手，学生アスリートという選ばれた者を頂点とした構造ではあるが，チームとして上下層との連動性のないピラミッド型構造である。よって競技者層の比率は低くなる（Hums and Maclean, 2018：81-111, 173-215, Coakley, 2015：462-505）。

　上述のように，アメリカでは「する」において，まず Game に参加できる人々とできない人々との選別，つまり，Game に参加して「非日常性による興奮を『日常』として得る人々」と「その他の人々」との選別が明確に行われる。直面する Game だけでなく育成年代から競技者まで，この行為は毎回（毎年）繰り返され，「選別と淘汰」を受容することとなる。選ばれて残った人々は競技者，すなわちアスリートとなり，その他の人々はスポーツを Game のツールとして使用しながらも，競技者とは異なるスポーツ行為としてレクリエーションやアクティビティにて「非日常性による興奮を得る」こととなる（Hums and Maclean, 前掲書：113-144, 145-172, Coakley, 前掲書）。

　そのため，「非日常性による興奮を『日常』として得る」ことへの欲求が高まることとなる。これがスポーツを「みる」「ささえる」の源となり，スポーツを観戦・支援する価値観が醸成される。この社会システムは日々繰り返され，スポーツの「する」も「みる」も「ささえる」もハビトゥスとなり，それぞれに「界」が形成され，スポーツは「非日常性による興奮を『日常』として得る」ために重要な社会的行為となる。

つまり，ムーアのキャズム論によれば，「非日常性による興奮」は非連続的なイノベーションとなり，「非日常性による興奮を『日常』として得る」ことは非連続と連続的なイノベーションによる社会インフラの変化を導くこととなる。すなわちアメリカにおいてはキャズムを越えるだけでなく，メインストリーム市場をスポーツ行為が席捲する構造が確立されていると言えよう。

2　わが国のスポーツにみられる日常性

　アメリカのスポーツ社会学者コークリー（Coakley）は，スポーツのビジネス化において，観客としての関心は子どもの頃のスポーツ参加において育まれ，育成年代のスポーツに多数の若者が参加するように組織されるとスポーツビジネスが成長，成功すると述べた（Coakley, 前掲書：350-387）。わが国の競技普及も同様の概念によって「する」を促してきた。しかし，競技を行為者の意図次第で継続できる環境が整えられており，一概に子どもの頃の「する」が観客としての関心を育むとは言いがたい構造となっている。

　スポーツ行為に含まれるスポーツへの関心の源は「非日常性による興奮」（エリアス・ダニング, 前掲書）であることは本章の「日常性」である。このことを踏まえてわが国のスポーツ行為の分析をすすめたい。

　まず，競技者の増加と継続により競技者は「する」ことへの関心が中心となる。「非日常性による興奮」が日常となり，スポーツを「みる」・「する」への関心が薄らいでしまうことはないだろうか。むしろ「非日常性による興奮」は「する」におけるさらなる不確定性への刺激へと向かう。そのため，わが国では，「する」＞「みる」・「ささえる」の価値観によるハビトゥスを形成する構造となっていることが指摘される。

　また，「みる」・「ささえる」ことに関心が湧いたとしても，わが国固有の価値観として，個人の価値観より組織（＝チーム）の価値観が優先されるハビトゥスによる「界」が形成されているため，「する」か「みる」・「ささえる」かの選択を迫られることとなる。「みる」・「ささえる」を選ぶ場合は，その「界」

からの逸脱を意味することとなる。そのため，その競技種目への興味を持ち，コークリーの述べる「みる」――「ささえる」も同様――ことへの予備層が，「する」層に停滞することがみられる。しかし，この逸脱を避けるために「する」を優先させながらも「みる」・「ささえる」が選べる時空が構築されているとは言いがたい。「する」と「みる」・「ささえる」に関わる大会の日時や時期が重なっており，同一競技（種目）のみならず，他競技（種目）への関心を持った場合も，「する」か「みる」・「ささえる」かの選択を迫られる構造となっている。

さらに，学校卒業後に競技者層に停滞することは，階層の観点からも指摘が可能である。近年，わが国は他のOECD各国と比べて遅いとはいえ，経済資本格差が広がっている（アトキンソン, 2015）。物価の上昇を鑑みても，わが国の可処分所得は総じて高くなっていない。しかし，消費は中産階級（中産階層）によって支えられている（満薗, 2015）。

この中産階層は組織社会，日本的経済社会の一員として，最も「非日常性」を求める層と言える。近代スポーツの形成過程や戦後の混乱期，そして高度経済成長期，バブル経済崩壊，リーマンショックを越えた我々にとって，物資的欲求だけでは満たすことのできない日常の生活を満たすものが「非日常性による興奮」である。それがスポーツに向いているのかどうかを問う必要があろう。

中産階層がスポーツに「非日常性」を求めて「する」価値観から，「みる」の価値観へと転換するには，「非日常性による興奮」を得る競技者からの乖離が必要不可欠となる。学校卒業後の社会人が競技者層に停滞することは，スポーツの対象として中産階層を減じさせることにも繋がっている。この中産階層は家庭を持ち，スポーツに関心を持つ可能性のある年代の子どもが含まれている。例え，自らは競技者から乖離したとしても，子どもを中心として形成された「界」から常態的に抜けて，「みる」を選択するには，社会関係資本の再考を迫られることとなる。そのため，この中産階級が「みる」へと変容することにはかなりの困難がともなうと言えよう。

わが国におけるスポーツ行為は，その根幹に潜む価値観に触れることなく，アメリカにおけるスポーツビジネスの構造を移入した。そのため，アメリカやグローバル社会の価値観をそのまま当てはめ，連続，不連続にみられる「社会インフラの転換」に成り得なかったのではないだろうか。この価値観の輸入が我々の価値観と異なっていることが指摘される。

　一方，メガスポーツイベントとしてFIFAワールドカップやラグビーワールドカップ，オリンピック，その他の世界大会は「非日常性による興奮」であることは明白である。そのため，イノベーターとアーリーアダプター層への刺激には成功している。しかし，メインストリーム市場に入るための価値観の差異を見落としていたため「社会インフラの転換」を起こせない原因がみられるのではないだろうか。スポーツ行為をスポーツビジネスの消費者ととらえる価値観ではなく，社会的行為からの分析とアプローチによる我々のスポーツ，スポーツ行為に対する価値観の転換が求められている。ムーアが指摘するように「初期設定のミス」，すなわち，我々自身がキャズムを招いているとも言える。然るにスポーツ行為の再検討の必要性が生まれる。

3　わが国におけるスポーツの再考

　わが国において，スポーツはどのように理解されているのであろうか。ロジャーズ，ムーアの論を振り返ってみると，両論に共通するのは人々の「価値観」によってイノベーションの採用速度が変わるということである。その採用時間は人々の価値，すなわち「価値観」によるものであり，それによって集団・層・群ができていることを示唆した。これはブルデューで言う「界」の概念の一部でもある。

　特にムーアは，この価値観の位相を重要視し，そこには「溝（キャズム）」が生まれることをコンサルタントの実践的見地から指摘した。さらに，この価値観の位相を見逃すことを「初期設定のミス」と指摘した。然るに，今一度，わが国においても，スポーツを実態として再考する必要性が生まれる。言い換

えると，わが国固有の価値観を把握した分析・分類の必要性を指摘しているのである。

　わが国では，スポーツの理解は曖昧である。前述の近代スポーツ（スポーツ）に包摂される「選別と淘汰」という概念は理解されていない，いや理解しようとしていない。誰もが競技者でいることが各階層で担保されている。本人の意志によって加入と活動の継続が可能である。スポーツ統括組織，学校，チーム側の意志によって選別することに，社会的同意を得ることは日に日に難しくなっている。スポーツに包摂される「選別と淘汰」の概念は人々に受容されることなく，本質的な概念から逸脱し，勝利至上主義という表層の解釈へと転換されている実態が伺える。

　「スポーツは（中略）全ての人々の権利」であるとスポーツ基本法（2011）にも明記されたように，1964年の東京オリンピック以降，だれもがスポーツを「楽しむ」ことが可能な社会へと変容してきた。これは，人々のスポーツを「楽しむ」方法が多様となったことでもある。そのため，スポーツを「楽しむ」という行為の理解において，人々の価値観を拠り所とする「多元的な解釈」が必要となる。「する」「みる」「ささえる」，と言うスポーツ行為で括るには，あまりにも価値観が拡大しながらも変容している。

　また，スポーツは，主に帰結のある Game が用いられ，Game の「不確定性」は「非日常性による興奮」をもたらす。この「非日常性による興奮」を得ることと「楽しむ」ことは，どちらも価値観を拠り所とした行為と結びつくため，ほぼ同じ行為であると理解できる。そこで，改めて人々の価値観の実態に基づき，スポーツ行為の分類を行ったのが以下である。

「する」に関わる行為へ価値観をもつスポーツ行為
　　1）非日常性による興奮を『日常』として得る
　　2）非日常性による興奮を『非日常』として得る
　　3）非日常性による興奮を『競技性』によって得る

４）非日常性による興奮を『娯楽性』によって得る

「みる」「ささえる」に関わる行為へ価値観をもつスポーツ行為
　　Ａ）「非日常性による興奮」を観戦にて得る
　　Ｂ）「非日常性による興奮」を支援にて得る

　これらのスポーツ行為を，縦軸に日常性と非日常性，横軸には競技性と娯楽性，これらから形成される象限は「界」である。このマトリクスの外側全体にも観戦と支援にて興奮を得る「界」が形成される。これらの価値観を図式化したものが図３-１である。
　象限別，すなわち同じ価値観を持つ「界」によって説明すると，

第１象限：プロ選手は，「非日常性による興奮を『日常』として，『競技性』
　　　　　によって得る」ことに価値観を持つ人々として，プロフェッショ
　　　　　ナル・アスリート（スポーツ形態はプロフェッショナル・スポー
　　　　　ツ）の「界」を形成する。
第２象限：競技性からは離れ（分けられ），健康増進・維持や身体運動（Game
　　　　　以外のものも含む）を愛好する人々は，「非日常性による興奮を
　　　　　『娯楽性』によって，『日常』として得る」ことに価値観を持つ人々
　　　　　として，スポーツ・アクティビスト（スポーツ形態はスポーツ・
　　　　　アクティビティ）の「界」を形成する。
第３象限：競技性からは離れ（分けられ），スポーツを Game のツールとし
　　　　　て使用し，競技者とは異なるレクリエーションとして愛好する
　　　　　人々は，「非日常性による興奮」を『娯楽性』によって，『非日常』
　　　　　として得る」ことに価値観を持つ人々として，スポーツパーソン
　　　　　（スポーツ形態はレクリエーション・スポーツ）の「界」を形成
　　　　　する。

第4象限：学生，生徒，その他で競技を行う人々は「非日常性による興奮を『非日常』として，『競技性』によって得る」ことに価値観を持つ人々として，アスリート（スポーツ形態はアスレティック・スポーツ）の「界」を形成する。

「する」以外の「みる」「ささえる」に同じ価値観を持つ人々の「界」として
＊「非日常性による興奮を『観戦』にて得る」ことに価値観を持つ人々はスペクテーター（スポーツ形態はスポーツ・スペクテーター）による「界」を形成する。
＊「非日常性による興奮を『支援』にて得る」ことに価値観を持つ人々はサポーター（スポーツ形態はスポーツ・サポーティング）による「界」を形成する。

　このスペクテーターとサポーターはプロフェッショナル・スポーツ，アスレティック・スポーツ，レクリエーション・スポーツ，そしてスポーツ・アクティビティの全てを自らの価値観で対象とすることが可能である。

　まず，図3－2によってアメリカのスポーツ行為の概略を示すと，競技性が「選別と淘汰」によって分けられる。そのため，選ばれた人々のみが競技性の「界」（右側の「界」）を形成する。そのため，プロフェッショナル・アスリート，アスリートの「界」の割合は低くなる構造となる。

　競技性から分けられた人々は，「非日常性による興奮」を娯楽性によって得るスポーツパーソンやスポーツ・アクティビストの「界」（左側の「界」）を形成する。そのため図の左側の娯楽性の「界」の割合は高くなる。

　これらの人々は「非日常性による興奮」を競技性の「界」に求める。そのため，プロフェッショナル・スポーツやアスレティック・スポーツの観戦や支援にて「非日常性による興奮」を得るハビトゥスが形成される。そのため，多くの人々が位置する左側の娯楽性の「界」がそのまま右側のプロフェッショナル・

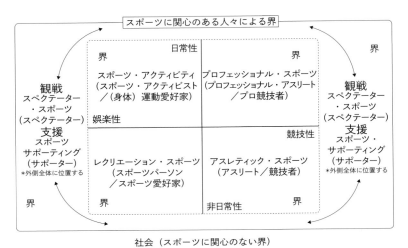

図3-1　価値に基づくスポーツ行為の分類
（一般的なモデル）

スポーツやアスレティック・スポーツのスペクテーターやサポーターの「界」
となって増加していく構造である（Hums and Maclean, 前掲書：145-171, Coakley,
前掲書：462-505）（**図3-2**）。

　それでは，わが国のスポーツ行為を検討してみたい。

　構造としての連動性（以後，「構造」）と「選別と淘汰」の概念（以後，「概
念」）がなく，「自らの意思」による選択であるため，すべてにおいて「界」が
明確になりにくい。

　「構造」としても，「概念」としても，競技者が「自らの意思」によって競技
者継続が担保されているため，右側の競技性の「界」が割合として増え，左側
の娯楽性の「界」が少なくなることは述べてきた。この「界」では，「非日常
性による興奮」を競技性によって得ているため，競技性の「界」に滞留するこ
ととなる。そのため，プロフェッショナル・スポーツやアスレティック・スポー
ツの観戦や支援の「界」へ移動することは，一時的にでも時空，界の逸脱を含
めて困難さがともなう。すなわち，スペクテーターやサポーターの「界」の一

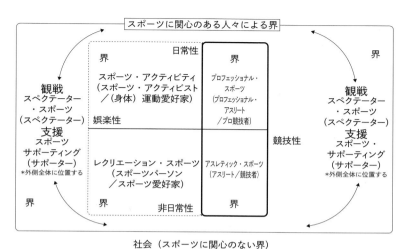

図3-2 価値に基づくスポーツ行為の分類
（アメリカ型モデル）

員となる可能性は低くなる。

　また，右側の競技性の「界」が多いため，総体的に左側の娯楽性の「界」は少なくなる。そのため，図のマトリクスの外側に位置するスペクテーターやサポーターの「界」の割合は低いままとなる。

　レクリエーション・スポーツは，競技性の「界」とは乖離した存在である。Game の不確定性が「非日常性による興奮」を非日常としてもたらす。しかし，「構造」や「概念」の影響により，娯楽性の「界」を超越して競技性の「界」へと「自らの意思」で向かうことが可能となっている。つまり，スポーツ・パーソンの「界」からアスリートの「界」への障壁がほとんどみられない構造のため，娯楽性の「界」から競技性の「界」への流動性が高くなり，娯楽性の「界」の割合は低くなる。

　スポーツ・アクティビティは，ランニングやストレングストレーニング，ライフスタイルスポーツにみられる健康，身体運動，その他に価値観をもつ人々が行うスポーツである。このスポーツ・アクティビストで形成される「界」は，

「非日常性による興奮を『日常』として，「娯楽性」によって得る」価値観から，娯楽性を超越して競技性への欲求が高まり，ここでも障壁が少ないため，アスレティック・スポーツの「界」へと流動する。この「界」の移動も「自らの意思」によるものとなり流動性が高くなる。

　これらのスポーツ行為からわかることは，人々は，総じて「非日常性による興奮」を娯楽性では無く競技性に求めるため，競技性の「界」に流動，滞留することとなる。プロフェッショナル・スポーツやアスレティック・スポーツの観戦や支援に行き，スペクテーターやサポーターの「界」を形成するハビトゥスが見られないことである。右側の競技性の「界」が多くなるということは，左側の娯楽性の「界」の割合が低くなり，スペクテーターやサポーターの「界」へは流動せず，スペクテーターやサポーターの「界」は減じていく構造となっていることである。

　さらに，スポーツ行為の中で「非日常性による興奮」を観戦や支援にて得ることに価値観を持つスペクテーターやサポーターも，それぞれの価値観に合わせて対象を選ぶ。割合の高くなったプロフェッショナル・スポーツやアスレティック・スポーツの，時空，界の逸脱を含めて，スペクテーターやサポーターの「界」が分散する構造でもある（図3-3）。

　本節ではスポーツ行為に焦点をあて，「非日常性による興奮」の得かたは，人々の価値観によって異なることを論じてきた。スポーツにイノベーションを発生させるための「初期設定」の再考である。改めて，アメリカとわが国の「スポーツ」や「スポーツ行為」の分類から導き出される価値観，その価値観に基づく「構造」の差異が浮き彫りとなった。すなわち，アメリカナイゼーション，グローバリゼーションからもたらされるスポーツビジネスの価値観とは，初期設定に大きなズレがあり，キャズムをつくる構造となっていることが明らかとなる。

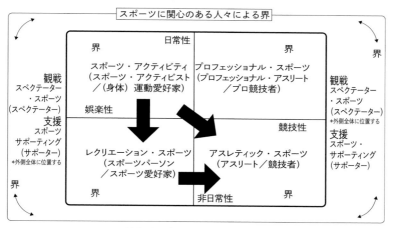

日常性

界
スポーツ・アクティビティ
（スポーツ・アクティビスト
／（身体）運動愛好家）

界
プロフェッショナル・スポーツ
（プロフェッショナル・アスリート
／プロ競技者）

観戦
スペクテーター
・スポーツ
（スペクテーター）

観戦
スペクテーター
・スポーツ
（スペクテーター）
＊外側全体に位置する

娯楽性

競技性

支援
スポーツ
サポーティング
（サポーター）
＊外側全体に位置する

支援
スポーツ・
サポーティング
（サポーター）

界

レクリエーション・スポーツ
（スポーツパーソン
／スポーツ愛好家）

アスレティック・スポーツ
（アスリート／競技者）

界

界

界

非日常性

社会（スポーツに関心のない界）

図3-3　価値に基づくスポーツ行為の分類
（日本型モデル）

06 ｜ おわりに

　本章を結ぶにあたって問いを整理しておきたい。スポーツのイノベーションに関して，普及学の視点に基づきロジャーズ，ムーア，山下の指摘する人々の価値，すなわち価値観に着目して論考を進めてきた。

　我々はスポーツに関心がない人々とスポーツに関心がある人々の違いに気づいていたのだろうか？　ということである。次に，スポーツの関心のある人々においても「する」と「みる」には大きな違いがあることに気づいていたのだろうか？　ということである。ここにはスポーツを「する」も「みる」も関心のある人々が，なぜ「する」ままで「みる」にならないのかも含まれる。

　次に，これらの人々はそれぞれの「ハビトゥス」を持ち，これらの「ハビトゥス」を持った人々（社会関係資本）による暗黙のルールを持った「界」ができていることに気づいていたのかということである。この言葉を使うことには気

が引けるが，マーケット・インではなく，プロダクト・アウトになっているのではないかと言えば，その「界」の方々には理解してもらえるのかもしれない。

　また，これらの分類対象となるのは，商品や消費者価値からではなく，「非日常性による興奮」を得たいと思う「人々」が対象だということである。そして，これらの人々は「非日常性による興奮」を得る「ハビトゥス」によって分類され，それが各々のスポーツの価値観を表していることを明らかにした。

　それではもう一度，コークリーの論考をみてみたい。彼は社会におけるスポーツ現象の研究者としてイノベーターである。1978年以降，スポーツの社会的実態に言及した論考は高等教育のテキストとして出版され，北米だけでなくヨーロッパ，全世界で使用されている。[11]最新の2020年版で13版を重ねる。まさに不連続と連続のイノベーションを起こし，メインストリーム市場をテキストによって制した研究者である。ここにも大きな示唆が潜んでいる。

　その中で，スポーツビジネスが発展，成功するための社会的，経済的条件として，1）選手，オーナー，スポンサー，観客が物質的な報酬に高い価値を置く市場経済，2）観客が多く集まる人口密度の高い大都市，3）人々の生活水準の高さ，4）スタジアムなどを建設し維持するための多大な資本，5）国境を超えるため為替相場の有利な影響，6）物質的な豊かさと消費に価値を置く文化，これらが必要であると述べている（Coakley, 2015）。

　スポーツビジネスにとって，その国（地域）の持つ価値観が大きく影響することは言うまでもない。上述の条件からアメリカを筆頭とするマーケット（市場）とわが国の条件を比較してみると，その差は明白である。特に，我々は，6）物質的な豊かさと消費に価値を置く文化とは真逆のハビトゥスを，教育や社会から享受されている。わが国の固有性に基づく価値観からつくられる「界」が，スポーツに対するハビトゥスを醸成するための障壁となっていると言えよう。すなわち，価値の転換によるハビトゥスの変容，さらに「界」の再構成が求められる。しかしながら，この価値の転換は社会に息づく人々（スポーツ行

為）に求めるものなのであろうか。むしろスポーツビジネスに関わる我々に
——スポーツビジネスに関わる我々も界の一員であることは間違いないが——
現状のハビトゥスや界からの逸脱が求められているのではないだろうか。

　フランスの哲学者フーコー（1986, 1987）は「知の権力」によって現代社会を
解き明かした。かつて，権力とは人々の生死を握っていた。それを握っていた
のは為政者であった。しかし現代では，科学による知見が我々の生死を握り，
自ら身体化し，主体的に数値（知）によって動かされるようになったと警鐘を
鳴らした。

　わが国で置き換えてみると，戦後復興，高度経済成長，バブル経済，リーマ
ンショックなどを経て，いつしか「数値化による右肩上がり」が豊かさをもた
らすという観念に囚われてしまったのである。経済成長が唯一絶対の価値とし
て信じてしまった。しかし，この価値は我々の元来の価値観であったのだろう
か。誰しもが「日々穏やかで豊かな生活」を過ごしたいと思う価値観，これは
いつの時代も普遍である。「そのため，日々穏やかで豊かな生活」を求めて経
済活動を行って来た。フーコーが言及したように，いつしか「数値化による右
肩上がり」にすること自体が価値へと転換し，我々自身が囚われてしまった。
つまり，我々は経済活動によって「我々の固有性」を手放し，アメリカナイゼー
ションとグローバリゼーションによる価値観へと包摂されることを選んでし
まったのである。

　然るにムーア論を踏まえるならば，異なる社会的，経済的基盤を持つアメリ
カやグローバルモデルによる価値観からの脱脚，すなわち価値の転換による，
これまでの「界」からの再構成がキャズムに陥らないために求められているの
である。

　最後に，わが国におけるスポーツのイノベーションの普及過程を社会現象の
視点から論考を試みたい。

　「非日常性による興奮」がスポーツへの関心の源であれば，人々の現代の価
値観からすると，スポーツが求められても良いはずである。しかしながら，総

じて人々のスポーツ行為は増えているが，「数値化による右肩上がり」の方法として，「非日常性が日常化」してしまっている。すでに構造上の問題を指適しただけでなく，人々は「非日常性による興奮」を他の方法によって求めている。その例はメガスポーツイベントである。FIFA ワールドカップやオリンピック，ラグビーワールドカップ，そしてメディアによって「非日常性による興奮」を得られる UEFA チャンピオンズリーグやスーパーボール，NBA ファイナルなどである。さらに，多くの競技において日本代表戦になると，日本中がゴーストタウン化し──些か大袈裟ではあるが──，視聴率が高くなる現象がみられる。これらの多くはアメリカやグローバルな価値観を強化，定着させるハビトゥスを生むこととなる。すなわち，「数値化による右肩上がり」が価値へと転換したスポーツビジネスにおいて，わが国の固有性からもたらされる価値観とのキャズムを発生させている。

　そのような中で，2019年末からの新型コロナウイルス感染症の影響も含め，家族，そして地域という概念への再帰性がみられる。おりしも政府が提示する Society 5.0も同期している。各地域でのハビトゥスは類似しており，社会関係資本の基盤もある。なによりも地域行事で人々が集う既存の「界」が存在する。古より存在するわが国の固有の「界」を中心としたスポーツ行為は，スポーツに関心のない人々への触媒となり，再帰性からもたらされるハビトゥスを形成している。コークリーの指摘する大都市圏の価値観ではない，再帰性からの地域の概念が今後の鍵となるであろう。この固有性をもった地域の集合体が，わが国の価値観に基づく生身の姿である。

　地域を基盤としたスポーツによる独自の経済循環モデルをつくり，日本全国の地域経済活動を積算する発想を持つことで，結果的にはなだらかな右肩上がりとなろう。例え平衡状態であっても，50年，100年を越えて，この状態を維持，すなわち，「人々の豊かさ」を維持する価値観へと転換されることは，不連続なイノベーションによって社会インフラの転換を行おうとするこれまでのイノベーションの発想とは異なり，連続的なイノベーションによって社会的安

定を維持すること，すなわちキャズムを発生させないというイノベーションとなろう。

　ムーアのキャズム論はハイテクマーケティングのための戦略である。スポーツ，そしてわが国固有の文化基盤，すなわち価値観を持つ「界」では，その視点から大いなる示唆を得られるものの，戦略的には合致しない部分が多々見られる。しかし，ムーアの示唆を，わが国のスポーツに当てはめると，スポーツのためのビジネスなのか，ビジネスのためのスポーツなのか，その立ち位置によって戦略が全く異なることは明らかである。そして，その岐路に我々は立っているのである。わが国はわが国であるというレゾンデートルがスポーツと言っても良かろう。つまり，「初期設定」の間違いによってキャズムを生み出すことを，ムーアのキャズム論は我々に示唆している。

注
1）対人的コミュニケーションのネットワークを“外部の”あるものに連結する人々（Lewin, 1952：459）

2）隈野・原田によると「物的財が多くを占め，客観的な特徴や功利的な機能などモノそのものあけに焦点を当てられることが多かった。消費者はなんらの問題を解決するために消費という行動をとるという問題解決志向の消費が前提とされた」と論じている（隈野・原田, 2003：3）。

3）一方，必需的消費とは異なり，「選択的消費においてはモノを伴わない消費も多く，なんらかの問題を解決するために消費というよりも，ただ単に楽しい時間や体験自体を消費するという側面が強いという点から，何をどのように経験したか，といったような『主観的』『快楽的』『経験的』な要因のひとつ」と捉えた（隈野・原田, 2003：3）。

4）Holbrook and Hirschman（1982）は，消費経験に関して「消費者が製品，もしくはサービス自体から得られるものではなく，消費する過程において得られる経験」と定義している。また，顧客価値に関してはHolbrook（1994）が，「製品やサービスを通じて，顧客自身が得られる好意的な経験」と定義している。

5）「Socialization：社会性」「Performance：演技性」「Excitement：刺激性」「Esteem：尊重性」「Diversion：気晴らし，脱日常性」である。Pine and Gilmore（1999：2005）との概念比較をするためのSPEEDの定義は伊多波・有吉（2014：248）の第3表を

参照されたい。

6) 1995年12月15日，欧州司法裁判所はプロ選手であるボスマン氏による訴を認める際に EU の労働規約をプロサッカー選手にも適用した（ECJ Case C-415／93）。これによって EU 内だけでなく，ヨーロッパ，そして全世界のプロ選手に関して同様の理解をされるようになった。そのためプロ選手は労働ととらえて企業ビジネスと同様に扱うが，スポーツ行為でもある。

7) JSL の名称は1965-1992年まで，その後ジャパンフットボールリーグ（旧 JFL）へと改称し1992-1998年まで使用。現在の日本フットボールリーグ（同じく JFL）は旧 JFL から J リーグ参加チームなどが順次抜けたため，1999年 9 チームにて再構成された。（日本フットボールリーグオフィシャル Web サイト；http：//www.jfl.or.jp/jfl-pc/view/s.php?a=1537）

8) 原文では Commercial Sports（商業スポーツ）であるが，Coakley の文脈ではスポーツビジネスを指している。彼はスポーツを Power & Physical Sports と Paticipation & Performance Sports と分類する。Commercial Sports に関する言及では前者を指しているため，本章ではわが国で馴染みやすいスポーツビジネスを使用した。

9) アトキンソン（2015）は不平等化した可処分所得に基づくジニ係数で計測している。（2015：26，図 1 - 3 ：29，図 1 - 4 ：93，図 2 - 7 ）

10) 満薗は経済学者として経済学領域で一般的な中産階級という用語を使用している。社会学での階級の使用は組織内での職位に基づく階級の意を表すため，本章での使用は満薗と同じ意を持つ中産階層を用いることとしたい。

11) 北米版だけでなく，ヨーロッパ版，インターナショナル版等があり社会学の学部生や大学院生だけでなく経営学（MBA），公共政策（MPA）領域でのテキストや研究文献としても使用されている。

12) Giddens（1990＝1993）の概念は以下である。近代の前の再帰性とは伝統の再解釈と明確化に限定され，過去が重んじられていた。近代では伝承という理由だけでは伝統を正統化することはできない。伝統自体ではその信憑性を検証できない知識に照らしてのみ正統化が可能となる。しかし，それは伝統の終焉を意味するわけではない。その伝統はその存在証明を近代の「再帰性」からのみ得ている。Giddens（1990：37-38＝1993：54-55）本章ではスポーツに含まれる「選別と淘汰」の概念と地域の伝統行事を Giddens の再帰性（Reflexivity）の概念で表している。

参考引用文献

有吉忠一（2013）「スポーツの経験価値の決定要因分析──経験価値の視点から」経済学論叢65（2）：511-533．

アトキンソン，アンソニー B.（2015）『21世紀の不平等』（山形浩生，森本正史訳）：26，29，93東洋経済新報社．

ブルデュー，ピエール（1979）『ディスタンクシオン——社会的判断力批判1——』（石井洋二郎訳），藤原書店．

ブルデュー，ピエール（1982）『ディスタンクシオン——社会的判断力批判2——』（石井洋二郎訳），藤原書店．

Chellandurai, P. and Matsuoka, H. (2000) "A Multidimensional Model of Sports Fan Loyalty", Proceedings of the 8th European Sport Management Congress.

Coakley, J. (2015) *Sports in Society : Issue and Controversies : Eleventh Edition.*350-387, 462-505 McGrwhill Education.

江口潤（2008）スポーツ観戦行動研究に関する考察——日本体育学会専門分科会における過去の発表演題の検討——，産業能率大学紀要　28（2）：41-55

Elias, N. and Dunning, E. (1986) *Quest for Excitement-Sport and Leisure in the Civilizing Process*, Basil Blackwell．——エリアス，ノリベルト・ダニング，エリック（1995）『スポーツと文明化』（大平章訳），法政大学出版局．

フーコー，ミシェル（1986）『性の歴史I——知への意志——』（渡辺守章訳），新潮社．

フーコー，ミシェル（1987）『性の歴史III——自己への配慮——』（田村俶訳），新潮社．

Funk, C. D., K. Filo, A. A. Beaton and M. Pritchard (2009) "Measuring the Motives of Sport Event Attendance : Bridging the Academic Practitioner Divide to Understanding Behavior," *Sport Marketing Quarterly*, 18 : 126-138.

Giddens, A. (1990) *The Consequences of Modernity* : 37-38, Stanford Univ. Press. ——『近代とはいかなる時代か？——モダニティの帰結——』（1993），松尾精文，小幡正敏翻訳：54-55，而立書房．

Hallmann, K., and Breuer, C. (2010) "Image fit Between sport events and their hosting destinations from an ac-tive sport tourist perspective and its impact on future Behavior," *Journal of Sport & Tourism*, 15 : 215-237.

原田宗彦（1995）「スポーツ消費者の行動的研究」日本体育学会大会号：414．

原田宗彦（2001）「Sport Management—事業成果を高める意識改革と実践（10）プロスポーツビジネスにおける経験価値マーケティング」月刊体育施設30（12）：64-66,

原田宗彦（2002）「Sport Management—事業成果を高める意識改革と実践（11）プロスポーツビジネスにおける経験価値マーケティング」月刊体育施設31（1）：56-58,

Holbrook, M. B., and Hirschman, E. (1982) "The experiential aspects of consumption : Consumer fantasies, feelings and fun", *Journal of Consumer Research*, 9 : 132-140.

Holbrook, M. B. (1994) "The nature of customer value : An axiology of services in the consumption experience". Rust, R. T., and Oliver, R. L. (Eds.) *Service quality : New directions in theory and practice*, Sage : 21-71.

藤本淳也・原田宗彦（1993）スポーツ観戦者行動に関する文献研究，日本体育学会大会号：

433.

藤本淳也（1999）「潜在的観戦者のマーケット・セグメンテーションに関する研究」日本
体育学会大会号：378.

Hums, M. A. and Maclean, J. C.（2018）*Governance and Policy in Sport Organiza-
tion : Fourth Edition*, 2018：81-111, 113-144, 145-171, 173-215, 217, Routledge.

飯島沙織・庄子博人・岡浩一朗・間野義之（2012）「球技系トップリーグを対象としたス
ポーツ観戦行動の変容ステージ尺度——尺度の信頼性およびスポーツ観戦行動指標と
の関連による妥当性の検討——」, スポーツ産業学研究22（2）：271-279.

伊多波良雄・有吉忠一（2014）「スポーツ観戦者需要の要因分析について——観戦動機の
視点から——（室田武教授古希記念論文集）」経済学論叢65（3）：233-260.

伊藤央二・彦次佳・山口志（2020）「スポーツイベント観戦者の理想とする快感情と再観
戦意図の関連性について——Bリーグ大阪エベッサの観戦者に着目して——」スポー
ツ産業学研究30（2）：207-213.

Mathwick C., Malhotra, N. K. and Rigdon, E,（2001）"Experiential value : Concep-
tualization, measurement, and application in the catalog and internet shopping
environment", *Journal of Retailing*, 77（1）：39-56.

Mathwick, C., Malhotra, N. K. and Rigdon, E.（2002）"The effect of dynamic retail
experiences on experiential perceptions of value : An internet and catalog
comparison", *Journal of Retailing*, 78：51-60.

松井くるみ・原田宗彦（2011）「プロスポーツ観戦者の将来ファン行動に関する研究——
感情と満足度に着目して——」スポーツ科学研究8：12-34.

松岡宏高（2001）「スポーツファンの心理的コミットメントに関する研究」, 日本体育学会
大会号：394.

満園勇（2015）「日本における中流意識の歴史的展開——消費史との関係を中心に——（大
会報告・共通論題：中間層とはだれか——先進国と新興国の比較——）」, 歴史と経済
57（3）：11-20, 政治経済学・経済史学会.

文部科学省（2011）「スポーツ基本法（平成23年法律第78号）条文」前文.

Moore, G. A.(1991) *Crossing the Chasm-3 rd edition-*, Harper Business. ——ムーア,
ジェフリー（2002）『キャズム』,（川又政治訳）翔泳社.

押見大地・原田宗彦（2017）「国際的スポーツイベントの開催が観戦者の行動意図に及ぼ
す影響：イベントにおける快感情, イメージフィット, 都市イメージに着目して」ス
ポーツマネジメント研究9（2）：3-18.

Pine, B. J. and Gilmore, J. H.（1999）*The Experience Economy : Work is Theatre &
Every Business a Stage*, Harvard Business School Press——パイン, B. J.・ギルモ
ア, J. H.（2005）『[新訳] 経験経済』（岡本慶一, 小高尚子訳）ダイヤモンド社.

Rogers, Everett M.（1962）, *Diffusion of Innovation-Fifth edition-*, Free Press. ——ロ

ジャーズ，エベレット（2003）『イノベーションの普及』第 5 版（三藤利雄訳），翔泳社．

斉藤れい・原田宗彦・広瀬隆一（2010）「スポーツ観戦における経験価値尺度開発および J リーグ観戦者の分類」スポーツマネジメント研究 2 （ 1 ）： 3 -17．

Schurr, K. Tetal (1985) "Myers-Briggs Type Inventory and demographic characteristics of students attending and not attending a college basketball game", *Journal of Sport Behavior* 8 ： 181-194．

隈野美砂輝・原田宗彦（2003）「スポーツ観戦者行動における感情に関する研究動向」スポーツ産業学研究13（ 2 ）： 1 -11．

隈野美砂輝・原田宗彦（2005）「スポーツ観戦者行動における感情——尺度の開発とモデルへの応用——」スポーツ産業学研究15（ 1 ）：21-36．

Tsai, J. L., et al (2006) "Cultural variation in affect valuation", *J. Personality Social Psychology*, 90： 288-307．

Tsai, J. L. (2007) "Ideal affect：Cultural causes and behavioral consequences", *Perspectives Psy-chological Science*, 2 ： 242-259．

ウェーバー，マックス（1972）『社会学の根本概念』（清水幾太郎訳，2016：第58刷），岩波文庫．

Xing, X., and Chalip, L. (2006) "Effects of hosting a sport event on destination brand： A test of cobranding and match-up models", *Sport Management Review*, 9 （ 1 ）：49-78．

山下秋二（1994）『スポーツ・イノベーションの普及過程』，不昧堂出版．

吉田政幸（2011）「スポーツ消費者行動——先行研究の検討——」，スポーツマネジメント研究 3 （ 1 ）： 5 -21．

（上田 滋夢）

第 **4** 章

海外におけるスポーツビジネスと「普及学」「キャズム」の研究

01 | はじめに
——スポーツビジネスにおける普及学とキャズム理論について

　スポーツ地理学者の John Bale (1984) は「スポーツ科学者は普及学がスポーツで起こっているか調査する必要がある」と提唱し，また，「現代のスポーツの成長と発展は普及学の形として概念化されるべき」と示した。なぜならば，スポーツはテクノロジーの発展，地理的条件，環境条件，起業家リーダーに影響され，ある程度予測可能でありランダムでない「一連のイベント」を通じて発生するコンテンツであると考えられるためである。つまり，スポーツは時間経過により変化する周囲の環境や技術の発展によりそのプロセスが進化し成長する社会システムの1つであると捉えることができる。普及学の第一人者Rogers (2003) も「社会システムはメンバーによる特定チャネルを通じて伝達され発展するものであり，時間経過によって，そのシステムを受け入れていないメンバーにも通達され受け入れられることで普及される」と示しており，現代のスポーツの成長と発展は普及学により概念化されることが望ましいといえる。本章では，海外におけるスポーツビジネスにおける普及学およびキャズム理論に関する研究を概観し，スポーツビジネスにおける普及について検証する（厳密にはキャズム理論を使用したスポーツビジネスの研究は行われていないためキャズム理論のことを解説していると推察される研究を取り上げた）。また，Hong (2012) は「スポーツにおける伝統的な普及学の研究は一般的に人類

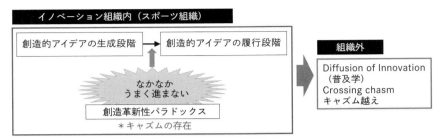

図 4-1　組織内外普及プロセス

出典：古川（2015）を基に筆者作成

学または文化中心の普及学に限定され研究が進められている」「イノベーションの普及学を説明するためには理論的枠組みにかけてる」と説明しており，一定の理論的枠組みを基に説明する必要があると言える。そこで，本章では普及学およびキャズム理論を説明したスポーツビジネスに関する研究を検証する際に「組織内」「組織外」という2つの枠組みを採用することとする。組織心理学者の古川（2015）は普及学におけるキャズムが起こりうる場面（図4-1）を「組織内」「組織外」に分けて説明しているが，海外におけるスポーツの普及学に関する研究を概観すると「組織内」と「組織外」で起こる普及プロセスに関してそれぞれ整理された形で説明がなされていないことから，本章では2つの枠組みでどのような研究が行われているのか整理することで読者の理解を得ようとするものである。なお，本章では普及学に関する研究のみならず社会科学における先行研究を含む様々な記述からスポーツビジネスにおける普及を検証することとする。

02 ｜「組織内」の先行研究

　組織内でのスポーツにおける普及についてはスポーツマネジメント分野における組織学の文脈で研究が進められている。普及学者の Rogers（1983）は「新たなアイデアをプロモーションし目標を達成するまでに，まず組織内での決定

がなされる必要がある」と言及しており，すべてのアイデアが実際に実行されることはないとしている。つまり，革新的なアイデアが創造されたとしても組織内で承認され認められない場合，組織内のキャズムを越えられずリリースされない。このような考え方を基に，スポーツの分野ではスポーツ組織内の改革がどのようになされているのかに注目した研究が行われている。まず，組織内に起こるキャズムをどう乗り越えるのかに焦点を当てた研究について解説する。

1 スポーツ組織における組織改革プロセスモデル

Newell and Swan (1995) は「スポーツの普及にはスポーツ組織 (Sports Council) の取り組みがカギとなる」と提唱し，スポーツ組織における組織改革プロセスモデルを示した（図4-2）。中央スポーツ組織において組織内のイノベーションを進めるためには先行アイデアを創造することから始め，時間経過とともにアイデアを実行可能なものに変革させる必要があるが，組織によっては先行アイデアを実行するまでの時間の中でアイデアは実行するに値しない形にも変化する可能性も持っている。また，組織外においても自組織に関連する組織との関係性によっては実行されたアイデアは社会に浸透する可能性及び浸透しない可能性も持っており，それらを決定付けるのは組織の内側と外側の境界線にある人々 (Boundary Spanners) の存在が重要となると報告されている (Newell and Swan, 1995)。

　このモデルを基にカナダとイギリスのスポーツ事情を例にスポーツ組織における組織改革プロセスを解説している。例えば，イギリスではネットボールとサッカーは学校スポーツの代表として多くの子どもたちに指導されている2大スポーツであるが，ネットボールとサッカーの組織比較を行うと，プロスポーツ化にいち早く取り組み，スポンサーの獲得など革新的な行動を先に行ったサッカーは急速に発展を遂げたが，地域のボランティアを基本に組織化されたネットボールは未だに学校スポーツの枠から発展していない。この両者の大き

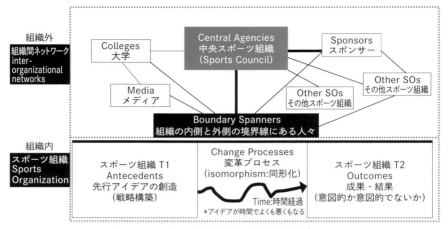

図4-2　スポーツ組織における組織改革プロセス

出典：Newell and Swan（1995）を基に筆者作成

な違いはキーとなる革新的なアイデアを組織の中で活性化させ，アクティベートできているかの違いであると指摘されている（Newell and Swan, 1995）。つまり，伝統に縛られ，新しいアイデアや技術を取り込まなければ組織の発展は望めないという例の1つである。

2　キャズムを作らないためのスポーツ組織運営

　カナダのスポーツ連盟（スポーツカナダ）を例に組織改革のモデルが示されている。Slack and Hinings（1992）は新しいアイデアを取り込み変化プロセスに至るまでには，強制的かつ規範的な同形化が必要であると提唱しており，スポーツカナダの改革の例はこの方法に準拠して行われたことから組織の改革に成功したことを報告している。具体的にはスポーツカナダはこれまで，組織の内部の運営および組織推進のキーとなる Boundary Spanners（組織内外の境界線にある人々：組織アドミニストレーター）をボランティアスタッフで運用していたが組織運営のスペシャリストであるビジネスの専門家を代わりに配置することから改革を始め，日々の業務のほとんどを新たに採用したビジネス

の専門家たちに任せ新たな改革を推進したという。そして，スポーツカナダの傘下である各種スポーツ団体にはスポーツカナダと同様に専門家による運営を行うように強制的に規範を作り改革を実施した。このような強制的な改革を行うことにより，組織内の改革にも成功したという。これまで，ボランティアスタッフにとって新しいアイデアは伝統的に行われてきたことから外れる余計なこと（仕事）であったが，ビジネスの専門家には「組織の発展に必要な合理的なこと（仕事）」として捉えられ，新しいアイデアが変革のためのツールとなったことで組織全体の改革が進みスポーツの普及も進むようになったと報告されている。このような改革が功を奏し，カナダでは世界最大のスポーツ研究データベースの開発（SPORTDiscus），2010年のバンクーバ・オリンピックパラリンピック大会の成功，そして，世界に先進して行われているカナダのスポーツ政策は10年間ごとに作成されるようになった。このように，強制的かつ規範的なやり方ではあるが，新しいアイデアを組織内で普及させるためには大胆な改革も必要なのであろう。また，少々，乱暴であると思われるが，これらの事象を普及学もしくはキャズム理論に当てはめるとすると，図4-3のようになる。従来では改革を起こそうとするイノベーター，それを支持する初期採用者は組織内の厄介者であり，多数派であるボランティアスタッフにとって余計なこと（仕事）を始める者に過ぎなかったと思われるが，このような現象を組織学者の古川（2015）は「創造革新性パラドックス」として示している。創造革新性パラドックスとは新規の創造的なアイデアが生み出されたとしてもその後に組織にできるキャズムの発生により履行，実施されることがない事象のことである。つまり，ここにスポーツ組織内でのキャズムが存在し，新たなアイデアや革新的な創造は組織に受け入れられず，組織外に波及することは当然のように起こらなかったと考えられる。しかし，上述した強制的かつ規範的な方法で組織内の配置を変えることに成功すれば，これまでの伝統に縛られた初期多数派の割合を減らすことができ組織全体のイノベーターおよび初期採用者の割合を増やすことにつながる。Miron-Spektor et al.（2011）は企業内の41の組

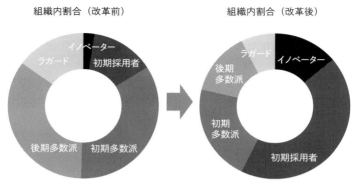

組織内割合（改革前）　　　　　組織内割合（改革後）

図4-3　組織内のキャズムを作らないためのメンバー構成の改革案

織内チームを対象としてチームメンバーの構成特徴と仕事のイノベーション履行の関連を検証した結果，最も高い確率で新たなイノベーションを履行しているチームの構成メンバーは創造的なアイデアを持ちクリエイティブな仕事をすることが好きな「創造型」のメンバーが多く在籍し，問題解決にあたって完璧を期しこれまでの規範に遵守する「厳密型」のメンバーが少なく，さらに，チームメンバーに対し反対の意見をしないように心掛け，決められた仕事システムに合わせるようにする「同調型」のメンバーが中程度もしくは多く在籍していることが明らかにされている。つまり，組織のメンバー構造がイノベーターやそれを支持する初期採用者の数が多く，後期多数派やラガードの数が少ない組織の方が新たなアイデアを履行できる可能性が高くなることや履行までの時間が早くなる可能性が考えられる。以上のように組織内のキャズムを発生させないために強制的に組織改革を実行する方法も実施されている。

3　組織内のキャズムを埋める方略

　本節では組織内のキャズムを埋める方略として組織内メンバーの社会的カテゴリーにおけるアイデンティティという視点から解説したい。また，本節では米国の大学を例に学生間のキャズムを埋める方略について考えてみようと思

う。著者は現在所属する大学の前任校において大学のスポーツアドミニストレーターという立場で大学スポーツの運営に携わった経験があるが，わが国では大学スポーツを応援するという習慣は大学内（組織内）に浸透しているとは言い難い。在職していた大学のほとんどの学生は大学スポーツを観戦した経験がなく，また興味がないというのが本音のようであった。その一方で，米国では大学スポーツを応援する学生は多く，「週末の予定は友人・恋人・家族と大学スポーツの試合を見に行くのがクールだ」と多くの学生が語る。そして，大学スポーツの観戦機会が多い学生ほど大学に対する自己同一視，つまり，大学アイデンティティが強いという研究成果も発表されている(Wann et al., 2008)。また，大学アイデンティティが強いものほど将来的に大学への寄付をする可能性が高いことも報告されている。

　なぜ，彼らは大学スポーツを応援するようになり，また大学アイデンティティが醸成されているのか。ノーベル経済学者のジョージ・アカロフの著書『アイデンティティ経済学』を基に考えてみようと思う。アカロフは企業を例に組織内の労働者を2種類の社会的カテゴリーにタイプ分けした。企業（組織）と自身を同一視する人を「インサイダー」，組織と自身を重ね合わさないタイプの人を「アウトサイダー」と表現し，この2者は対照的な考え方を持っていると説明している。インサイダーは組織のために働くべきと考えるのに対し，アウトサイダーはなるべく手を抜いて自分のことだけを考えたいタイプである。そして，この2者間にはキャズムがあると考えられ，組織の目標達成のためにはこのキャズムを埋める必要がある。多くの企業ではアウトサイダーを勤勉に働かせるため外発的動機付けの1つである多額の報酬を支払っているが，近年では持続可能かつ効率的な組織運営がなされないと判断した企業はインサイダーを増やすために労働者の組織に対する同一視（アイデンティティ）を変えるため研修，福利厚生などに投資を行っている。これは，インサイダーが増えることで将来的に不必要な報酬を支払うことなく，組織運営の効率化が図れるという考え方である。大学に置き換えると，大学と自身を同一視し，特別なプロモー

ションをせずとも大学に対するアイデンティティが醸成されており大学スポーツ観戦にも積極的に参加する者がインサイダーとなり，大学および大学スポーツには全く興味を示さない者がアウトサイダーにあたる。わが国では大学への自己同一視（アイデンティティ）を変えるため特別な研修等を実施している例はほとんど見られないが，米国では大学アイデンティティを醸成するために様々な工夫が行われている。著者の経験から例を挙げて説明しよう。米国では大学スポーツ観戦をする文化はわが国と比べて発展しているのは周知の事実であるが，その中で最も観戦者数が多いカレッジフットボール人気は群を抜いている。カレッジフットボールのシーズンは9月初旬から始まり12月初旬までの約3カ月であるが，シーズン初めの試合（カレッジフットボールデイ）には9月に入学したばかりの新入生は大学カラーのTシャツを着て友達や家族と大学のフットボールチームの応援に行くというのが慣習である。著者が大学院生時代に在籍していたアーカンソー州立大学（NCAA: DIVI School）では，9月初旬のカレッジフットボールデイを観戦することが授業出席要件になっており大学院生およびリサーチアシスタントはその日，学生たちの授業出席をチェックするためのカードリーダーを持ち，スタジアムの前で出席者のチェックを行っていた。そして，初戦のこの日だけは大学長の要請ですべての学生が赤いTシャツを着て約4万人収容のスタジアムに集合し大学チームを応援することが義務付けられていた（**写真4-1**）。

　なぜ，このような機会を醸成しているのか，以下で例を挙げて解説していこう。例えば，留学当初，著者自身は大学スポーツ観戦に関心があるほうではなく，大学自体にもアイデンティティを感じていない留学生であった。そして，初年度のカレッジフットボールデイに参加した理由も上記で示したように「授業の出席回数にカウントされる」からであり，特にカレッジフットボールに興味を持っているわけでない「アウトサイダー」な状態であった。しかし，当日，母校のカラーである赤のTシャツを着て応援しにスタジアムへ向かうと，同じ赤いTシャツを着た数万人の人々がスタジアムに集結しており，また，試

写真 4 - 1　著者在学時のアーカンソー州立大学カレッジフットボールデイ
出典：著者提供

合の合間には母校のファイトソング（応援歌）を熱唱している多くの人々を目
にすることになる。そして，当然のごとく試合終了後は「アウトサイダー」で
あった本人は「インサイダー」になっているわけであり，その後は12月初旬ま
でのカレッジフットボールの試合を楽しむことになるのだ。この事象をアカロ
フの『アイデンティティ経済学』で紹介されている理論に当てはめて考えてみ
ると，軍隊のアイデンティティ形成モデルの研究と一致する。米国士官候補生
学校（ウェストポイント）では入隊してすぐに軍人としてのアイデンティティ
を確立するための「教育」が実施される。入隊初日を「R デー」とし士官候補
生たちは下着一枚で髪を刈られ，同一の制服を着用させられる。そして，基礎
訓練はもちろんのこと，理想と行動規範を教え込み，アウトサイダーをインサ
イダーに変える投資を軍隊は実施する。R デーのような入隊儀礼, 同一の髪型・
制服，宣誓は士官候補生という共通のアイデンティティを作る手段なのである
(Bradly, 1999)。このように軍隊における教育は軍のアイデンティティを育成す

るツールであるといえる。このモデルは軍人（インサイダー）と一般人（アウトサイダー）の区別を強調するものであり、区別を強調することで新入隊員に軍組織の一員としてアイデンティティを形成する仕組みである。つまり、米国の大学ではカレッジフットボールデイをツールとして所属学生（インサイダー）と他大学の学生（アウトサイダー）の区別を強調することで新入生の大学アイデンティティを醸成する試みを行っているのと考えられる。このように大学スポーツをツールとした取り組みを行い学生の大学アイデンティティが醸成されることで大学内での学生間のキャズムは解消し、将来的な母校愛の醸成や寄付などの行為につながるのではないかと思われる。

4 人種というキャズムを乗り越えるスポーツ組織の普及プロセス

スポーツリーグにおける普及学を人種とスポーツという枠組みで検証が行われている事例を紹介しよう。スポーツリーグと人種における普及学を研究したGoff et al.(2002)は1947年から現代までのMBL（Major League Baseball）およびACCB（Atlantic Coast Conference Baseball）を調査し、黒人選手登用率を算出した結果、勝率の良いチームほど黒人選手を登用する傾向がみられると結論付けている。つまり、チームの勝率を向上させることが人種というキャズムを越える要因の１つになっていると歴史学的に考察している。このように米国では人種というキャズムを越えるために組織内でどのような改革を行ったのかに焦点を当てた研究が進められている。

その代表となるのがMBLで初めての黒人選手「ジャッキー・ロビンソン」の事例であろう。毎年、MLBではロビンソンの業績を称え４月15日を「ジャッキー・ロビンソン・デイ」として定め、すべてのメジャーリーガーが背番号「42」を付けて試合に出場する機会を設けている。これは、「スポーツにおいて人種差別的な行為は一切、受け入れない」という意思を示すものであり、これまで米国で行われてきた黒人差別という過ちを思い出し排除していこうという活動の一環である。以下、Daniel(2017)の記述を基に説明していこう。当時、MBL

では黒人選手のプレーを禁止する規定は存在していなかったが，球団間の紳士協定として黒人選手がプレーすることを実質的に排除する風潮があったため，ロビンソンは黒人選手がプレーできるニグロリーグ（Negro League baseball）で活躍していた。また，観戦者についても黒人の野球観戦者は MLB よりも NLB を観戦するのが常であり，MLB は白人，NLB は黒人のための観戦スポーツであるという考え方が一般的であった。その後，ロビンソンは1945年当時，ブルックリン・ドジャーズの GM であったブランチ・リッキーの強い勧誘によりチーム入りを果たすことになるが，チーム内外での人種差別行動により大変な苦労を強いられることになる。しかしこの時，ロビンソンとリッキーは「いかなる時も反撃はしない」という紳士協定を結び，黒人差別のないプロスポーツの創造をともに目指したという。普及学およびキャズム理論に置き換えれば，GM であったリッキーと黒人初の MLB 選手であるロビンソンはいわば，イノベーターであり，彼らを支持するようになったチームメイト，球団関係者を初期採用者となる。そして，リーグ全体で見た場合，彼らの活動に対して批判的な言動や差別的な行為を行っていた他のチームやメディアを初期多数派，後期多数派としてとらえれば，そこに人種（racism）というキャズムが発生していたことになるであろう。米国人ジャーナリストの Scott Simon (2007) はジャッキー・ロビンソンと米国人の精神の関係性について野球における普及過程をメディア報道から検証した結果，当初，批判的であったロビンソンへのメディア報道は世論の反応に影響され時間経過とともに称賛へと変わっていったことを報告している。そして，初期のメディアは黒人が MLB で野球をすることに対する批判的意見を多数掲載していたが，時間経過とともにリッキーやロビンソンの行動に賛同するチームメイトを紹介するなど肯定的な捉え方に関する情報を掲載するメディアが増え始めたことで初期多数派の人数が増え，リーグ全体で人種に対する考え方が変容し，イノベーターや初期採用者の意見を取り入れる機会が増えたことが報告されている。つまり，GM と黒人選手二人で始めたイノベーションはメディアを通じて時間経過とともに賛同者を増やしキャズ

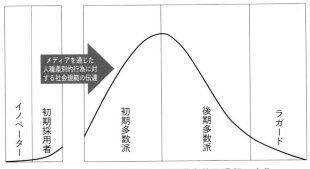

図 4 - 4　メディアを通じた組織内普及過程の変化

ムを越えた事例となる。近年の事例では，全米テニス選手権で 2 度目の優勝を果たした大坂なおみ選手がメディアを通じて世論に黒人差別について考える機会を提供した例もこれにあたるであろう。

03 「組織外」の先行研究

　組織外でのスポーツにおける普及学はスポーツマーケティング分野の消費者行動の文脈で研究が進められている（キャズム理論を直接的に援用した研究は行われていない）。スポーツ組織内で普及プロセスを通過したサービスや製品は晴れて消費者のもとに届けられるわけであるが，より広く多数の消費者に理解されるサービス・商品になるためには，時間経過とともに消費者に受け入れられ普及していく必要がある(Schwarz and Hunter, 2018)。Schwarz and Hunter (2018) はスポーツサービスおよび製品が普及するプロセスには 4 つの要素が存在することを以下のように示している。

　1．スポーツ製品・サービスのイノベーション
　2．スポーツコミュニケーションチャネル
　3．スポーツ消費者社会システム

4．時間的な時期

前節で述べたように組織内で上手く新たなアイデアとしてイノベーションが履行され，組織外（社会・市場）に向けて製品・サービスを送り出せたとしてもそれが市場に受け入れられるものであるかが問われることとなる普及の段階に入ることになる（古川，2015）。そして，すべての製品やサービスが社会で受け入れられるわけではないことから，履行段階に移されたスポーツサービス・製品についてコミュニケーションチャネルを選択し消費者に拡散される（テクノロジーの発展，地理的条件などを考慮することでキャズムを越える）。その際，スポーツ消費者の社会システムに配慮した拡散を行うことで文化・慣習のキャズムを越える可能性がある。最後に考慮すべきは時間的な時期である。履行されるべき時期，時間を適切に選択し実行する必要がある。スポーツ製品・サービスを普及させるための4つの要素について以下で解説する。

1 スポーツ製品・サービスのイノベーション

イノベーションを起こすためには新たなアイデアを取り入れたスポーツ製品・サービスを社会に向けて発信する必要がり，製品・サービスを創造するクリエーターは革新的なアイデアを早急に形にしなくてはならない。そして，普及の初期段階であるイノベーターの心をつかまなくてはならない。ここでは，スポーツ製品・サービスのイノベーションに関する報告を行っている Hambrick（2011）の記述を基に解説する。ゴルフ用品メーカーの Callaway は年間で約25億円を新しい製品の研究開発に費やしており，ゴルフ業界だけでも5年間で約8000製品が生み出されている。このように，スポーツ製品・サービスのイノベーションはかなりのスピードで行われているのである。一方で，社会に出る新たな製品・アイデアのうち約80％は失敗に終わるという報告がなされている。これは，製品・サービスのアイデアが消費者（イノベーター）にとって新しすぎるということや消費者にフィットする製品でないということが影響し

ていると言われている。米国プロバスケットボールリーグ（NBA）を事例に
解説していこう。NBA の2006-2007シーズンにお披露目された新しい素材を
使ったバスケットボールである。NBA では従来，皮素材を使用したバスケッ
トボールを使用していたが，06年シーズンよりマイクロファイバーを使用した
新しいボールを導入した。その背景には革製よりも安価でかつ強い素材のバス
ケットボールを NBA で使用することで，ボール販売市場を拡大しようという
狙いがあったという。しかしながら，使用している選手から「まるでプラスチッ
クのボールをついているみたいだ」との不評を受け，わずか 3 カ月で NBA で
は採用されなくなり，市場での拡大は望めなかった。つまり，最新テクノロジー
を活用し安価でかつ機能的であるとされ開発された製品が，社会に履行された
後に最初の消費者である NBA 選手に受け入れられなかったという例である。
こうなると，キャズムを越えるどころかイノベーター・初期採用者である選手
たちに受け入れられる前に取り下げられることとなる。また，スポーツマーケ
ティングにおいて初期多数派は新たな製品・サービスを購入する際，イノベー
ターと初期採用者のポジティブなフィードバックを参考にその製品・サービス
を購入するか否かを検討する（Hambrick, 2011）とされており，初期に製品を使
用するイノベーターでもある選手たちはオピニオンリーダーにもなりうる。以
上のことから新規に履行されるスポーツ製品・サービスは最初に使用するイノ
ベーター・初期採用者の意見を踏まえて開発されるべきであり，また，履行さ
れる前に複数回のテストをする必要があると言える。

2 スポーツコミュニケーションチャンネル

近年，スポーツコミュニケーションチャンネルは多様化されており，印刷物，
ラジオ，テレビ，インターネット，SNS，デジタルモバイルなど様々なコミュ
ニケーションチャンネルが作られていることから，場所や時間を選ばずスポーツ
製品・サービスを供給できるようになっている。つまり，これまで地理的，時
間的制約により製品・サービスを購入できなかった消費者にも多様なコミュニ

ケーションチャネルの中から自己の都合に合うものを選択させ，届けることができるようになったと言える。この事例については，Wakefield（2007）の記述から解説していこう。MLB では2002年から MLB Advanced Media（MLBAM）を運用し，インターネットサイト（MLB.com）を通じて全試合の生中継および選手情報の配信を開始した。MLBAM は当初，国内の試合会場に来ることのできないファンや TV にて試合を観戦できないファンを対象に配信が開始されたものであるが，海外から MLB を観戦したいファン層をとらえ，全世界から MLB を観戦することができるシステムに成長した。つまり，場所というキャズムをインターネット配信というテクノロジーで超えることができた好事例である。また，MLB では SAS（https : //www.sas.com/en_us/home.html）を活用し消費者の情報を収集・運用を行っている。このシステムでは消費者が何を求めているか，どのような情報を受け取りたいかについて分析しており，また，MLB の消費者におけるイノベーターの特徴を明らかにしている。Wakefield（2007）が紹介している情報では MLB におけるイノベーターと初期採用者の特徴は試合のハイライトや選手のスタッツ情報を求めている統計マニア，もしくは Displaced Fans と呼ばれる試合会場に足を運ぶことが難しい遠方のファン（海外のファン）で構成されていることが明らかにされており，これらの情報を基に彼らが望む情報や商品・サービスの提供・販売を行っている。このように新たなテクノロジーを使用することでこれまで初期多数派になりうることがなかったイノベーターや初期採用者を取り込むことで MLB 消費におけるキャズムを越えることになるのであろう。

3 スポーツ消費者社会システム

スポーツ組織があらゆる情報を収集しコントロールすることには限界もあり，スポーツ消費者の行動を正確に捉えることは非常に難しいことである。しかし，消費者の置かれている環境や個人の要素を把握することでスポーツ消費者社会のシステムについて理解することはできるであろう。Schwarz and

Hunter（2018）はスポーツ消費者社会システムをサブカルチャー，クロスカルチャーを含む「文化」の視点で理解すると消費者の動向をとらえやすくなると提唱している。そこで，本節では「文化」の視点からいかにキャズムを越えていくかについて考えてみようと思う。

　文化とは「ある社会の中で取り扱われている態度，行動，価値，便益，習慣などの機能の一部である」と定義されている。そして，スポーツ消費社会において「文化」はマーケティング活動が受け入れられるかどうかのレベルを定義付ける要素であることから，同様の手法でマーケティング活動を行ったとしても「文化」の違いで受け入れる消費者とそうでない消費者が存在する。ここにキャズム（溝）が発生するわけであるが，「文化」はこのキャズムを越えるための要素であるとも考えられる。Schwarz and Hunter（2018）が紹介している「文化」を活用したスポーツ消費者社会の事例から，キャズム越えを説明しよう。

　さて，今回紹介する事例は米国に在住するサッカーファンの間にあったキャズムに関するものである。なお，事例を紹介する前に一般的にサッカー観戦といえば欧州のサッカーリーグであることを前提に話を進めることを前置きする。2007年イングランド元代表のデビット・ベッカム選手が米国のプロサッカーリーグ（MLS）の Los Angeles Galaxy に移籍した際，これまで欧州サッカーにしか興味を持たなかった在米サッカーファンや一部の欧州サッカーファンが MLS に関心をもつようになり観戦者数の増加につながったことが報告されている。また，Shapiro et al.（2017）はデビット・ベッカム選手の効果を縦断的に検証した結果，ロードゲームでの観戦者数が年々上昇傾向にあることを明らかにし，MLS 全体のファンがベッカム選手によってもたらされたと結論付けている。つまり，欧州サッカーの象徴であったデビット・ベッカム選手が米国の MLS に加入したことで欧州サッカーファン，および海外サッカーファンの視線が MLS に向けられるようになったことで，米国内のサッカーファン内で発生していたキャズムを越えるきっかけになったのではと推察する。デ

ビット・ベッカム選手加入までの MLS 観戦者は初期採用者であり，それ以上の観戦者を取り込もうとするとサッカーという「文化」がキャズムを発生させる要素になっていたと思われる。そこで，欧州サッカーの象徴である選手を取り込むことで一気に米国に在住する初期多数派のファン（欧州サッカーファン），これまで MLS を視聴したことのなかった海外に在住するサッカーファンを MLS に取り込んだ事例の１つになろう。以上のように「文化」という要素は同じサッカーファンの間で生じているキャズムを越えるための１つのポイントになっていることを紹介したが，わが国においても国技である大相撲が世界中に普及し，さらに外国人力士が参戦し活躍することで，その国のスターになっている事例を鑑みれば，「文化」という要素はキャズムを越えるためのカギになる可能性も考えられるのではないか。

4 時間的な時期

　新たな製品・サービスが履行され普及していくためには，履行されるべき時期，時間を適切に選択し実行する必要がある。例えば，新たなアイデアが消費者にとって新しすぎる場合，その製品・サービスは受け入れられることなく消えていくことになる。また，スポーツの世界では技術革新により記録が向上しすぎる新たなスポーツ製品は一時的に広く普及するものの国際ルールの変更などで使用不可となり，キャズムを越えたとしても世間から消えることはしばしある（水着問題，ランニングシューズ問題等々）。それは，すべて時期の問題であり履行される時期が早すぎるもしくは適切なタイミングでなかったといえる。

　ところで2020年は世界中で新型コロナウィルスの感染拡大に伴い，東京2020大会の延期，各種スポーツイベントの開催中止が相次いでいるが，これも時間的な時期が適切でなくなったためサービスが履行できなかった事例となる。一方で，コロナ禍においてキャズムを越えて広く普及したサービスも存在する。それが，ｅスポーツである。ｅスポーツはトラディショナルスポーツから見れ

ば身体活動を伴わないものであるためスポーツとは言い難いという意見がある一方で2019年の茨城国民体育大会では文化プログラムとして採用されるなどスポーツプログラムとしての普及が行われていた。一方で，世界保健機構（WHO）は2019年に病気の名称や症状を示す「国際疾病分類（ICD）」の最新版にゲーム障害を追加したことにより，eスポーツ＝依存症というイメージが拡大し普及が難しくなったと言われていた。しかし，昨今のコロナ禍の状況において2020年4月に「＃PlayApartTogether」というキャンペーンをゲーム業界とともにWHOが実施し，そしてNBAをはじめとする世界のトップスポーツリーグに所属する選手が試合の代わりにeスポーツを活用して試合を行うなど一躍，その価値を世界中に示すこととなった。このように時間的な時期が普及の速度を加速させキャズムを越える1つの要因になりうることが考えられる。

04 おわりに

　本章では，スポーツビジネスにおける普及学とキャズムについて海外の研究を中心に概観した結果，スポーツの普及に関する研究は進められているもののジェフリー・ムーアのキャズム理論（2020）を直接的に取り扱った研究はほとんど実施されていないことが明らかとなった。スポーツビジネスにおいてキャズムを取り扱った研究が進められていない1つの理由として，普及学者のロジャーズとキャズム理論提唱者のジェフリー・ムーアの間でいまだに議論が整理されていないことが挙げられるが，実際の事象としてみた場合，スポーツビジネス現場においては組織内・組織外の両方でキャズムが発生している可能性は否定できない。そして，そのようなキャズムをいかに越えていくかという検討は今後のスポーツビジネス関連の研究で必要不可欠であるといえる。さらに，昨今のコロナ禍においていかに新たなイノベーションをスポーツ界から生み，発展させるかのカギは普及学やキャズムに関する研究のさらなる発展にかかっているであろう。最後に本章は経営学における普及学・キャズム理論に限らず，

様々な視点からスポーツビジネスにおける普及学・キャズム理論の先行研究を著者の視点から解説したものであることから，記述の問題点等あることを申し添えしておきたい。

参考文献

Bale, J. (1984). International sport history as innovation diffusion. Canadian Journal of History of Sport, 15, 38-63.

Bradley, O. N. (1999). A soldier's story. New York: Random House.

Daniel, A. N. (2017). Jackie Robinson. Journal of American History, 104 (1), 296-301.

古川久敬 (2015).「壁」と「溝」を越えるコミュニケーション．京都：ナカニシヤ出版．

Goff, B. L., McCormick, R. E., and Tollison, R. D. (2002). Racial integration as an innovation: Empirical evidence from sports leagues. American Economic Review, 92, 16-26.

Hambrick, M. (2011). Diffusion of innovation. In L. E. Swayne and M. Dodds (Eds.), Encyclopedia of sports management and marketing (pp. 388-389). California: SAGE publications.

Hong, S. (2012). Innovation diffusion in professional sports: An event history analysis of Major League Baseball (Unpublished doctoral dissertation). Florida State University, Tallahassee, FL.

ジェフリー・ムーア (2020)．キャズム Ver. 2［増補改訂版］新商品をブレイクさせる「超」マーケティング理論（第5刷）．東京：大日本印刷．

Miron-Spektor, E., Erez, M., and Naveh, E. (2011). The effects of conformist and attentive-to-detail members on team innovation: reconcile the innovation paradox. Academy of Management Journal, 54, 740-760.

Newell, S., and Swan, J. (1995). The diffusion of innovations in sport organizations: an evaluative framework. Journal of Sport Management, 9, 317-337.

Rogers, E. M. (1983). Diffusion of innovations (3rd ed.): New York: Free Press.

Rogers, E. M. (2003). Diffusion of innovations. (5th ed.). New York: Free Press.

Schwarz, E., Hunter, J. (2018). Advanced Theory and Practice in Sport Marketing 3rd edition. London: Routledge.

Shapiro, S. L., DeSchriver, T. D., and Rascher, D. A. (2017). The Beckham effect: examining the longitudinal impact of a star performer on league marketing, novelty, and scarcity, European Sport Management Quarterly, 17, 610-634.

Simon, S. (2007). Jackie Robinson and the integration of baseball. New Jersey : John Willey & Sons.

Slack, T., and Hinings, B. (1992). Understanding change in national sport organizations : an integration of theoretical perspectives. Journal of Sport Management, 6, 114-132.

Wakefield, K. L. (2007). Team sports marketing. London : Routledge.

Wann, D. L., Brame, E., Clarkson, M., Brooks, D., and Waddill, P. J. (2008). College Student Attendance at Sporting Events and the Relationship Between Sport Team Identification and Social Psychological Health. Journal of Intercollegiate Sport, 1, 242-254.

（萩原 悟一）

Ⅲ

スポーツの普及と
キャズムの実際

第 5 章

Ｊリーグビジネスにおけるキャズム

01 | はじめに

　1993年にスタートしたＪリーグは，日本スポーツビジネス界の「イノベーション」であった。それは，単に「新しい組織」「新しいビジネス」「新しいアイデア」というだけでなく，「新しいマーケット（顧客）の開拓」へのスポーツマーケティングのチャレンジでもあった。また，普及学におけるイノベーション定義「個人あるいは他の採用単位によって新しいと知覚されたアイデア，習慣，あるいは対象物」（ロジャーズ，2007，p. 16）や，徳田（2020）が指摘する「単なる技術革新のみならず，それが生み出されるまでは認識されなかった，社会的意義を作り出す活動をも含んでくる」に照らし合わせても，国民やホームタウンの住民にとってＪリーグとＪリーグクラブは「イノベーション」であったといえよう。

　Ｊリーグは，今日まで25年以上にわたってスポーツビジネスとして発展してきた。近年では，Ｊリーグ全体の延べ観客動員数やクラブ営業収入（平均）は増加傾向を示しており，Ｊリーグビジネスとして発展していると見ることができよう。しかし，その発展は順調に成し遂げられてきたとは言えない。Ｊリーグが公開している様々なリーグ経営データや，Ｊ１，Ｊ２，Ｊ３別のデータ，各クラブ別のデータ，そしてファンのデータを見ていくと，今日までの過程において「谷」または「溝」の現象が見て取れる。

本章では，スポーツマーケティングの立場からJリーグビジネス発展の経緯を「普及学」と「キャズム理論」で分析し，その適用可能性と課題について議論する。具体的には，まずマーケティングとスポーツマーケティングを定義し，本章における「普及学」と「キャズム理論」の考え方を整理する。次にJリーグビジネスの発展の経緯を「普及学」と「キャズム理論」から考察する。そして，そこで得られた知見からJリーグビジネスにおける「キャズムを防ぐ」そして「キャズムを越える」スポーツマーケティング戦略の視点を検討することを目指す。

02 マーケティングとスポーツマーケティングの定義

　マーケティングとスポーツマーケティングの定義は，ビジネスと学問のどちらに軸を置くのかによって異なる。ここでのマーケティングの定義にはAMA（アメリカマーケティング協会）の定義を用いる。AMAは，「顧客，依頼人，パートナー，社会全体にとって価値のある提供物を創造・伝達・配達・交換するための活動であり，一連の制度，そしてプロセスである」と定義している。この定義にはマーケティングの重要な要素である「誰に（顧客，依頼人，パートナー，社会全体にとって）」，「何を（価値のある提供物を）」，「どうやって（創造・伝達・配達・交換するための活動であり，一連の制度，そしてプロセスである）」が示されており，本章においても最も有用と考える。

　スポーツマーケティングの定義はMulline（2014）による「交換活動を通して，スポーツ消費者のニーズと欲求を満たすためにデザインされたすべての活動のこと」とする。Mullineは，この定義とともに2つの目的を示している。それは「スポーツのマーケティング（Marketing of Sport）」と「スポーツを利用したマーケティング（Marketing through Sport）」である。前者は「スポーツ消費者に対するスポーツ製品・サービスの直接的なマーケティング」であり，後者は「スポーツの価値や訴求力を利用した，一般消費者に対する一般的な商

品・サービスそしてアイデアのマーケティング」である。本章では，Ｊリーグというスポーツ・プロダクト（サービス）の普及そしてキャズムに着目するため，「スポーツのマーケティング」の視点から論じることとする。

03｜Ｊリーグビジネスの「普及学」と「キャズム理論」

1 普及学とキャズム理論の捉え方

ロジャーズの普及学は，「イノベータ」「初期採用者」「初期多数派」「後期多数派」「ラガード」の順で消費者によるイノベーションの採用が時間軸に沿って段階的・連続的に進むことを示している。一方，Ｊリーグビジネスの発展は「導入期」「成長期」「成熟期」「飽和期」「衰退期」という連続的サイクルとして捉える「製品ライフサイクル（PLC：Product Life Cycle）」の方が理解しやすい。普及学とPLCのどちらの視点で議論するのかは，時間とプロセスの「Ｘ軸」に何を設定するのか，併せて「Ｙ軸」には何を設定するのかによって異なる。また，組織内外に存在するどのデータを使うかによってもその視点が変わる。本章では，普及学とPLCがともに時間の経過によるマーケット獲得のプロセスを示しており，マーケティングに有用であることが支持されていることから，両者の明確な違いを議論せず，時間やプロセスを「Ｘ軸」とする関連データを用いてキャズムを検討する。

キャズム理論は，テクノロジー・イノベーションの普及における「初期採用者」と「初期多数派」の間にキャズムが存在し，両者間に不連続な関係が生じている可能性を指摘している。そして，「初期採用者」と「初期多数派」の2つのマーケット・セグメント間に大きな価値観の相違があると考える。設立から28年経ったＪリーグビジネスの場合，普及を目指すマーケットをどう捉えるのか，何をもってキャズムとするのか，どの様なキャズムが存在するのか，なぜ存在するのか，そしてどうやって乗り切るべきか等の十分な議論はなされていない。本章では，これらを検討するために様々なデータから確認できるＪリー

グの成長とスポーツファンの採用プロセスに存在する「溝」や「不連続性」を
キャズムとして捉えて議論したい。

2 「どこの」「誰に」採用させるのか（マーケットの設定とその特性）

　マーケティングにおける「どこの」「誰に」の議論は，ターゲットマーケッ
トの設定である。「どこの」は，リーグとクラブで異なるが主にホームタウン，
活動区域（都道府県），日本全体，アジア諸国のマーケットがターゲットであ
る。また，地理的境界の無いオンライン上の「ブランドコミュニティ」もその
対象となる。ブランドコミュニティは，「ある特定のブランドを崇拝する者の
間で社会的関係によって構造化された集団に基づいた特殊な，地理的境界の無
いコミュニティ」と定義され（Muniz and O'Guinn 2001），特にソーシャルメディ
ア上のコミュニティは重要なマーケットである。

　「誰に」は，スポーツビジネス界で広義に用いられている「スポーツファン」
としたい。平井（1998）は，スポーツファンを「対象となる種目やレベル，チー
ムや個人（選手）などに関係なく，スポーツに一定の関心を持ち，その結果か
ら何らかの行動をとる人」と定義している。また，Mullin ら（2014）はスポー
ツへの「社会化」「関与」「コミットメント」が強い特性を持つとしている。つ
まり，松岡（2018）が指摘するように，スポーツファンはチームやリーグに対
する行動的側面と態度的側面の両面から理解する必要がある。

　スポーツファンの行動的側面として最も理解しやすいのは観戦回数である。
Mullin ら（2014）は，観戦回数を基に Nonconsumer, Light user, Medium
user, Heavy user（season ticket holder）の階層セグメントに分類している。
そして，スポーツ観戦者のチームや選手に対する関与とコミットメントを強め，
各セグメントを上位階層に導く戦略の重要性を指摘している。スポーツファン
では，観戦回数が多いほど「レベルの高いファン」セグメントと考えることが
できる。

　スポーツファンの態度的側面は，Funk and James（2001）による「PCM（Psychological Continuum Model)」が理解しやすい。これは，スポーツファンのスポーツに対する態度の強さを「気づき（Awareness）」「魅了（Attraction）」「愛着（Attachment）」「忠誠（Allegiance）」の4ステージで示した概念モデルである。試合観戦の経験が無い状態であっても，チームとの態度的な結びつきを持つファンも存在することから（James, Kolbe and Trail, 2002），PCMは行動的側面で捉えることができない「ファン」セグメントの存在把握に有用である。

　スポーツファンの行動的側面と態度的側面のそれぞれで理解する試みが進む一方で，両者は相互に強く影響し合っていることも指摘されている（藤本・原田・松岡, 1996；Funk and James, 2001）。したがって，スポーツビジネスの「普及」や「採用」の議論においては，スポーツファンの行動的側面と態度的側面の2つの視点が重要である。

3 「何を」を採用させるのか（価値の定義）

　スポーツマーケティングにおける「何を」は「スポーツプロダクト（サービス含む）」の定義である。事業としては情報やグッズもこの中に含まれるが，ここではファンづくりや集客の視点から「満足を超えた感動や幸福感などの経験的価値である」（原田, 2018）と定義したい。NBAも「私たちの商品はエクスペリエンスそのもの」と定義し，「優れた顧客体験の提供には，顧客のコンテクスト（志向）を読み解き，エモーション（感動）を届けること」に力を入れている（Adbe Website）。Jリーグビジネスの場合，広義的には「豊かなスポーツ文化の振興及び国民の心身の健全な発展への寄与」（Jリーグ理念のひとつ）や「スポーツで，もっと，幸せな国へ」（Jリーグ百年構想スローガン）となるが，ビジネス現場としては観戦や応援を主とするファンとの関係構築に関する様々な「経験価値」ということになろう。

4 スポーツファンの「採用」とは何か（普及の定義）

　スポーツファンの経験価値を「採用する」は，前項で示したファンの行動的

側面と態度的側面の両側面から捉えたい。例えば，行動的側面は「観戦する」「観戦を続ける（繰り返す）」であり，態度的側面はPCMのように「気づく」「魅了される」「愛着を持つ」「忠誠心を持つ」である。本章では，この2つの側面の進行も採用プロセスとして捉える。

　さらに，この両側面においてはスポーツファンによる一時的採用と継続的採用の異なる視点が不可欠である。前者は「初めて観戦する」「知る」等であり，後者は「観戦を繰り返す」「愛着を持ち続ける」等である。これは，マーケティング戦略における市場獲得戦略と市場浸透戦略の選択につながる重要な視点である。本章では，採用における一時的側面と継続的側面にも注目していく。

04 Jリーグビジネスのキャズムはどこにあるのか

1 Jリーグクラブ営業収入の推移から見たキャズム

　図5-1は，Jリーグクラブの平均営業収入（J1クラブ）の推移を示している。その変化をクラブ平均営業収入の成長曲線として見ると，創設2年目の1994年を境に連続的成長が途切れて1999年と2000年を底とするキャズムが生じている。その要因を収入内訳で見ると入場料収入の減少が特に大きいことが分かる。そして，2001年以降は徐々に回復に向かっているが2017年に1994年の平均営業収入を超えるまでに17年かかっている。この背景にはチーム数の増加によるファンマーケットの細分化や2011年の東日本大震災の影響もある。

　一方，2016年から平均営業収入が大きく増加してきている。その収入内訳を見ると，各カテゴリーそれぞれが増加傾向にあることがわかる。2017年のDAZNとの放映権契約による配分金収入の倍増とともに各事業の連携によるマーケティングの実践が背景にあると考えられる。

2 Jリーグの観客動員数の推移から見たキャズム

　図5-2は，Jリーグ年間観客動員数の推移を示している。これをJリーグ

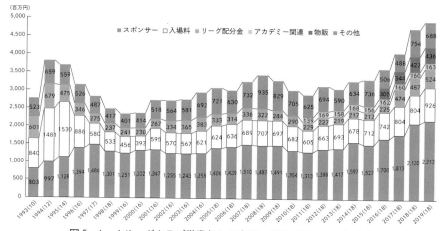

図5-1　Jリーグクラブ営業収入と内訳の推移（J1クラブ平均）

※　年号横の（　）内の数値は，J1リーグ所属クラブ数。
※　1993年～1998年は1リーグ制のためJリーグ所属全クラブの平均。
出典：Jリーグ公式ウェブサイト（閲覧日：2020年8月6日）

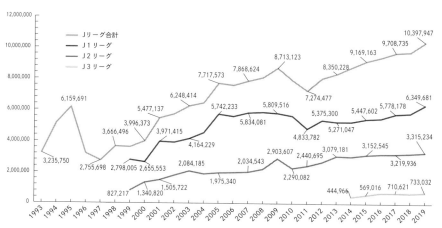

図5-2　Jリーグ年間観客動員数（延べ）の推移

※　Jリーグ所属クラブ数は，1993年が10クラブで以後シーズンによって異なる。
出典：Jリーグ公式ウェブサイト（閲覧日：2020年8月6日）

図5-3　Jリーグ1試合平均観客動員数の推移

※　Jリーグ所属クラブ数は1993年が10クラブ，J1リーグは2005年から18チーム。J2・J3リーグは年によって
　　チーム数が異なることがある。
※　1998年までは1リーグ制のためグラフ内ではJ1リーグとして表示。
出典：Jリーグ公式サイト（閲覧日：2020年9月15日）

の成長を示す曲線としてみると，1997年と2011年を底とするキャズムが生じて
いる。そして，図5-3が示している1試合平均観客動員数の推移にも同年を
底とするキャズムが確認できる。2011年のキャズムは，東日本大震災という予
測不可能な刺激が要因と考えられる。図5-2において，長期的に年間観客動
員数が増加している背景にはJリーグ所属クラブ数の増加がある。Jリーグは
1993年に10クラブでスタートし，2020年にはJ1，J2，J3の各リーグに所属
するクラブは合計56となっている。

　一方，クラブ数が増加していたのにも関わらず1996年から2000年ごろまで
キャズムに陥った大きな原因には，図5-3が示す1試合平均観客動員数の大
きな減少がある。図5-3を見ると，発足から3年後の1995年に減少に転じ，2000
年までこのキャズムを越えることができていない。これは，Jリーグ導入期に
「観戦」という行動によってその経験価値を採用した「初期採用者」に続いて
「初期多数派」を創造することができなかったこと，または，両者の価値観の

相違を特定できずに「初期多数派」への適切なアプローチができなかったこと
等の原因が考えられる。

　2001年に平均観客動員数が増加に転じた背景には，2002年日韓Ｗ杯へ向け
ての機運の高まりがあったと推察される。その機運の高まりがPCMの態度変
容プロセスのステージを押し上げ，キャズムを越える刺激となったのかもしれ
ない。一方，2002年以降は2004年までは増加傾向にあったが，その後，普及学
からみると普及が止まり，PLCから見ると成熟期に入って今日に至っている。
この現象を成長プロセスの「不連続性」と捉えるとどこかにキャズムが存在し
ている可能性がある。次項では，キャズムとファン特性の関係を探るため，ファ
ンのＪリーグというイノベーション採用時期と観戦回数，そしてファンの態度
的側面である観戦動機とチームロイヤルティの関係を検討する。

3　Ｊリーグファンの行動と態度から見たキャズム

　ここでは，Ｊリーグファンの行動的側面で細分化したセグメント間で態度的
側面を比較することによって，キャズムを生むファンの価値観の相違を探る。
本項で用いる主なデータは，2019年Ｊリーグスタジアム観戦者調査で収集した
ガンバ大阪(1993年リーグ設立時クラブ)，セレッソ大阪(1995年参入)，ヴィッ
セル神戸（1997年参入）のファンデータ（「ホームチームを応援している」と
回答した者）である。

（1）　Ｊリーグ観戦開始時期によるファンセグメント間比較

　図5-4は，Ｊリーグ観戦開始時期によるファンセグメント間で観戦動機を
比較した結果を示している。観戦動機13項目は5段階尺度で測定し，セグメン
ト間比較にはその得点の平均値を用いた。

　図5-4が示すように，全体的傾向として「1992以前」から「2015-2018年」
までの8つのセグメントが同様の曲線を描いているのに対して，「2019年」セ
グメントだけが異なっている。これは，2018年までに獲得かつ維持した「既存

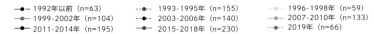

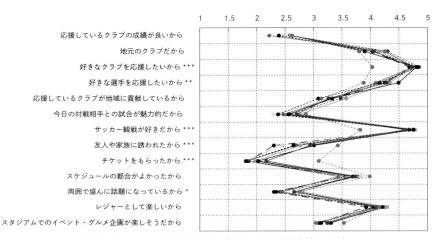

図5－4　Jリーグの観戦開始時期による観戦動機の比較

※　動機項目はそれぞれ5件法で測定し，ネガティブからポジティブに1点から5点の点数を与えた。各項目の平均値をプロットしたものである。

※　p＜.001＊＊＊　p＜.01＊＊　p＜.05＊（一元配置分散分析の結果）

出典：「2019Jリーグスタジアム観戦者調査」からガンバ大阪，セレッソ大阪，ヴィッセル神戸のホームチームのファンデータを用いて筆者が分析・作成（n＝1,145）

マーケット」と2019年に獲得した「新規マーケット」の違いと捉えることができる。両者間で比較的に得点の差が大きいのは「好きなクラブを応援したいから」「好きな選手を応援したいから」「サッカーが好きだから」のスポーツプロダクトに関連する本質的動機と，「友人や家族に誘われたから」「チケットをもらったから」の観戦に至る手段的動機である。これらの観戦動機の相違がキャズムを生じさせていると考えることができよう。

　図5－5は，観戦行動や観戦意図に影響を及ぼす態度要因であり，PCMの最終ステージでもあるチームロイヤルティをセグメント間で比較した結果である。チームロイヤルティ測定項目は，スポーツマーケティング研究で比較的多く使われている3項目である。図が示すように，既存マーケットが高得点付近で同様の曲線を描いているのに対し，新規マーケットは3項目とも得点が低く，

図5-5　Jリーグの観戦開始時期によるチームロイヤルティの比較

※　「2019Jリーグスタジアム観戦者調査」からガンバ大阪，セレッソ大阪，ヴィッセル神戸のホームチームのファンデータを用いて筆者が分析・作成（n＝1,325）。

※　各項目はそれぞれ5件法で測定し，ネガティブからポジティブに1点から5点の点数を与え，平均値をプロットしている。

※　p＜.001＊＊＊（一元配置分散分析の結果）

視覚的にも両者の間には大きな違いがある。新規マーケットと既存マーケットの間のキャズムには，チームロイヤルティ（チームに対する思いの強さ）の違いもその理由にあると思われる。

（2）　Jリーグの年間観戦回数によるファンセグメント間比較

　まず，Jリーグファンの年間観戦回数の傾向を掴むために，J1リーグ所属チームが18チームに固定された年から13年間のデータを見てみよう。図5-6は，Jリーグスタジアム観戦者調査実施年の前年（昨シーズン）の観戦回数を想起法で回答を求めた値である。この図が示すように年間観戦回数は13年の間ほぼ同じ曲線を描いてほとんど観戦回数は変化していない。図5-3に示された2006年以降の1試合平均観客動員数（図5-3）が飽和期状態を抜け出せない原因のひとつに，既存マーケットの観戦回数が増えていないことが考えられる。

　それでは，図5-6のどこにキャズムがあるのか考えていきたい。「5回」「10回」「15回」の値が前後の回数と比べて高いのは，想起法で回数の記入を求めると数値が大きいほど5の倍数の回答が多くなる傾向があるためと思われる。したがって，この図の曲線において5の倍数の観戦回数前後の「溝」はキャズ

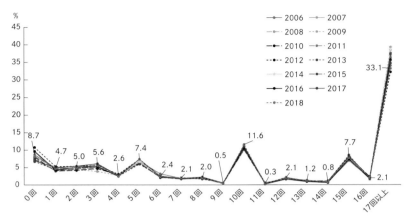

図 5 - 6　J リーグファンの年間試合観戦回数

※　観戦回数：スタジアム観戦者の「前シーズンの観戦回数」。例えば，2018年の観戦回数は2019年調
　　査で回答されたもの。図中のデータラベルは2018年の値（％）
出典：「J リーグスタジアム観戦者調査：2007～2019年」の J 1 所属クラブのファンデータを用いて筆
　　者が作成。J リーグ公式サイト（閲覧日：2020年 9 月15日）

ムと判断するのは難しい。一方，比較的記憶が明確と思われる小さい数値にお
いて，「 0 回」から「 1 回」，「 3 回」から「 4 回」の間の値の減少が確認でき
ることから，キャズムが生じていると考えられる。したがって，J リーグビジ
ネスにおける観戦回数を用いたマーケット・セグメンテーションにおいては，
この前後のセグメントの比較をすることがキャズムの原因を探るポイントとな
る。

　次に，観戦回数セグメント間のキャズムの原因となる価値観の相違の存在を
探るためガンバ大阪，セレッソ大阪，ヴィッセル神戸の 3 クラブの2019年ファ
ンデータを用いて分析を行った。まず，図 5 - 6 を参考にして「 0 回」「 1 - 3
回」「 4 - 9 回」「 9 -16回」「17回以上」（2019年実施調査の「昨シーズンの観戦
回数」の回答）の 5 セグメントに分類した。そして，各セグメント間の価値観
の相違を探るため観戦動機を比較した。図 5 - 7 の各セグメントの曲線を見る
と，セグメント間で動機得点に比較的大きな差が確認できる項目が 9 つある。
それらは「応援しているクラブの成績が良いから」「好きなクラブを応援した

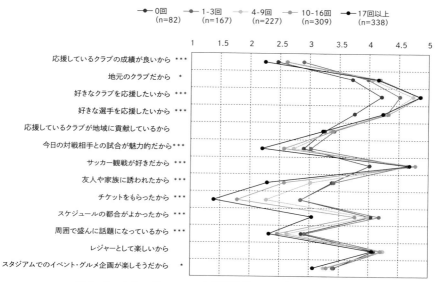

図5-7　Jリーグファンの年観戦回数による観戦動機の比較

※　各項目はそれぞれ5件法で測定し，ネガティブからポジティブに1点から5点の点数を与え，平均値をプロットしている。

※　p<.001***　p<.05*（一元配置分散分析の結果）

出典：「2019Jリーグスタジアム観戦者調査」からガンバ大阪，セレッソ大阪，ヴィッセル神戸のホームチームのファンデータを用いて筆者が分析・作成（n＝1,305）。セグメンテーションには「昨シーズン（2018年）の観戦」回数の回答を用いた。

いから」「好きな選手を応援したいから」「今日の対戦相手との試合が魅力的だから」「サッカー観戦が好きだから」の本質的動機と，「友人や家族に誘われたから」「チケットをもらったから」「スケジュールの都合がよかったから」「周囲で盛んに話題になっているから」の手段的動機である。このことから，5つのセグメント間に大きく2種類の価値観の相違によるキャズムが存在する可能性がある。

　図5-8は，チームロイヤルティをセグメント間で比較した結果である。各セグメントの曲線が示すように，観戦回数の多いセグメントほどチームロイヤルティの得点が段階的に高くなっており，各セグメント間にその相違が存在している。特に「0回」と「1-3回」のセグメント間の得点差が比較的大きい。

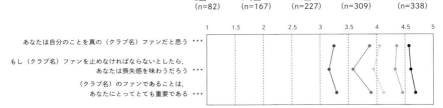

図 5 - 8 　 Ｊ リーグファンの年間観戦回数によるチームロイヤルティの比較

※ 　各項目はそれぞれ 5 件法で測定し，ネガティブからポジティブに 1 点から 5 点の点数を与え，平均値をプ
　 ロットしている。
※ 　 p ＜ .001 ＊＊＊ （一元配置分散分析の結果）
出典：「2019」 リーグスタジアム観戦者調査」からガンバ大阪，セレッソ大阪，ヴィッセル神戸のホームチーム
　 のファンデータを用いて筆者が分析・作成 （n ＝ 1,122）。セグメンテーションには「昨シーズン （2018年）
　 の観戦回数の回答を用いた。

　2018年シーズンの 「 0 回」 セグメントは，調査に回答した2019年シーズンの新
規マーケットでもある。新規マーケットは観戦回数においても既存マーケット
との間にチームロイヤルティをひとつの要因とするキャズムがあると考えられ
る。

<u>4</u> 　**スポーツファンに内在するキャズムの検討**

　これまで多くのスポーツマーケティング研究者がスポーツファンの行動変容
に態度変容が影響することを確認してきた。スポーツファンの 「観戦する」 や
「再観戦する」 の行動や行動意図にはチームロイヤルティが大きな影響を及ぼ
すことは，多くの研究で報告されている。したがって，マーケターはチームロ
イヤルティを高める態度変容プロセスの進行に努める必要があるが，図 5 - 3
と図 5 - 6 が示すように観客動員数や観戦回数の連続的増加を図ることは難し
い。マーケティング戦略の立案においては，この背景にスポーツファンの態度
変容プロセス上のセグメント間に溝や不連続性，つまりキャズムが存在すると
考えてみてはどうだろうか。

　AIDMA に代表される消費者の意思決定プロセスにおいては，顧客が 「注目
（Attention）」「興味 （Interest）」「欲求 （Desire）」「記憶 （Memory）」「行動 （Action）」

の各段階に応じたコミュニケーション戦略を選択することが重要とされている。スポーツファンの観戦や再観戦の連続性のある意思決定プロセスとして考えると，各段階にいるファン（セグメント）間に溝や不連続性が存在するのではないだろうか。

　PCM が示す態度変容プロセスには「気づき」「魅了」「愛着」「忠誠」の段階的・連続的ステージがある。また，この「忠誠」と同意味のチームロイヤルティにもステージがある。図 5-5 と図 5-8 の分析に用いたチームロイヤルティ項目のひとつ「あなたは自分のことを真の（クラブ名）ファンだと思う」の回答度数分布（n=1,153）をみると，「1（n=21，1.8%）」「2（n=29，2.5%）」「3（n=194，16.8%）」「4（n=379，32.9%）」「5（n=530，45.9%）」である。これらの段階的・連続的ファンセグメント間にも溝や不連続性が存在するのではないだろうか。

　意思決定や態度変容のプロセス段階は等間隔で並んでいるように見える。例えば，本章で紹介した 5 段階尺度で測定されたチームロイヤルティも，数字上は 1 から 5 まですべて等間隔に並んでいる。しかし，プロセスの最終段階まで進まずに途中の段階に留まっているファンがいるということは，そのファンにとって次の段階との間隔が広く，溝となり，キャズムとなっている可能性がある。

　態度的側面によるマーケット・セグメンテーションは，態度の境目が分かりにくく，実際に存在していたとしても実態を捉えにくい。しかし，意思決定や態度変容のプロセス上のセグメントを想定して，そこに潜むキャズムを検討することは，スポーツファンの行動変容を促すコミュニケーション戦略立案にとって重要と思われる。

05 ｜「Jリーグビジネス×普及学×キャズム理論」の難しさと面白さ

本書のひとつの大きな問いである「スポーツビジネスへのキャズム理論の適

応可能性」について，筆者の結論としては「適応させて考えるべき」である。その理由は，キャズム理論がビジネス界で注目された理由と同じで，マーケターが保有するデータや経験値で感じていたことがキャズム理論というフレームワークで整理され，マーケティング戦略の意思決定に有用であると感じたからである。

　本章では，スポーツビジネスにおける普及学とキャズム理論の視点を整理し，Ｊリーグビジネスの発展の経緯に関連するデータをそのフレームワークを用いて分析してきた。その基本は，マーケット・セグメンテーションからのセグメント間比較分析，そして各セグメント獲得へ向けての戦略立案であり，真新しいアイデアでもない。キャズム理論の適応のポイントは，セグメント間の違いにフォーカスする前に，セグメント間の「間隔の広さや深さ」に注目し，その場所を発見することだ。スポーツファン・セグメントが連続的かつ等間隔で並んでいると無意識に思っていた場所に「溝」や「不連続性」が存在するというフレームで分析する面白さと，その溝や不連続性を「超える戦略」という視点の面白さは，学術的にも実践的にも適応すると考える。

　以下，まとめに変えて，Ｊリーグビジネスに普及学とキャズム理論を適用する「難しさ＝面白さ」を筆者なりに整理をせずに列挙して，今後の学術的そして実践的な議論のトピックとして提供したい。

１　成長・変化するＪリーグビジネス

　1993年にスポーツビジネス界のイノベーションとして普及が始まったＪリーグは，今のＪリーグではない。Ｊリーグと所属クラブは経験から学び，新たな戦略を展開し，成長を続けている。現在，1993年からのファンが「採用」しているのは「現在のＪリーグ」であり，「1993年のＪリーグ」ではないのだ。普及学のフレームワークをスポーツビジネスに応用する難しさがここにある。

　一方，特に歴史の浅いＪリーグ所属クラブについては普及学の視点は面白い。2020年で56クラブに増えたことは，特定の地理的マーケットに56のイノベー

ションが投下されてきたことになる。新設クラブが誰に採用されたのか，どのように採用されたのか，キャズムが生まれていない等の戦略考案に役立つと思われる。

2 ハネムーン効果

多くのビジネスにおいて新しい商品やサービス，アイデアを市場に投入した直後に，売り上げや集客が一気に伸びる期間があることが知られている。これは「ハネムーン期」「ハネムーン効果」と言われている。スポーツビジネス界では，特にMLBやMBAのスタジアム・アリーナ新設後に数年間のハネムーン期があることが報告されている（Clapp and Hakes 2005 ; Leadley and Zygmont 2005）。1993年からの数年間をJリーグのハネムーン期とみると，その期間が過ぎると効果が薄れて営業収入や観客動員数が減少することは事前に予想することができる。それが予想できるということは，図5-1，図5-2，図5-3の変化を基に指摘した1997年前後の期間はキャズムではなく，単なるハネムーン期の終わりではないか。普及学やキャズム理論で検討するのはハネムーン期終了後からでいいのではないか。

3 成長・変化するファンマーケット

1993年に観戦を始めたファンは，今のファンではない。28年のファン経歴の中でファミリーライフサイクルが進み，知識や経験が増え，仲間が増え，社会的アイデンティティと自己アイデンティティが形成されている。成長そして成熟していくファンを普及学やキャズム理論の中で横断的データのみで理解するには限界がある。ファンは，1993年以降の日本代表W杯やオリンピック出場，2002年日韓W杯開催，リーマンショックなどの様々な影響を受けている。本章では，時間の流れの中で消費者行動に影響を及ぼすと言われている「世代効果」「時代効果」「年齢効果」を考慮していない。普及学とキャズム理論の視点にスポーツファンの縦断的な変化をどのように関連付けるのか，議論する必要

があろう。

　そして，ファンマーケット（集団）は質的そして量的に変化する。地理的マーケットはほとんどの地域で縮小していく。筆者の調べでは，Ｊ１リーグ所属18クラブの活動区域（都道府県）の人口は，2015年の人口を基準に2030年に93.5％，2045年には83.3％になる。大都市から離れるクラブほど減少率は大きく，あるクラブでは2045年に68.4％まで減少する。地理的境界を越えたブランドコミュニティにおける普及がより重要となる。

4　Ｊリーグファンは「サッカー観戦」を採用しているのか

　Ｊリーグビジネスが普及を目指す「経験価値」は他の種目観戦からも得られる。例えば，筆者が2018年にＪリーグスタジアム観戦者調査を通して収集した関西３クラブのファンデータ（n＝1,448）を分析したところ，「Ｊリーグだけの観戦者」は61％，「Ｊリーグ＋プロ野球の観戦者」は32％であった。スタジアムやアリーナでのスポーツ観戦が創り出す「経験価値」を，他のスポーツ観戦においても採用していることが，Ｊリーグ観戦の溝や不連続性を生み出している可能性もあるのではないか。

　また，その経験価値の中枢といえる「感動」「幸福感」「豊かな生活」は，試合内容やテクノロジー，システムによってある程度の提供や刺激できる一方で，ファンが自ら獲得を目指す価値でもある。例えば，「一体感のある応援」や「感動的な雰囲気」はファンが能動的に行動することによって作られる。スポーツファンの経験価値の採用プロセスで生じたキャズムをファン自ら越えていく仕掛けづくりも必要であろう。

参考引用文献

Adbe Website（閲覧日：2020.9.11）"「私たちの商品はエクスペリエンスそのもの」NBAがファンを増やし続ける理由" https://www.adobe.com/jp/insights/170405-how-nba-increase-fanbase.html

Clapp, C. M. and Hakes, J. K.（2005）How Long a Honeymoon? The Effect of New

Stadiums on Attendance in Major League Baseball. Journal of Sports Economics, 6（3），237-263.

エベット・ロジャーズ，三藤利雄（訳）『イノベーションの普及』翔泳社，2007年.

藤本淳也，原田宗彦，松岡宏高（1996）「プロスポーツ観戦回数に影響を及ぼす要因に関する研究：特に，プロ野球のチームロイヤルティに注目して」大阪体育大学紀要，27，51-62.

Funk, D. C. and James, J. D.（2001）The psychological continuum model：a conceptual framework for understanding an individual's psychological connection to sport. Sport Management Review, 4, 119-150.

ジェフリー・ムーア，川又政治（訳）『キャズム ver. 2 増補改訂版』翔泳社，2020年.

原田宗彦（2018）「スポーツプロダクトとは」原田宗彦・藤本淳也・松岡宏高（編著）『スポーツマーケティング改訂版』大修館書店. p36-70.

James, J. D., Kolbe, R. H. and Trail, G. T.（2002）Psychological connection to a new sport team：building to maintaining the consumer base?. Sport Marketing Quarterly, 11（4），215-226.

Leadley, J. C. and Zygmont, Z. X.（2005）When Is the Honeymoon Over? National Basketball Association Attendance 1971-2000. Journal of Sports Economics, 6（2），203-221.

松岡宏高（2018）「消費者としてのスポーツ観戦者」原田宗彦・藤本淳也・松岡宏高（編著）『スポーツマーケティング改訂版』大修館書店. p126-149.

Mullin, B. J., Hardy, S. and Sutton, W. A.（2014），Sport Marketing, 4th ed., Human Kinetics, Champaign, IL.

Muniz, Jr. A. M. and O'Guinn, T. C.（2001）Brand Community. Journal of Consumer Research, 27（4），412-432.

徳田昭雄（2020）「劇論 Society 5.0とオープンイノベーション2.0」世界経済評論，1-2月号，pp118-126.

（藤本 淳也）

第 **6** 章

メガスポーツイベントとキャズム
するスポーツとみるスポーツにおけるラグビーの事例

01 はじめに

　2019年9月20日から11月2日にかけて，わが国では男子の15人制ラグビーの世界一を決める大会，第9回ラグビーワールドカップ（以下，「2019RWC」）が開催された。2019RWC の観客動員数は延べ170万4443人を記録し[1]，日本代表が初めて進出を果たした決勝トーナメントでの日本代表戦（対南アフリカ代表）は，テレビの視聴率が40％を超えた[2]。また，全国16カ所に設けられた「ファンゾーン」[3]には総数113万7000人が集うなど[4]，2019RWC は国内外から高い関心と熱い声援を受ける大会であった。

　2019RWC に関して，もう1つ注目されるべき点は，アジア圏で初めて開催されたラグビーのワールドカップ（以下，「W杯」）だったことである。世界的な競技力の高さを測る指標は「世界ランキング」と呼ばれるが，ラグビーにはこれとは別の「Tier（ティア）」と呼ばれる階級によるグループ分けが存在する。Tier1 は，世界の強豪国である北半球の6カ国と南半球の4カ国が名を連ね[5]，日本はその下の Tier2 に位置付けられている。Tier のグループ分けには明確な基準はなく，伝統や歴史的な背景によるものであることから，世界ランキングに応じて変更されることはない。過去8回のW杯がすべて Tier1 に所属する国で開催されていることを鑑みると，2019RWC をアジア初のW杯として日本に招致したことは快挙と言えるだろう。

2019RWCは，公益財団法人日本ラグビーフットボール協会（以下，「日本ラグビー協会」）にとって2度目の挑戦で手に入れた招致である。1度目は，2004年に2011年に開催される第7回W杯の招致を試みたが，結果はニュージーランドの開催となった。2019RWCは，2009年7月に日本での開催が決定し，3カ月後の10月には7人制のラグビーが2016年からオリンピック競技になることが発表された。このような国際的なメガスポーツイベントに絡む追い風を受けて，国内のラグビーは加速度を増して改革が進められていくことになる。特に，オリンピック競技に採用される影響を受けて改革が進んだのは，「するスポーツ」としての女子のラグビーを取り巻く環境である。本章では国際的なメガスポーツイベントを契機にキャズムを越えたと思われる1例として，するスポーツとしての女子ラグビーの競技者に関する事例と，みるスポーツとしての男子ラグビーのスタジアム来場者に関する事例を紹介する。

02 するスポーツとしてのわが国の女子ラグビー選手の誕生と歩み

1 女子ラグビーのイノベーターの誕生と初期採用者

　日本に競技スポーツとしてのラグビーが伝わったのは1899年である[6]。イギリスのケンブリッジ大学に留学していた田中銀之助が同大学のE. B. クラークとともに慶應義塾大学にてラグビーを教えたことに端を発する。その後，わが国のラグビーは男性を中心に発展してきたが，日本にラグビーが伝わってから約80年後，長きにわたり男性だけのスポーツとして捉えられてきラグビーに挑んだ女性たちがいる。わが国における女子ラグビーのイノベーターたちである。

　1983年に世田谷, 名古屋, 松阪の3地域でほぼ同時に女性だけのラグビーチームが誕生した。東京では，世田谷区が主催する「ラグビー初心者講習会」の参加者を募る広告に「男女不問」と書かれたことから，7人の女性が応募したことがきっかけである（日本女子ラグビーフットボール連盟, 2003）。1984年には，世田谷, 名古屋, 松阪の3チームによって国内初となる女子の試合が開催された。

1988年4月には，全国の女性のみで構成される16チームを統括する「日本女子ラグビーフットボール連盟」（以下，「女子連盟」）が創設された。当時の新聞には，イノベーターの一人であり，女子連盟の設立をはじめ，国内の女子ラグビーの礎を築いた岸田則子氏[7]へのインタビュー記事がいくつかみられる。それらの記事には女性の社会進出を背景に，かつては危険を伴う男性だけのものとして考えられてきたスポーツを女性も楽しむようになったこと，そして岸田氏の仲間や大会を増やしながら長期的に活動することへの挑戦が語られている[8),9)]。社会におけるニーズの存在や認識の変化は，イノベーションが生まれる機会となると指摘されているように（ドラッカー, 2007），これらの記事からも，女性がラグビーに取り組みはじめた背景には，女性の活躍に対する社会的な認識の変化の影響が見受けられる。

　国内の女性ラグビーの普及活動や環境の整備は順調とは言えないものの，女子ラグビーのイノベーターたちは，初期採用者たちも増やしながら，年に一度の「女子ラグビー交流会」の開催，海外遠征や外国チームの招聘，第1回女子杯（1991年開催）への参加など，国内外において積極的な活動を続けていた（日本女子ラグビーフットボール連盟, 2003）。1999年には，全国に女性だけのラグビーチームが24チーム確認されているが[10]，女子連盟の活動は，ラグビー協会には属さない独自の活動であった。当時の新聞では，日本ラグビー協会の反応として，活動そのものには前向きな見解を示しながらも，日本ラグビー協会の管轄下で女性が特別なルールもないまま危険を伴うスポーツに取り組むことに対する消極的な態度が報道されている[8),10)]。女子連盟は，2002年より日本ラグビー協会の関係団体となり，当時1000人程度の競技者数が確認されているが（日本女子ラグビーフットボール連盟, 2003），この段階ではまだ女子連盟は日本ラグビー協会と異なる競技団体であった。

2 オリンピック競技となることで誕生した初期多数派

ラグビーのみならず，スポーツ界において女性が男性と変わりなく競技ス

ポーツに挑むことが一般社会に認知されはじめたのは，おそらく2000年以降のことであろう。オリンピック憲章の第一章２節「IOC の使命と役割」では，2004年版以降「男女平等の原則を実践するため，あらゆるレベルと組織においてスポーツにおける女性の地位向上を促進し，支援する」（公益財団法人日本オリンピック委員会，2019，p14）と述べられており，女性スポーツにおける環境の改善が示されてきた。オリンピック競技大会で男女の差がなく，女性がすべての競技に参加できるようになったのは2012年のロンドン大会からである（内閣府，n.d.）。ラグビー競技に着目すると，現ワールドラグビーの前身として世界のラグビーを統括してきた International Rugby Board は「ラグビーは伝統的に男性のスポーツであり，変化には時間と労力がかかることが広く認識されている」と述べ（International Rugby Board, 2012, p. 5），2006年より女子専用の活動計画に着手している。わが国でも「なでしこジャパン」が世界一に輝いた2011年のFIFA 女子ワールドカップ，2012年のロンドンオリンピックでの女性アスリートたちの活躍は，これまで男性に比べて取り上げられる機会が少なかった女性アスリートや女子競技の存在を広く社会にアピールするきっかけとなった。このような国際的なスポーツイベントやそれに関連する各スポーツ団体での改革，また2016年からラグビーがオリンピック競技となり，女子の７人制も採用された影響により，国内の女子ラグビーは過渡期を迎える。

　かつての女子連盟は，2010年から日本ラグビー協会の一部門である女子委員会として形を変えた（国立競技場，2012）。公益財団法人全国高等学校体育連盟ラグビー専門部（以下，「高体連専門部」）もまた，女子ラグビーの環境の整備に積極的に取り組んだ。大きな改革の１つは，高等学校のラグビー部において女子の選手登録を可能としたことである（和田・長積，2015）。これにより，女子の選手は地域のラグビークラブの選手としても，高校のラグビー部の選手としても試合に出場できるようになった。[11]また，このころより，東大阪市花園ラグビー場で開催される全国高等学校ラグビーフットボール大会にて女子チームの試合を実施するなど，高校世代の試合や大会が積極的に新設され，2011年７月に開

催された「第1回全国高等学校女子7人制ラグビーフットボール大会」には，約150人の女子高生が選手として菅平に集った。[12]

　日本で初めて女性たちがラグビーを始めた1980年後半は，イノベーターたちは情熱的に活動に取り組む一方で，これらの活動は極めて自主的な活動で，活動環境の確保にも苦慮する状況が長きにわたり続いていた。この段階を初期市場とすれば，ラグビーがオリンピック競技として採用されることが決定し，日本ラグビー協会をはじめ国内のラグビー関連組織が女子ラグビーの普及や活動環境の整備に着手し始めたことは，女子ラグビーがキャズムを越え，ラグビー界のメインストリーム市場に移行したとも言える。2012年2月6日の時点の競技者数は2355人と報告されており（国立競技場, 2012），人数だけを取り上げると決して多くはないが，この中に初期多数派が含まれていると捉えることができるだろう。

　初期多数派の誕生は，日本ラグビー協会や高体連専門部の積極的な改革によるものだけではない。2016年からラグビーがオリンピック競技に採用されることを受けて，国内で女子チームの新規創設や，地域のラグビークラブによる女子選手の受け入れといった活発な動きも影響している（和田・長積, 2013, 2015）。イノベーションはそれを取り入れる個人が増加することで普及していくが，個人がイノベーションを取り入るためには，まずは組織がイノベーションを取り入れなければならない場合もある（Rogers, 2003）。すなわち，女子の競技者数が増加するためには，女子が選手として所属できるラグビーチームが必要となる。

　2012年6月時点で確認できた女子のラグビー選手が活動するラグビーチームは45チームで，このうち25チームがオリンピックにラグビーが採用されることがきっかけで女子が選手として新たに活動を始めたチームであった（和田・長積, 2013）。これらのチームは，新設された女子選手のみで構成されるチーム，既存の男子チームに女子が選手として参加するチーム，既存の男子チームが女子のチームを新設するなど活動形態は様々だが，共通点として挙げられるのは，ラグビーがオリンピック競技として採用が決定した後，女子が選手として活動

するチームの環境づくりに奔走したのは，男性のラグビー経験者たちであったという点である。組織にイノベーションが浸透するには，インフォーマルな形であっても組織内でカリスマ性がある者の働きかけや，組織内部に組織外の情報をもたらすキーパーソンの存在が求められる（山下，1994；Newell and Swan, 1995；Rogers, 2003；Hoeber and Hoeber, 2012）。女子ラグビーの普及に関しては，男子チームを保有する地域ラグビークラブや，高校のラグビー部の指導者あるいは責任者たち，ラグビー協会の役職を持つ者やトップチームの選手または指導者として活躍してきた男性のラグビー経験者がキーパーソンとしてその役割りを果たしていた（和田・長積，2013，2015）。彼らは，7人制は15人制と異なり人数が少ないためチームを編成しやすく，かかるコストも少なくて済むこと，コンタクトが少ないため，「危険」，「痛い」，「耳がつぶれる」といったラグビーのネガティブなイメージが少ないことなど，女子や女性にラグビーを普及させるには7人制を用いることが有効であると捉えており（和田・長積，2013），オリンピックへの採用が15人制ではなく7人制であったことも普及に勢いがついた一因だと考えられる。このように複数の要因が絡み合うこともまた，女子ラグビーにおける初期多数派の誕生を促進させた背景であろう。

　2020年3月度の日本ラグビー協会に登録する女子の競技者登録数（以下，「登録者数」）数は5082人である。2019年度の公益財団法人日本バスケットボール協会における女子の登録者数は25万3038人で，公益財団法人サッカー協会に登録する女子の登録者数は2万8598人であることと比較すると，女子のラグビー競技者数は極めて少ないと言える。しかしながら，社会の認識やスポーツ界の女性スポーツ，あるいはラグビー競技の変化の勢いを受けて，わが国の女子ラグビーの環境は大きく変化を遂げてきた。世界に目を向けてみると，女子（women and girls）の登録者数は，International Rugby Board（2012）が110カ国で約20万人と報告していたころと大きく異なり，2018年度には全世界で270万人に上り，前年度と比べても28％の増加となっている。[13]ワールドラグビーは，2025年までにラグビーがスポーツ界のグローバルリーダーになることに向け

て，フィールドの内外，すなわち競技面のみならず，ワールドラグビーの事業戦略や計画など組織の運営に女性が関わり，重要な貢献をしていく方針を明らかにしている[14]。国内でも第2期スポーツ基本計画を軸に，女性指導者やスポーツ団体における女性の役員数の増加など，フィールド内外での女性の活躍の促進が進められている（スポーツ庁, 2017）。社会の認識の変化に伴い，スポーツ界あるいは社会における女性スポーツの位置付けは改善されてきた。今後フィールド内外でスポーツをベースに活躍する女性の姿が，社会に新たな認識を与える存在になっていくことに期待したい。

03 みるスポーツとしての2015RWCおよび2019RWCの影響

1 2019RWCに向けての観戦市場の拡大

　国際的なメガスポーツイベントの競技となる，あるいは国内で国際的なメガスポーツイベントを開催すれば，競技人口やスタジアムの来場者数が増加するのか，すなわちキャズムを越えるのか，といえば簡単にそうとは言えないだろう。スポーツ観戦市場のプロダクトの中核である試合は，その都度その都度内容が異なり，たとえ競技力が高くとも勝利は約束されていない。また，2015RWCや2019RWCのような劇的な勝利は頻繁にみられるものではないため，人々を魅了し続けることは難しい。しかしながらラグビーは，2019RWCに加え，「東京2020オリンピック・パラリンピック競技大会」（以下，「東京2020」），「ワールドマスターズゲームズ2021関西」（以下，「WMG2021）とわが国で開催を予定してきた国際的なメガスポーツイベントにすべて採用されている[15]。そのため，これらの大会に向けて国際的な競技力の向上やラグビーへの関心が高まることに期待し，使命感を持って取り組んできた関係者たちも多いと察する。

　その1つとして挙げられるのは，国際競技力の向上や2019RWCの認知の向上，あるいはラグビー観戦市場の拡大を目的とした「スーパーラグビー」への2016年シーズンからの参戦である[16]。スーパーラグビーは，南半球で展開される

国際リーグである。2015年に開催されたW杯（以下，「2015RWC」）の準決勝に残った南アフリカ，ニュージーランド，オーストラリア，アルゼンチンという強豪4カ国のクラブチームが参戦しており世界最高峰のラグビーリーグの1つとして認識されている。日本ラグビー協会は，2015年にスーパーラグビーに参戦するための法人を設立し，秩父宮ラグビー場を国内のホームとする日本初のプロラグビーチーム「サンウルブズ」を発足した[17]。初年度はラグビーに傾倒している観客を中心に，2シーズン目以降はリピーターも維持しながら（Wada and Matsuoka, 2018；Wada, Oshimi and Matsuoka, 2019），日本代表の強化やラグビー観戦市場の維持や開拓という両面から2019RWCに向けての貢献してきた。

　前半にも述べたように，ラグビーには階級制度がある。スーパーラグビーにも見られるように，Tier 1 に所属する競合国の代表チームやクラブチームはそれぞれライバル関係にあるとともに，北半球対南半球という構図もまた，ラグビーの先進国におけるみるスポーツとしての価値を高めている。日本は Tier 2 に位置付けられているが，W杯には第1回大会から参加し続け，2019RWCで初めて決勝トーナメント（ベスト8）への進出を果たした。2019RWCはみるスポーツのラグビーとして国民を魅了したが，予測していなかったこの前兆となる好機は，2015RWCのプール戦で，日本代表が南アフリカ代表を破るという歴史的な大金星にあるだろう。ここからは，既存のデータを用いながら，2015RWCおよび2019RWCがラグビーの観戦市場にもたらした影響を検討する。

2 2015RWCを契機とした新しい観戦者層の出現

　2015RWC 直後から，国内のラグビーは盛り上がりの兆しを見せ，「ジャパンラグビートップリーグ」（以下，「トップリーグ」）[18] の観客動員数は，2015RWCが開催された2015-2016シーズに49万1715人を記録した。これは，前年度である2014-2015シーズンの39万6421人を10万人程度上回る数字である（図6-1）。2016-2017シーズンから2018-2019シーズンの観客動員数は極端に減少すること

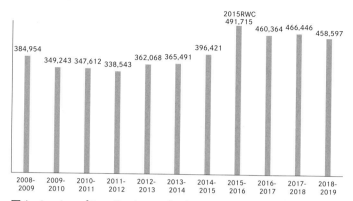

図6-1　トップリーグの１シーズン当たりの観客動員数の推移：2009-2010シーズンから2018-2019シーズン

出典：日本ラグビー協会のホームページを参考に筆者作成

はなく46万人程度を保っている。

　１試合当たりの平均観客動員数からも，2015RWC 以降の増加が読み取れる。2014-2015シーズンまでの１試合当たりの平均観客動員数は，4000人台であったが，2015RWC が開催された2015-2016シーズンには6000人台に増加した。その後，2019RWC を迎えるまでの３シーズンは，2015RWC が開催される前の数字に戻ることはなく5000人台を保っている。また，2019RWC 開催後にスタートした2019-2020シーズンでは，新型コロナウイルスの影響を受け48試合しか実施されなかったが，一試合当たりの平均観客動員数は前シーズンの２倍となる１万1366人を記録している（図6-2）。

　では，2015RWC と2019RWC の影響でスタジアムに足を運んだ観客にはどのような特徴があるのだろうか。2016-2017シーズンの試合のスタジアム来場者を対象にした調査[19]では，回答者の70.7％（3089人）が「自分はラグビーというスポーツのファンである」と認識しており，これらの回答者をファンになった時期によってセグメンテーションを行った結果，表6-1に示した通り「オールドファン組（868人）」，「スクールウォーズ組（461人）」，「トップリーグ組（847人）」，「ワールドカップ2015組（342人）」という特徴がある４つのセグメント

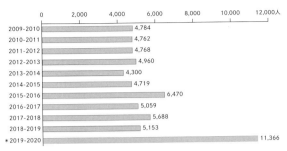

図6-2 トップリーグの1試合当たりの平均観客動員数の
推移

(2009-2010シーズンから2019-2020シーズン)
＊2019-2020シーズンは，新型コロナウイルス感染症の影響により，48／
120試合のみ実施。

が報告されている（松岡ら，2018）。

　スタジアム来場者のうち，最多数を占める「オールドファン組」は，1983年
以前からラグビーのファンで，その8割が男性であり，大学ラグビーのファン
が多いという特徴がある。続く1984年から1988年にファンになった「スクール
ウォーズ組」も男性が多く，高校ラグビーのファンが多いという傾向がみられ
る。また，「オールドファン組」と「スクールウォーズ組」の25％は，世帯年
収が1000万円を越えている。「トップリーグ組」および「ワールドカップ2015
組」といった2003年以降にファンとなった層は，学生ラグビーへの関心は低い
という共通点が見られ，それぞれのセグメントには，世帯年収が400万円未満
の層が一定数いることが明らかになっている。そして，2015RWCの影響を受
けてファンになった「ワールドカップ2015組」は，約6割が女性という特徴が
ある。

　2017-2018シーズンのトップリーグの9会場で実施した調査では，観客の
54.1％が2015RWC以前からスタジアムに足を運んできた男性のラグビーファ
ンである一方で，24.8％が2015RWC後に初めてスタジアムを訪れ自分をラグ
ビーのファンと認識している女性であった（Wada, Matsuoka and Kang, 2018）。
このように，2015RWCの好成績の影響を受けてスタジアムには女性を中心に

表6-1　2016-2017シーズンのスタジアム来場者におけるラグビーファンのセグメンテーション

ファンになった時期	セグメント名 回答者数	主な特性
～1983年	オールドファン組 回答者数＝868	81％が男性 50代男性が多い（64％） 25％が世帯収入1,000万円以上 21％が入場料を高額と感じている 大学ラグビーファンが多い
1984～1988年	スクールウォーズ組 回答者数＝461	40代男性が多い（45％） 25％が世帯収入1,000万円以上 35％がラグビー経験あり 高校ラグビーファンが多い
2003～2014年	トップリーグ組 回答者数＝847	性別，年齢は多様 28％が世帯収入400万円未満 「好きな選手」が主な観戦理由の１つ 高校，大学ラグビーへの関心低い
2015年～	ワールドカップ2015組 回答者数＝342	女性が多い（58％），（40代女性，21％） 39％が世帯収入400万円未満 「話題性」が主な観戦理由の１つ 高校，大学ラグビーへの関心低い

出典：（松岡ら，2018）に筆者加筆修正

　新しいファン層が出現しはじめ，これらのファンの維持と更なる新規ファン層の開拓に期待しながら2019RWC を迎えることになる。

3　2019RWC とにわかファン

　2019RWC の決勝戦の翌日，ワールドラグビーのビル・ボーモント会長は，「最も偉大なワールドカップとして記憶に残る。日本は開催国として最高だった」[20]と称賛し，その余韻は2015RWC をはるかに超え，その後の国内のラグビー観戦市場に好影響をもたらした。2019年12月27日から開催された第99回全国高等学校ラグビーフットボール大会では前売り券の売り上げが第98回大会の２倍増となる過去最高の売り上げを記録した。[21]2020年１月11日に実施された第56回全国大学ラグビーフットボール選手権大会の決勝では，2019年11月に完

成した国立競技場で開催されたことに加え，早稲田大学対明治大学という伝統の一戦となったことも相まって，５万7345人を動員した。トップリーグでは，2020年１月18日に豊田スタジアムで開催された試合で，トップリーグ史上最多となる３万7050人の来場者数を記録した。しかしながら，みるスポーツに関しては，これでキャズムを越え初期多数派を獲得したかと言えば慎重になる必要があるだろう。

　2019RWC 後に迎えたトップリーグの新シーズンの開幕戦（2020年１月12日）では，秩父宮ラグビー場（収容人数２万4871人）で２万人を超える来場者を集めた。各スタジアムでの観客動員数は増加の傾向にあるものの，秩父宮ラグビー場には「＃にわか」という看板が設置されていた。日本ラグビー協会と早稲田大学の共同調査によれば，この試合に訪れた調査対象者の約４割が自称にわかファンとして自覚があることが速報値として報告されている（松岡，2020）。「にわかファン」は，これまで特別な関心をみせていないにも関わらず，感動的な勝利や優れたパフォーマンスなど，話題性の高さの影響を受けて急にコアなファンと同様の言動が見られる人たちを指す。このようなスポーツ消費行動は，バーギング（BIRGing：Basking in reflected glory）とコーフィング（CORFing：Cutting off reflected failure）という概念で説明することができる（Cialdini, 1976）。バーギングは，勝者と自分の関係性を強めることから，にわかファンのように快進撃が続くなど脚光を浴びているチームと自己を結びつける様子はバーギングの特徴がみられていると言える。一方，コーフィングは敗者と自分を切り離すことから，日ごろからチームに強い心理的な結びつきがないにわかファンは，大敗や負けが続く状態や何かしら新しい次のブームが起こると，チームから離れてしまう可能性がある。ただし，先のトップリーグの試合に訪れたにわかファンと自覚する観客のうち約95％が継続的にテレビや会場でラグビーを観戦する意向を示していることも報告されており（松岡，2020），2015RWCに続き，ラグビーに関心を持った人々が日本各地でスタジアムに足を運んでいることは，2019RWC の大きな収穫であろう。これから自称にわかファンたち

を固定客へと導く具体策とその実施に期待が寄せられるところであったが，突然その活動が許されない状況に陥ることになる。「新型コロナウイルス感染症」の影響である。

04 おわりに

1 新型コロナウイルス感染症の影響を受けて

新型コロナウイルス感染症の影響によって，トップリーグは2019-2020シーズンの中止が決定し（2020年3月23日），続いて日本ラグビー協会より第57回日本ラグビーフットボール選手権大会の中止が発表された（2020年4月2日）。2020年6月に静岡県で予定されていた日本代表のウェルズ戦，7月に大分県と兵庫県で予定されていたイングランド戦も中止となった。いずれの試合も2019RWCの試合会場での開催が予定され，ベスト4に残ったウェルズやイングランドを迎えての国際試合は，集客はもとよりコアファンの獲得や継続的な地域振興の効果も期待できただけに悔やまれる。かねてから2020シーズンでスーパーラグビーからの除外が決定していた国際リーグに参戦するサンウルブズも，チームの国際的な移動ができないため，最終シーズンの途中でスーパーリーグへの参戦を断念することになった。[24]

スポーツイベントの中止や延期は，ラグビーに限ったことではない。東京2020および2021年5月に開催が予定されていたWMG2021もまた延期となった。新型コロナウイルス感染症の影響によって国内だけではなく，アメリカでは4大スポーツが，ヨーロッパではプロサッカーリーグをはじめすべてのスポーツ活動が立ち行かなくなった。人々の生活に活力や勇気，希望や感動を与えるはずのスポーツが，人々の健康が担保される健全な社会でなくては，スポーツをすること，スポーツをみせること，スポーツをみることが叶わないということが世界中で証明されたことになる。

2 スポーツがスポーツの枠を超えて

「JRFU 戦略計画：2010-2019」（2010年4月策定）では，日本ラグビー協会のミッションとして「ラグビーファミリーを増大させる」ことを目標に，2019年までに競技者数20万人に，2018年における国内の総観客動員数を140万人に到達させることを具体的な目標値と設定していた。2017年に計画は見直され，後述する新しい計画に切り替えられているが，2020年3月度の登録者数は，9万6713人（男子9万1631人，女子5082人）に止まっている。しかしながら，競技者数に伸び悩む原因は，単に普及活動の不十分さとは言えないだろう。

表6-2は2020年7月1日公開の日本ラグビー協会の資料から，小学校世代，中学校世代，高校世代の登録者数を抜粋したものである。まず，小学校世代の登録者数をみると，男子は2万592人（男子全体の22.47%）で女子は2330人（女子全体の45.85%）と，この年代の女子は女子全体の半数近くを占める。次に中学校世代では男子が1万818人（男子全体の11.81%）で女子は768人（女子全体の15.11%）と，男女ともに小学校世代と比べると登録者数は減少し，特に女子ではその傾向が顕著である。そして高校世代では男子は2万1907人（男子全体の23.91%）で女子は847人（女子全体の16.67%）と男子の登録者数は再び増加する。このような登録者数の増減を鑑みると，競技者数の拡大の難しさは中学校でラグビー部がないことや，選手として登録しても参加できる大会がないといった，短期的な計画では乗り越えられない障壁が関連している可能性がある。そのため，既存の枠組みを変化させるには，2009年10月以降の競技スポーツとしての女子ラグビーに関する様々な環境の変化が見られように，複数のイノベーションが絡み合うことも必要であろう。

その一方で，スポーツそのものがイノベーションを生み出してきた事例もある。代表的なのは，「日本プロサッカーリーグ（以下，「Jリーグ」）」の誕生である。「スポーツで，もっと，幸せな国へ」というスローガンを掲げ，1993年にスタートしたJリーグは，サッカーの競技力向上と普及だけではないスポーツの役割に言及し，スポーツチームの地域密着経営という新しい概念をわが国

表6-2　2020年3月1日現在の競技者登録数（小学校・中学校・高校世代）

登録カテゴリー		男子 登録者数 合計に対する割合	女子 登録者数 合計に対する割合
全体	合計	91,631人	5,082人
小学校世代	6歳-12歳未満*	20,546人 22.42%	2,325人 45.75%
	小学校	46人 0.05%	5人 0.10%
	世代合計	20,592人 22.47%	2,330人 45.85%
中学校世代	12歳以上-15歳未満*	5,461人 5.96%	598人 11.77%
	中学校	5,357人 5.85%	170人 3.35%
	世代合計	10,818人 11.81%	768人 15.11%
高校世代	15歳以上-18歳未満**	33人 0.04%	222人 4.37%
	高専 （15歳以上-18歳未満）	358人 0.39%	5人 0.10%
	高校	21,516人 23.48%	620人 12.20%
	世代合計	21,907人 23.91%	847人 16.67%

＊男子はラグビースクールとジュニアクラブの合計，女子はラグビースクール，ジュニアクラ
　ブ，女子クラブ，無所属の合計。
＊＊男子はジュニアクラブ，女子はジュニアクラブ，女子クラブ，無所属の合計。
出典：日本ラグビー協会の資料を参考に筆者作成

にもたらした。日本ラグビー協会もまた，新リーグを創設することが決定して
おり，JリーグやBリーグと同じくリーグに加入するチームには，ホームスタ
ジアムを持つことを義務付けている。Jリーグの誕生以降，わが国ではプロス
ポーツチームが特定の地域をマーケティングエリアと設定し，地域密着を掲げ
る経営は一般的になっている。プロ野球のパシフィックリーグの6チームを対
象にした研究では，チームが地域から応援されるチームになるには，地域密着
経営を掲げるだけでは不十分で，地域住民がチームから何かしらの便益を受け

ていると認識することや，チームそのものが地域社会でのステータスを高める
必要性が指摘されている（和田・松岡, 2020）。ビジネスの基本が価値と価値の交
換と仮定するのであれば，スポーツビジネスの世界もまた然りである。スポー
ツが止まってしまったときに人々が個々に求めたものこそが，これまでスポー
ツが人々に提供してきた価値であろう。自由にスポーツ活動ができない現実の
中で，スポーツ組織はどのような価値を創り出し，人々や社会が求める潜在的
価値に働きかけながらステータスを高めていくことができるのだろうか。

　2019RWC では，台風19号の影響を受けて釜石市で予定されていたカナダ戦
を含む3試合が中止となった。東日本大震災の復興の希望として建てられたス
タジアムでの試合が中止となったことは，試合に臨むはずであった各代表チー
ムの関係者のみならず，釜石市の関係者の落胆は計り知れないものである。そ
のような釜石市と地域住民を救ったのは試合を予定したカナダ代表の選手たち
であった。彼らは試合が予定されていた日，晴天の釜石市にて泥の清掃や台風
で被害を受けた一般家庭の家財を運び出すボランティア活動に取り組んで
いた。[26] その後の試合がなかったカナダ代表は帰国したが，彼らの行動は大会の
公式ツイッターで紹介され，世界で称賛を浴びた。[4] スポーツチームやアスリー
トたちがスポーツから離れた時，スポーツが社会に存在する真価が問われる。
カナダ代表の選手たちの姿はその価値を私たちに教えてくれた事例の1つであ
ろう。

　日本ラグビー協会は，「日本ラグビー戦略計画2016-2020」（2017年4月19日
策定）において，「より強い相手に果敢に挑み，世界で活躍することで，より
良い社会のために貢献していく」という「JAPAN RUGBY MISSION（日本
ラグビーが果たす使命）」のもと，行動指針として，「Be Open　人々とつな
がり，社会に役立とう」，「Play Globally　世界視点で考え，実行しよう」，「Keep
Integrity　常に真摯であり，誠実でいよう」を示し，このような人材の輩出
もまた，日本ラグビーの目標として掲げている。

　我々は，スポーツが止まってしまうことを経験したからこそ，スポーツがも

たらす喜びや感動，一体感や絆などスポーツの本質的な価値を改めて感じることにもなった。そして，新型コロナウイルス感染症の終息を待ちながら，ウイルスとの共存する「新しい生活様式」を取り入れようと日々努めている。誰もが自由にスポーツに取り組み，スタジアムに歓声が響き渡る日々を新しい生活様式は許してくれるのだろうか。スポーツが人と社会の豊かさに貢献するため，我々はこのような現実に挑みながら，どのようなイノベーションを起こすことができるだろうか。既存の枠を超えるスポーツの価値を見出し，スポーツが今一度人々と社会に寄り添う存在となることを願う。

注

1）ラグビーワールドカップ2019日本大会オフィシャルホームページ　https://www.rugbyworldcup.com/news/538422（2021年3月9日アクセス）。

2）読売新聞（2019）「ラグビーW杯　視聴率41.6%」10月21日夕刊（東京），11面。

3）無料で大型ビジョンによる試合のライブ観戦やラグビー体験ができるスペース。

4）木村慧（2019）「特集——ラグビーワールドカップ2019，熱狂，弾んだ日本大会」日本経済新聞11月6日夕刊，31面。

5）北半球：イングランド，ウェルズ，アイルランド，スコットランド，フランス，イタリア，南半球：南アフリカ，ニュージーランド，オーストラリア，アルゼンチン。

6）「日本ラグビー協会／日本ラグビーデジタルミュージアム」https://trc-adeac.trc.co.jp/WJ11E0/WJJS06U/1310375100/1310375100100000/ht000010（2021年3月9日アクセス）。

7）日本ラグビー協会に女子委員会が設置された2010年から2016年3月まで女子委員会の委員長を務めた。

8）朝日新聞（1998）「女性ラガーのスクラム固く：16チームで連盟旗揚げ」3月29日朝刊，29面。

9）中村みゆき（1989）「男性中心のスポーツ組織，女性の発言力高められるか：サッカーは地位確立」日本経済新聞6月28日夕刊，17面。

10）日本経済新聞（1999）「挑む　男性社会1，女子ラグビー普及に奔走」2月22日夕刊，18面。

11）吉見裕都（2010）「インサイド：花園から世界へ　ラグビーの長期育成計画」毎日新聞12月18日朝刊（大阪），19面。

12）新井隆一（2011）「ラグビー：KOBELCO杯　初の女子7人制大会　16年五輪目指し，あすから菅平で」毎日新聞7月25日朝刊（大阪），19面。

13) World Rugby オフィシャルホームページ「World Rugby launches global campaign to revolutionise women's rugby」https：//www.world.rugby/news/422288? lang=en（2020年 7 月12日アクセス）。

14) World Rugby「ACCELERATING THE GLOBAL DEVELOPMENT OF WOMEN IN RUGBY 2017-25」https://www.world.rugby/womens-rugby/development-plan（2021年 3 月 9 日アクセス）。

15) オリンピックは 7 人制ラグビー，パラリンピックは車いすラグビー，ワールドマスターズゲームズは15人制ラグビー。

16) 谷口誠（2014）「南半球最高峰リーグ参戦，日本ラグビーに飛躍台，世界相手，最高の強化策，19年 W 杯へ認知度向上」日本経済新聞12月 3 日朝刊，41面。

17) サンウルブズは，シンガポールと日本をホームとしていた。

18) 国内の最も競技レベルが高い男子15人制ラグビーのリーグ。

19) トップリーグ（ 7 会場　12試合），全国高等学校ラグビーフットボール大会（ 1 会場　5 試合），全国大学ラグビーフットボール選手権大会（ 1 会場　2 試合），日本ラグビーフットボール選手権大会（決勝戦）。

20) 日本経済新聞（2019）「大会閉幕，組織委が総括，『日本開催，最高だった』，『おもてなし』海外称賛（ラグビー W 杯2019）」11月14日朝刊，28面。

21) 辻隆徳（2019）「W 杯効果，冬の花園も熱く　高校ラグビー，チケット販売倍増」朝日新聞12月20日夕刊，10面。

22) 谷口誠（2020）「大学ラグビー：全国選手権，早大，11年ぶり制覇，明大猛追も振り切る，主体性開花，頭脳的に攻め」日本経済新聞 1 月12日朝刊，29面。

23) 谷口誠（2020）「トップリーグラグビー──パナ・福岡，有終トライ，観客，史上最多の3.7万人，15人制，今季ラストマッチ」日本経済新聞 1 月19日朝刊，37面。

24) サンウルブズオフィシャルホームページ「オーストラリア国内大会への参戦断念に伴うシーズン終了のお知らせ」2020年 6 月 1 日ニュース，https：//sunwolves.or.jp/information/article/6990/.（2020年 7 月19日アクセス）。

25) 谷口誠（2021）「ラグビー新リーグ稼ぐ体制，25チームで来年 1 月発足，ビジネス人材募る，親会社から独立」日本経済新聞 1 月26日夕刊，3 面。

26) 読売新聞（2019）「カナダ代表がボランティア」10月14日朝刊（岩手），27面。

引用文献

Cialdini, R. B., Borden, R. J., Thorne, A., Walker, M. R., Freeman, S., and Sloan, L. R.（1976）. Basking in reflected glory : Three（football）field studies. Journal of personality and social psychology, 34（ 3 ）：366-375.

ドラッカー，P. F. ：上田惇生（訳）（2007）イノベーションと企業家精神：ドラッカー名言集 5　第 7 刷. ダイヤモンド社，東京.

Hoeber, L. and Hoeber, O. (2012) Determinants of an Innovation Process : A Case Study of Technological Innovation in a Community Sport Organization. Journal of Sport Management, 26 : 213-223.

International Rugby Board (2012) Women's Rugby Plan 2011-2016. International Rugby Board, Dublin.

国立競技場 (2012)「女子ラグビーの現在，そして未来」1月号．https : //www.jpnsport. go.jp/kokuritu/sisetu/kankou/tabid/409/Default.aspx（2020年3月9日アクセス）．

公益社団法人　日本サッカー協会「データボックス」https : //www.jfa.jp/about_jfa/organization/databox/player.html（2021年3月9日アクセス）．

公益財団法人　日本バスケットボール協会「2019年度登録者一覧」http : //www. japanbasketball.jp/wp-content/uploads/athlete_2019.pdf（2020年3月9日アクセス）．

公益財団法人　日本オリンピック委員会「オリンピック憲章　Olympic Charter　2019年版・英和対訳(2019年6月26日から有効)」．https : //www.joc.or.jp/olympism/charter/pdf/olympiccharter2019.pdf（2021年3月9日アクセス）．

公益財団法人　日本ラグビーフットボール協会「2019年度　チーム登録数および競技者登録数」(2020年7月1日公開)https : //rugby-japan.s3.ap-northeast-1.amazonaws.com/file/article/142252_5efbdeef27738.pdf（2021年3月9日アクセス）．

公益財団法人　日本ラグビーフットボール協会「JRFU 戦略計画：2010-2019（2010年4月策定)」．http : //en.rugby-japan.jp/wp-content/uploads/2015/06/strategic_plan.pdf（2020年5月8日アクセス）．

公益財団法人　日本ラグビーフットボール協会「日本ラグビー戦略計画2016-2020（2017年4月19日策定)」．https : //rugby.dweblink.jp/images/JRFU_statement_2016-2020.pdf（2020年5月26日アクセス）．

松岡宏高 (2020)「『にわか』ファンが4割　ラグビートップリーグ開幕戦」．Yahoo ニュース．1月15日．https : //news.yahoo.co.jp/byline/matsuokahirotaka/20200115-00159094/（2021年3月9日アクセス）．

松岡宏高・和田由佳子・姜泰安・足立名津美・本間崇教・藤本淳也 (2018) ラグビーファンのセグメンテーション：ファンになった時期によるセグメント化．日本スポーツマネジメント学会　第10回大会．早稲田大学．

内閣府 (n.d.) 平成30年版男女共同参画白書．http : //www.gender.go.jp/about_danjo/whitepaper/h30/zentai/pdf/h30_tokusyu.pdf（2021年3月9日アクセス）．

Newell, S. and Swan, J.(1995) The Diffusion of Innovations in Sport Organization : An Evaluative Framework. Journal of Sport Management, 9 : 317-337.

日本女子ラグビーフットボール連盟 (2003) 女子ラグビー15年の歴史．日本女子ラグビーフットボール連盟．

Rogers, E. M. (2003) Diffusion of Innovation 5th edition. Simon and Schuster, Inc.

NY.

スポーツ庁（2017）「第 2 期スポーツ基本計画」．https：//www.mext.go.jp/sports/content/jsa_kihon02_slide.pdf（2021年 3 月 9 日アクセス）．

Wada, Y. and Matsuoka, H.（2018）Effect of Spectators' Knowledge of Understanding Rugby Games. Proceedings of International Conference on Hospitality, Tourism, and Sports Management, Waseda University, Tokyo, Japan.

和田由佳子・松岡宏高（2020）プロ野球チームのブランド連想がアタッチメントに及ぼす影響：パシフィックリーグに所属するチームを対象として．スポーツマネジメント研究，12（ 1 ）：17-33．

Wada, Y., Matsuoka, H. and Kang, T. A.（2018）Comparison among Spectator Segments： Focusing on Knowledge of Rugby and Influence of Hosting the 2019 Rugby World Cup. Proceedings of the 2018 the Sport Management Association of Australia and New Zealand Conference, South Australia University, Adelaide. Australia.

Wada, Y., Matsuoka, H. and Oshimi, D.（2019）Comparison between First and Repeat Spectators of Super Rugby Games： Focusing on Spectators' Motivation, Psychological Connections and Behavioural Intentions. Social System Studies, 39：43-64．

和田由佳子・長積仁（2013）女子ラグビー競技の採用を規定する組織特性検討：オリンピック種目決定以降に女子ユニットを採用した組織に着目して．ラグビー科学研究第，24（ 1 ）：29-36．

和田由佳子・長積仁（2015）女子ラグビーチームの採用意図を規定する要因の検討：男子ラグビー部を保有する高等学校に着目して．体育・スポーツ経営学研究，28（ 1 ）：1 -16．

山下秋二（1994）スポーツ・イノベーションの普及過程：スポーツの産業化に伴う個人と組織の革新行動．不昧堂出版：東京．

（和田　由佳子）

第7章

大学スポーツにおける観戦者調査

01 はじめに

　近年, 若者を中心としたスポーツ離れが叫ばれているが, 内閣府(旧総理府)・スポーツ庁で実施されてきた「体力・スポーツに関する世論調査」(平成24年度まで), 「東京オリンピック・パラリンピックに関する世論調査」)および「スポーツの実施状況等に関する世論調査」(平成28年度より)によれば, 20代〜40代は50代〜70代と比較して週に複数回スポーツを実施する率は低いものの, 全体の傾向としてはスポーツを実施する率は増加傾向にある。[1] またスポーツ観戦においても, 平成30年度では現地での観戦経験者が26.8%, 令和元年度では27.4%と3割弱いることが分かっている。加えて, 日本野球機構が公開している日本プロ野球の統計データ,[2] およびJ. League Data Site で公開しているJリーグのデータ[3]によれば, プロ野球もJリーグ(J1)も平均入場者数は近年増加傾向にある。[4]

　一方, 大学におけるスポーツ(以下, 大学スポーツ)は, 東京六大学野球の早慶戦や大学ラグビーの対抗戦・大学選手権, また大学三大駅伝(出雲駅伝, 全日本大学駅伝, 箱根駅伝)は多くの現地での観戦者も見られ, またTV中継が行われることがあるが, それ以外の競技・試合に関しては, 現地での観戦者は多くなく, ほぼ関係者(保護者やOB・OG)ということも見られる状況である。

大学スポーツは大学によって強い競技・有名な競技といった特徴のある競技が存在すると考えられるが，所属する各学生がこれらの特徴のある競技を認識していなかったり，認識していたとしても観戦経験や観戦意向があるとは限らない。

　しかし，本叢書シリーズ『大学スポーツの新展開——日本版 NCAA 創設と関西からの挑戦』の Chapter 6 『大学スポーツ振興のための資金調達』において，大学スポーツの資源やブランディングについて触れられており，その中で大学スポーツを「スポーツを利用したマーケティング」と捉え，「大学スポーツ資産を使ってスポーツとは異なる価値と対価を獲得することを目指す」ことについて触れられている。もし，大学生が大学スポーツの観戦を通して，主に大学へのブランド・ロイヤルティを向上させることができ，卒業後においてもそのロイヤルティを維持また更なる向上ができるのであれば，大学にとって中長期にわたって様々なメリットがあるのではないか，逆に言えば，大学へのブランド・ロイヤルティを向上させる1つの方法として大学スポーツ観戦があるのではないか，と考えると，大学スポーツの観戦経験や観戦意向を調査し，観戦者を増やす施策を考え実施することは，大学スポーツのみならず大学にとっても大きなメリットになると考えられる。

　本章では，これまで実施してきた『大学生の大学スポーツの観戦経験』の調査について調査目的や内容，さらにその結果を紹介し，大学生における大学スポーツ観戦の実態から大学スポーツの観戦経験が大学スポーツや大学に何をもたらすかについて，ブランド・ロイヤルティの観点を踏まえながら論考していく。また，関連して，（一社）アリーナスポーツ協議会が主体となって実施された大学スポーツ応援調査の分析結果にも触れる。

02 | 大学スポーツと大学生スポーツ観戦調査

1 大学生スポーツ観戦調査の調査方法

　スポーツ観戦に関する調査，特にスポーツチームや地域への愛着に関する調査研究は二宮（2011）を始めとするいくつかの研究で行われており，林（2014, 2017）では，大学スポーツの観戦者に対する再観戦意向や大学スポーツの観戦と帰属意識の関連性についての研究が行われている。

　これらの研究における調査対象者は，現地での観戦者やチームのウェブサイトの訪問者が対象となっているが，観戦意向が無い・スポーツに関心が無い人に対して調査することは困難である。そこで広くスポーツ観戦の実態を知るために，調査会社のモニターに対してウェブアンケートシステムを利用して調査を実施した。

　まず，2017年度にスポーツ庁の「大学スポーツ振興の推進事業」として実施した「大学生スポーツ観戦調査」（以下，2017年度調査。なお本調査の実施に関しての詳細は本章末参照。）においては，2017年12月16日〜18日の3日間調査を実施し，表7−1の「2017年度調査」の列に示す関東および関西の大学の学生839名の回答を得た。2018年度に研究プロジェクトとして実施した調査（以下，2018年度調査）においては，2019年2月23日〜28日の6日間調査を実施し，表7−1の「2018年度調査」の列に示す通り関東，関西に加え新たに東海地方の大学を加え，学生1266名の回答を得た。なお，調査は株式会社マクロミルが保有するモニターに対して実施した。調査対象者および調査対象大学の選定にあたっては，該当エリアに在住する大学生に相当する年齢のモニターに対して本調査を実施する前に所属大学を調査（予備調査）し，本調査の有効回答数がおおむね10件を超えると想定される大学を選定した上で，予備調査で調査対象大学の所属と回答したモニターに対して本調査を実施した。

　どちらの調査でもプロスポーツのスタジアム・アリーナでの観戦経験（以降，

表7−1　2017年度および2018年度調査における調査対象大学

大学名	区分	前回調査			今回調査		
		男性	女性	総計	男性	女性	総計
東京大学	関東（国公立）	8	10	18	13	15	28
筑波大学	関東（国公立）	3	9	12	4	12	16
千葉大学	関東（国公立）	6	15	21	6	15	21
東京学芸大学	関東（国公立）	4	7	11	0	6	6
首都大学東京	関東（国公立）	6	9	15	5	6	11
青山学院大学	関東（私立）	11	14	25	10	27	37
神奈川大学	関東（私立）	4	11	15	12	9	21
慶應義塾大学	関東（私立）	13	21	34	12	25	37
國學院大學	関東（私立）	3	9	12	3	13	16
駒澤大学	関東（私立）	6	10	16	12	14	26
上智大学	関東（私立）	7	20	27	5	16	21
専修大学	関東（私立）	9	10	19	6	15	21
中央大学	関東（私立）	14	17	31	10	21	31
帝京大学	関東（私立）	6	9	15	6	15	21
東海大学	関東（私立）	11	8	19	6	5	11
東京理科大学	関東（私立）	10	12	22	10	11	21
東洋大学	関東（私立）	11	18	29	7	24	31
日本大学	関東（私立）	19	35	54	14	23	37
法政大学	関東（私立）	10	24	34	10	27	37
明治大学	関東（私立）	15	21	36	11	26	37
明治学院大学	関東（私立）	4	15	19	2	9	11
立教大学	関東（私立）	7	19	26	10	27	37
早稲田大学	関東（私立）	33	31	64	13	24	37
京都大学	関西（国公立）	18	10	28	19	16	35
大阪大学	関西（国公立）	7	15	22	9	22	31
神戸大学	関西（国公立）	7	12	19	6	25	31
大阪府立大学	関西（国公立）	4	5	9	4	7	11
大阪市立大学	関西（国公立）	6	5	11	4	7	11
関西大学	関西（私立）	13	23	36	12	25	37
関西学院大学	関西（私立）	10	16	26	1	30	31
近畿大学	関西（私立）	14	16	30	12	25	37
神戸学院大学	関西（私立）	5	7	12	0	11	11
同志社大学	関西（私立）	6	25	31	14	23	37
立命館大学	関西（私立）	7	17	24	8	23	31
龍谷大学	関西（私立）	6	11	17	11	10	21
一橋大学	関東（国公立）				8	3	11
東京工業大学	関東（国公立）				5	5	10
東京外国語大学	関東（国公立）				0	6	6
東京農工大学	関東（国公立）				5	6	11
横浜国立大学	関東（国公立）				7	4	11

埼玉大学	関東（国公立）				8	13	21
学習院大学	関東（私立）				3	18	21
国士舘大学	関東（私立）				3	8	11
大東文化大学	関東（私立）				5	6	11
帝京平成大学	関東（私立）				3	8	11
東京農業大学	関東（私立）				4	7	11
立正大学	関東（私立）				4	7	11
名古屋大学	東海（国公立）				16	16	32
愛知教育大学	東海（国公立）				3	6	9
名古屋市立大学	東海（国公立）				5	6	11
愛知県立大学	東海（国公立）				2	9	11
愛知学院大学	東海（私立）				3	8	11
愛知淑徳大学	東海（私立）				2	19	21
愛知大学	東海（私立）				2	19	21
金城学院大学	東海（私立）				0	11	11
椙山女学園大学	東海（私立）				0	11	11
中京大学	東海（私立）				5	6	11
中部大学	東海（私立）				4	7	11
南山大学	東海（私立）				7	14	21
名城大学	東海（私立）				5	16	21
京都産業大学	関西（私立）				8	3	11
甲南大学	関西（私立）				3	8	11
		323	516	839	407	859	1266

出典：横山・山下・芳賀・中邨（2019）の表1を基に筆者作成

生観戦経験）やTVでの観戦経験，および観戦意向，大学体育会スポーツの観戦経験・回数について，また回答者の中学・高校・大学でのスポーツ経験について調査を実施した。さらに，2018年度調査においては，大学への帰属意識・愛校心を測ることを目的として，大学の校歌・応援歌を歌えるか，大学の公式グッズを持っているかという質問も設定した。

2 大学生スポーツ観戦調査とその考察

　本節では各調査における結果について，いくつかの観点に基づいて集計したものを紹介する。なお，2017年度調査に関しては，青山学院大学編（2018）の4章および横山（2019）で報告済みであるものを引用している部分があることを最初に申し上げておく。

表7-2 大学区分ごとの観戦経験率

	関東 (国公立)	関東 (私立)	関西 (国公立)	関西 (私立)	東海 (国公立)	東海 (私立)
観戦経験率	45.4%	53.8%	48.0%	39.1%	47.5%	38.6%

（1） 大学生は大学スポーツを観戦しているのか

　既存研究（例えば 林, 2017）において，大学スポーツの観戦者に対して調査を行い，帰属意識との関連性を示しているが，大学スポーツを観戦しない学生が多いのであれば，まずそれらの学生に大学スポーツの観戦者となってもらう施策が必要となる。

　そこで，大学生はどの程度スポーツ，特に大学スポーツを観戦しているのか，ということを調査から検証する。

　2017年度調査において，回答者839名のうち大学体育会に所属しない613名を集計対象とした結果，大学スポーツの観戦が1回以上ある学生は279名（45.5%）であった（横山, 2019, p. 56より）。また，2018年度調査においては，回答者1266名のうち大学体育会に所属していない910名を対象とした結果，大学スポーツの観戦が1回以上ある学生は460名（50.5%）であった。両調査を合わせると48.5%の学生が大学スポーツの観戦経験があることになる。[5] なお，これらの調査では単に「観戦経験」を聞いているため，生観戦に加えTV観戦も含まれていることに留意する必要がある。なお，これら334名と450名のうち，それぞれ76名，93名のみプロスポーツの観戦（生観戦・TV観戦）が一度もないと回答しており（約2割），多くの学生はスポーツに興味がないわけではないと判断でき，潜在的には大学スポーツを観戦しうる層は存在すると判断することはできよう。

　さらに表7-2は地域および国公立・私立別の大学区分ごとの観戦経験に関して，2017年度調査と2018年度調査の結果を合算して観戦経験率を示したものになる。関東の私立が最も観戦経験率が高い一方，東海および関西の私立の観戦経験率が低く，大学区分ごとに観戦経験率に差がみられる結果となった。

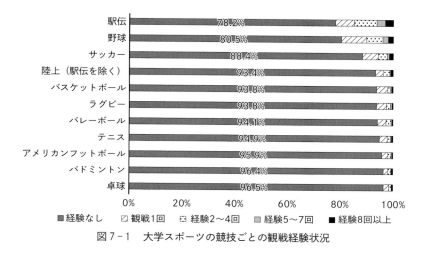

図7-1　大学スポーツの競技ごとの観戦経験状況

（2）　どんな大学スポーツが観戦されているのか

　前節で，大学区分ごとの観戦経験率に差がみられることが分かった。大学スポーツは，毎年新年に2日間にわたり行われる箱根駅伝（東京箱根間往復大学駅伝競走）や，高橋由伸氏や斎藤佑樹選手，古くは長嶋茂雄氏など多くのスター選手が活躍する東京六大学野球，また2019年にワールドカップが開かれ，いわゆる「にわかファン」が増えたことでも注目されたラグビー（大学ラグビー）など，いくつかの大学スポーツは世の中で着目され，またTV中継もされることもあり，観戦者が多い・増えることが考えられる。

　そこで，大学スポーツの観戦経験および回数を集計した結果を図7-1に示す。この図は，2017年度調査および2018年度調査の調査結果を合わせたものである。[6] これを見ると，どの競技も観戦経験なしが圧倒的に多いが，TV中継のある駅伝や野球等においては一定数の観戦者がいることが見てとれる。また，これらの競技は観戦経験が複数回あるという回答も他競技と比べて多いことも特徴的である。

　ここで観戦経験が2割程度あるとされた駅伝および野球について，より詳しく見ていく。

表7-3　箱根駅伝および東京六大学野球出場別の観戦率の集計

	箱根駅伝			六大学野球	
	出場	非出場 （関東）	他地域	六大学	それ以外
2017年度調査	25.0%	15.8%	14.0%	41.8%	11.7%
2018年度調査	30.7%	26.6%	13.3%	33.9%	16.5%
合計	27.9%	22.7%	13.5%	37.7%	14.7%

出典：2017年度調査は横山（2019，p. 56，図表6）を基に再集計[7]

　大学駅伝は，箱根駅伝に加え，出雲駅伝（出雲全日本大学選抜駅伝競走），全日本大学駅伝（全日本大学駅伝対校選手権大会）を合わせて大学三大駅伝と呼ばれ，それぞれの大会がTV中継されている。また，大学野球は東京六大学野球をはじめ，各地域等でリーグが存在する。ただ，特に箱根駅伝と東京六大学野球は伝統や知名度が高いと考えられ，この大会・リーグに出場している大学の学生の観戦経験がその他の大学の観戦経験より高いのであれば，競技の知名度やチームの強さが観戦経験に影響を及ぼしていることが考えられる。

　実際の集計結果を表7-3に示す。大学駅伝に関しては，調査対象大学のうち，第90回大会（2014年）～第94回大会（2018年）の箱根駅伝に出場した14大学[8]，大学野球に関しては東京六大学野球に所属する6大学（東京大学，慶應義塾大学，法政大学，明治大学，立教大学，早稲田大学）を対象とし，それぞれの競技について観戦経験が1回以上ある割合を算出した。なお，箱根駅伝は関東学生陸上競技連盟の主催であるため，出場大学以外の大学を関東地域とそれ以外の地域で分けて集計を行った。

　この結果，箱根駅伝においては，観戦経験率は出場大学が最も高く，次いで関東の非出場大学が続き，関東以外の大学においては観戦経験率が15％に満たない結果となった。特に第90回大会から第94回大会において優勝している東洋大学（90優勝）および青山学院大学（91～94優勝）に限って集計すると，観戦経験率は2017年度調査と2018年度調査を合わせて33.3％となり，高い割合であった。また六大学野球においても，六大学に所属する大学とそれ以外におい

て大きな差がみられた。特に早稲田大学と慶應義塾大学に限ってみれば，早稲田大学は55.8％，慶應義塾大学は52.6％（それぞれ2017年度調査と2018年度調査の合算）と非常に高い割合であった。

（3）　キャンパスでのスポーツが実施された場合に観戦意向はあるのか

　日本の大学スポーツは，いわゆるホーム＆アウェイの試合形式ではなく，公の競技場や体育館，また競技が実施できる施設をもつ大学でのセントラル開催方式が一般的である。そのため，多くの大学では大学スポーツを観戦するためには，試合が実施される競技場や体育館等に足を運ぶ必要がある。また，開催日も平日の授業日であることも多い。よって，自分の大学を応援しようとする，もっと言えば一緒に授業に受けている体育会に所属する友達を応援しようとするためには，ハードルが高いのが現状である。しかし，もし自分が通う大学のキャンパスの施設で大学スポーツの試合が開催されるとして，これまで観戦経験のない学生が観戦意向を示すのであれば，観戦経験者を増やすことができる。

　そこで，各大学スポーツの観戦意向の調査結果と，「自分の大学のキャンパスで大学体育会のスポーツやプロスポーツの試合があったら観戦したいか」という調査結果を比較する。

　まず，大学スポーツの観戦経験がない学生[9]に対して調査した各大学スポーツの観戦意向を図7-2に示す。「非常にそう思う」「そう思う」と答えた観戦意向をもつ学生はどの競技でも一定数はおり，平均的には15％弱，駅伝は25％程度の観戦意向をもつ学生がいることが分かる一方，多くの学生は観戦意向がない状況であることが見て取れる。

　ここで自分の大学のキャンパスで大学スポーツの試合があった場合の観戦意向について考える。横山（2019, p. 57, 図表5）では2017年度調査の結果が示されており，「非常にそう思う」「そう思う」と答えた合計は35.4％であった。2018年度調査においてもほぼ同様の結果が得られている。さらに大学スポーツの観戦経験がない学生に絞ってみた集計結果が表7-4である。2017年度調査と2018

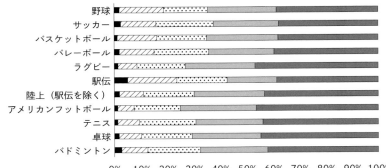

図7-2 大学スポーツ観戦経験がない学生の大学スポーツ観戦意向

■非常にそう思う　　▨そう思う　　▢どちらでもない
▨そう思わない　　■非常にそう思わない

表7-4　キャンパスでの大学スポーツ観戦意向（大学スポーツ観戦経験なし）

	2017年度調査	2018年度調査	合計
非常にそう思う	2.4%	2.2%	2.3%
そう思う	18.0%	16.2%	17.0%
どちらでもない	24.6%	23.6%	24.0%
そう思わない	22.5%	24.7%	23.7%
非常にそう思わない	32.6%	33.3%	33.0%

年度調査を合わせて19.3%が「非常にそう思う」「そう思う」と答えている。つまり，キャンパスで大学スポーツを開催することによって観戦意向が約4ポイント増えたことを意味していることになる。

（4）　大学スポーツの観戦経験の有無と大学の校歌や応援歌を歌えることや大学の公式グッズの所持との間に関係性はあるのか

2018年度調査では，「自分の通う大学の校歌や応援歌を歌えますか？」（1曲でも歌える／何となく知っている／歌えない・知らない）と「自分の通う大学の公式グッズを持っていますか？」（衣料品を持っている／文具を持っている／タオルやその他の小物を持っている／持っていない／公式グッズがない・あ

表7-5　大学スポーツの観戦経験と校歌・応援歌

	歌える	知っている	歌えない・知らない	総計
観戦経験あり	80	116	264	460
観戦経験なし	26	111	313	450
総計	106	227	577	910

表7-6　大学スポーツの観戦経験と大学公式グッズの所持

	所持している	所持していない	総計
観戦経験あり	188	272	460
観戦経験なし	118	332	450
総計	306	604	910

ることを知らない）という質問を行った。これは校歌や応援歌を歌えたり大学グッズを所持している学生は大学への愛校心・帰属意識が高いことの現れと捉えられると考え，愛校心・帰属意識が高いほど大学スポーツを観戦しているのではないかと考えたからである。

　表7-5は観戦経験の有無と校歌や応援歌を歌えるかどうかについて集計した結果である。校歌や応援歌を歌える・知っていると答えた割合は観戦経験がある学生ではそれぞれ17.4％と25.2％であったのに対して観戦経験がない学生では5.8％と24.7％であった。また，独立性の検定をした結果，P値が1.3×10^{-7}となり，観戦経験の有無と校歌や応援歌が歌えることの間には関連性がみられることが分かった。同様に表7-6が観戦経験の有無と大学の公式グッズを1種類以上持っているかどうかについて集計した結果である。観戦経験がある学生は40％以上が公式グッズを何かしら持っているのに対し，観戦経験のない学生は26.2％しか公式グッズを持っていないことが分かった。独立性の検定においてもP値が2.9×10^{-6}となり，観戦経験の有無と公式グッズの所持との間にも関連性がみられる結果となった。

03 | 大学スポーツの調査とブランド・ロイヤルティ

　前節において大学生スポーツ観戦調査とその結果について紹介した。おおむね半分程度の学生は何らかの「大学スポーツ」を観戦していることが判明した一方，観戦しているスポーツは野球と駅伝に偏っていることも確認された。これらの競技は伝統・知名度もあり，TV 中継もあるため興味をもちやすい競技であることは確かであろう。特に箱根駅伝に関しては，往復200km 以上を駆け抜けるため，特に沿道近くの在住者は観戦しやすいと考えられる。キャンパスで大学スポーツが実施された場合に観戦意向が増えることからも，「観戦の容易さ」というのは観戦者を増やし，またリピーターを増やすためには必要な要素であると考えられる。また，六大学野球において早稲田大学・慶應義塾大学の学生の観戦率が高いという結果であったが，この要因の１つとして，それぞれの大学のサークルでの「観戦イベント」が考えられる。特に春の早慶戦はサークルの新入生歓迎のイベントなっているようで，観戦率が高くなる，かつ（２年時以降も後輩を連れて観戦することで）複数回観戦することにつながっていると考えられる。（ただし，野球の応援をすることが第一目的ではない気もする上，昔から早慶戦の後に日比谷公園で学生が騒いで……という話が聞こえてきたりもするわけではあるが……）

　この「観戦の容易さ」，「観戦のイベント化」が観戦者を増やし，リピーターを増やすことの要因考えると，2019年４月に青山学院大学で実施した新入生向けの大学スポーツ観戦イベントは，まず観戦する機会を作るという意味では有効な施策であると考えられる。このイベントは，青山学院と包括提携をしている株式会社電通とともに，「『学生が自らの大学を応援する』文化を醸成するプログラムの研究・開発の一環」として大学キャンパスの体育館を利用した大学スポーツの観戦イベント「The IVY Green Match」を青山学院大学の相模原キャンパスおよび青山キャンパスで実施したものである。このイベントは，[10]

新入生に対しては入学前に入学等に関する資料等の送付に合わせて案内を同封し学部等のガイダンス終了後に参加を促したものであり，横山・山下・芳賀・中邨・花内 (2019) の報告によれば，両キャンパスでのイベントで合計2388人の観戦者があり，そのうち2011人が学生観戦者であった。このイベントでは，応援団や吹奏楽団の応援指導のもと，観戦者全員が青山学院のスクールカラーのビブスを着用し，配布したスティックバルーンもしくはハリセンを用いてプロ仕様の演出で応援・観戦した。この学生観戦者のほとんどが新入生であり，2019年度の新入生約4500人のうちの4割強が観戦したことになる。

　このThe IVY Green Matchでは青山学院大学スポーツマネジメント研究所として観戦者に調査を実施した。調査の詳細は横山・山下・芳賀・中邨・花内 (2019) で報告されているが，この調査では当日の観戦者に対する調査に加え，後日観戦の有無にかかわらず全新入生に向けて事後調査も実施した。この事後調査の中では，大学への帰属意識に関する質問を実施した。帰属意識や愛着（愛校心）に関する先行研究としては二宮 (2011)，中村・松田 (2015)，林 (2017) が挙げられるが，この事後調査では大学スポーツと大学への帰属意識について研究・報告されている林 (2017) を参考に，帰属意識に関する質問を設定した。この結果，いくつかの質問に関しては，The IVY Green Matchの有無で有意な差がみられる結果となった。つまり，大学スポーツ観戦によって大学への帰属意識・愛校心が高まる可能性が示唆される結果となった。

　ここまでは主に大学生（在学生）の大学スポーツの観戦経験や帰属意識に関する調査について触れ，考察を行ってきた。本章「はじめに」でも触れたが，大学へのブランド・ロイヤルティを向上させる1つの方法として大学スポーツがあり，大学スポーツ観戦によってそれが向上する可能性について探求してきた。一方で，卒業後においてもそのロイヤルティを維持できるのか，また向上することはできるかも検証する必要がある。ここで，卒業生を対象とした大学スポーツと帰属意識に関連した調査として，株式会社電通スポーツ局・立命館大学客員教授の花内誠氏，立命館大学スポーツ健康科学部教授の伊坂忠夫氏ら

表7-7　寄付意向・行動との関連性

	東京大学	青山学院大学	慶應義塾大学	日本大学	早稲田大学	京都大学	近畿大学	同志社大学	立命館大学	龍谷大学	全体
学生時代応援経験	0.298	0.254	0.262	0.219	0.210	0.269	0.324	0.219	0.314	0.287	0.254
校歌・応援歌	0.304	0.391	0.311	0.240	0.280	0.337	0.334	0.317	0.391	0.366	0.326
卒業後母校応援	0.426	0.417	0.343	0.361	0.373	0.395	0.431	0.331	0.547	0.328	0.393
親族入学希望	0.265	0.263	0.365	0.319	0.314	0.246	0.345	0.258	0.409	0.389	0.306
内部進学	0.324	0.144	0.213	0.138	0.109	0.234	0.107	*0.166*	0.195	0.081	0.124
第一志望	*0.127*	0.099	0.151	0.067	0.091	0.106	0.188	0.136	0.138	*0.119*	0.142
部・サークル所属無し	0.273	0.263	0.268	0.180	0.209	0.210	0.283	0.191	0.283	0.189	0.253
体育会所属	0.356	0.189	0.349	0.175	0.304	0.204	0.291	0.268	0.325	0.069	0.250
年収	0.164	0.198	0.148	0.102	0.103	0.178	0.126	0.165	0.181	0.164	0.111

　によって企画され，筆者が分析を担当した，（一社）アリーナスポーツ協議会によって「大学スポーツ応援調査」を紹介する。この調査は学生時代の大学スポーツ経験が，帰属意識を増加させ，寄付などの行動変容を起こすかどうかを調査することを目的としたものであり，調査概要と結果はアリーナスポーツ協議会のウェブページ[11]で閲覧することができる。この調査では，マイボイスコム株式会社のインターネットモニターのうち関東および関西の10大学の卒業生[12]（30歳〜69歳の男女）に対して，個人属性に加え，在学中の体育会やサークルへの所属，在学中および卒業後の大学スポーツの応援経験，寄付経験等を含む愛校心に関連する質問を行った。主に大学間や年代間におけるスポーツ応援経験や寄付経験の関係を調べたが，この中で，卒業後の母校の大学スポーツの応援や，寄付意向・行動に関して特徴的な結果が示されたので紹介する（**表7-7**および**表7-8**。なお，表側および表頭の変数の設問・選択肢は**表7-9**のとおりである）。

　表7-7は各表側の設問と寄付意向・行動との関連性について，大学ごとおよび全体のクロス集計を行い，クラメールの連関係数をそれぞれ算出したものである。ただし，クラメールの連関係数は各質問の順序性は考慮しないため，補足的に各設問における回答選択肢の順序尺度を量的変数化した上で積率相関

表7-8　卒業後母校応援経験との関連性

	東京大学	青山学院大学	慶應義塾大学	日本大学	早稲田大学	京都大学	近畿大学	同志社大学	立命館大学	龍谷大学	全体
学生時代応援経験	0.539	0.446	0.394	0.418	0.412	0.434	0.426	0.425	0.420	0.385	0.434
校歌・応援歌	0.368	0.428	0.294	0.257	0.295	0.336	0.346	0.277	0.363	0.342	0.353
親族入学希望	0.191	0.263	0.354	0.291	0.311	0.188	0.300	0.241	0.444	0.332	0.302
内部進学	0.278	0.027	0.235	0.168	0.099	0.271	0.192	*0.130*	0.143	0.149	0.131
第一志望	*0.039*	0.165	0.147	0.122	0.062	*0.052*	0.173	0.064	0.161	0.196	0.144
部・サークル所属無し	0.221	0.192	0.265	0.139	0.253	0.142	0.361	0.180	0.234	0.179	0.244
体育会所属	0.452	0.352	0.277	0.239	0.302	0.389	0.350	0.280	0.246	0.130	0.301
年収	0.140	0.183	0.165	0.103	0.152	0.133	0.164	0.199	0.191	0.224	0.121

表7-9　表側および表頭の設問と選択肢

	表記	質問と回答
表側	学生時代応援経験	学生時代に自らの大学スポーツの応援に行った経験はありますか？（ない，1回ある，2～5回ある，6～9回ある，10回以上ある）
	校歌・応援歌	大学の校歌や応援歌を歌えますか？　校歌や応援歌が複数ある場合は，最も覚えているものについてお答えください。（全く歌えない（知らない），うろ覚えだが部分的に歌える，歌える）
	卒業後母校応援	卒業後，母校の応援に行ったことがありますか？（行ったことはない，行ったことがある，頻繁に行っている）
	親族入学希望	自分の子供や孫，親戚も自分の母校に入学して欲しいと思いますか？（思わない，できれば入学して欲しい，是非，入学して欲しい，既に入学している）
	内部進学	出身高校はご自身が通われた大学の附属（系列）高校ですか？（附属（系列）の高校ではない，附属（系列）の高校から大学に入学した）
	第一志望	ご自身が通われた大学は第一志望（第一志望のうちの一校）でしたか？（第一志望（第一志望のうちの一校）だった，第一志望（第一志望のうちの一校）ではなかった）
	部・サークル所属無し	大学の時に，クラブやサークルに属していましたか？（「特にクラブやサークルに属してはいなかった」と回答）
	体育会所属	大学の時に，クラブやサークルに属していましたか？（「体育会に属していた」と回答）
	年収	あなたのご家庭の世帯年収をお答えください。（300万円未満，300～500万円未満，500～700万円未満，700～1000万円未満，1000～1500万円未満，1500万円以上）
表頭	寄付意向・経験	大学から寄付依頼がある時に寄付をしますか？（したことはないし，するつもりもない，したことはないが，したいと思っている，1回したことがある，数回したことがある，頻繁にしている）

係数を求めた。ほとんどの場合，表側の設問と寄付意向・行動の間の順序を考慮した関係性に対して一般的に想定される関係性となっていた。ただし，表中で斜体下線になっているものは逆の関係になっていたことを示している。[13] この結果を見ると，年収が高い卒業生に加え，内部進学者や子供等の親族を母校に入れたいという一般的に愛校心が高いと考えられる卒業生が寄付意向・行動が強いと考えていたが，実はその傾向よりも，卒業後に母校の大学スポーツの応援経験（卒業後母校応援経験）の影響が強い大学が多い結果となった。同様に**表7-8**は各表側の設問と卒業後母校応援の関連性について，クラメールの連関係数を算出したものである。**表7-7**と同様に表中で斜体下線になっているものは積率相関係数が一般に想定される関係性とは逆になったものである。この結果，学生時代の大学スポーツの応援経験（学生時代応援経験）と卒業後母校応援の間に最も高い関連性が見られた。**表7-7**の結果より，学生時代応援経験と寄付意向・行動は，卒業後母校応援経験ほどは関連性が見られなかったが，学生時代の応援経験が将来の寄付行動に結び付く可能性は考えられる。特に学生時代応援経験の有無を条件に，卒業後母校応援経験と寄付意向・行動の関連を調べたところ，卒業後母校応援のほうが寄付意向・行動との関連性が高い結果となった大学もあった。これは学生時代に応援経験がなくても何らかのきっかけで母校を応援し寄付につながっていると考えられ，卒業後の大学へのブランド・ロイヤルティが向上していることが示唆される。

　ただし，大学のブランド・ロイヤルティの維持や向上の現れは寄付意向・行動に限ったものではないと考えられ，大学スポーツを通して帰属意識や愛校心，また大学ブランド・ロイヤルティの向上について様々な面から調査・研究を進めていく必要があると考えられる。筆者は，青山学院大学スポーツマネジメント研究所の調査研究として2019年度末に大学スポーツ観戦調査を実施した。この調査でも帰属意識に関する質問を設定し，関東地方の大学生および卒業生に対して調査を実施した。また今後も，これら在学生や卒業生の大学へのブランド・ロイヤルティの向上の調査研究を実施する予定であり，結果を学術雑誌等

に投稿することで，大学スポーツ観戦，また大学ブランド・ロイヤルティの向上に寄与できればと考えている。

■大学スポーツにおける観戦者調査の実施に関して

　最後に大学スポーツの観戦者調査を実施するに至った経緯について触れておく。

　2019年3月1日に大学スポーツに係る大学横断的かつ競技横断的統括組織「一般社団法人　大学スポーツ協会」（通称 UNIVAS）が発足した。その前年度の2017年度にスポーツ庁が「大学におけるスポーツ分野を戦略的かつ一体的に管理・統括する部局の設置や人材の配置を支援し，大学スポーツの活性化や大学スポーツを通じた大学全体の振興を図るための体制整備に取り組む」ことを目的として「大学スポーツ振興の推進事業」の募集を行い，筆者の所属する青山学院大学はこれに応募し採択された。この中で，青山学院大学の体育館（青山学院記念館）をプロバスケットボールリーグ（Bリーグ）のサンロッカーズ渋谷のホームアリーナとして提供していることから，「大学施設を拠点としたプロバスケットチームのホームアリーナ化の更なる取組」を行うとし，観客へのアンケート調査を含む調査研究を実施することとなった。この調査研究に経営学部長を代表する経営学部の教員が担当することとなり，筆者も関わることとなった。この調査研究では，(1)青山学院記念館でのサンロッカーズ渋谷の試合における観戦者調査，(2)大学生に対するスポーツ観戦経験等の調査(本章中における「大学生スポーツ観戦調査」)，(3)本学学生（有志）に対するBリーグの試合観戦前後における意識調査の3つを実施することで，大学の施設をプロのチームのホームスタジアム・アリーナとして使用する際の観客や学生への影響について把握しようと試みた。調査内容や結果の詳細は青山学院大学編（2018）の4章および横山（2019）をご覧いただきたい。この調査研究において，「大学生スポーツ観戦調査」では，プロスポーツの観戦経験とともに，大学スポーツの観戦経験について調査を実施した。これをきっかけに大学生の大学スポーツの観戦経験について，また大学への帰属意識に関する調査を実施することとなり，2018年度および2020年度は青山学院大学経営学部グローバルビジネス研究所の研究プロジェクトとして，2019年度には大学附置研究所として立ち上げた「スポーツマネジメント研究所」の研究として，この「大学生スポーツ観戦調査」を継続することとなった。特に2019年度および2020年度は調査対象を現役の大学生だけではなく卒業生にも拡大し，卒業後を含む大学スポーツの観戦経験の調査を実施し，大学スポーツと大学への帰属意識について研究を行っている。

注

1) スポーツの実施状況等に関する世論調査，（https：//www.mext.go.jp/sports/b_menu/toukei/chousa04/sports/1402342.htm）なお，平成27年度と平成28年度で調査方法が変更されている点には注意が必要である。

2) https：//npb.jp/statistics/

3) https：//data.j-league.or.jp/SFTD12/

4) プロ野球は2005年から観客の集計方法が変わっていることに注意する必要がある。

5) なお，2017年度調査と2018年度調査で調査対象者の重複はない。

6) 2017年度調査の結果は横山（2019, p. 56, 図表４）。

7) ただし，横山（2019）では集計の間違い等により数値が異なっている。

8) 2017年度調査および2018年度調査の調査対象の大学，かつ，第90回大会〜第94回大会に１回以上出場（学連選抜としての出場は除く）した大学が集計対象。青山学院大学，神奈川大学，國學院大學，国士舘大学，駒澤大学，専修大学，大東文化大学，中央大学，帝京大学，東海大学，東洋大学，日本大学，法政大学，明治大学，早稲田大学。

9) 2017年度調査で334名，2018年度調査で450名，合計784名，ただし2017年度調査で16名が未回答のため，合計768名。

10) 参考：https：//www.dentsu.co.jp/news/topics/2019/0312-009771.html
https：//www.aoyama.ac.jp/research/event/1904020404

11) http：//www.asc.or.jp/common/pdf/event-report/college_sports_202007.pdf

12) 東京大学，青山学院大学，慶應義塾大学，日本大学，早稲田大学，京都大学，近畿大学，同志社大学，立命館大学，龍谷大学。

13) 例えば，内部進学における寄付意向・行動では，一般的には内部進学者ほど寄附意向・行動の傾向は強いと想定されるが，同志社大学では逆の傾向を示したことを意味している。

参考文献

青山学院大学編（2018）．「地方創生型大学スポーツ提案拠点の形成　成果報告書」，平成29年度　スポーツ庁　大学横断的かつ競技横断的統括組織（日本版NCAA）創設事業（大学スポーツ振興の推進）．（第四章　大学スポーツ施設を拠点とするプロバスケットボールチームのホームアリーナ化への更なる取り組み，pp. 25-75担当）https：//www.mext.go.jp/prev_sports/comp/a_menu/sports/micro_detail/__icsFiles/afieldfile/2018/06/14/1406134_001.pdf

一般社団法人アリーナスポーツ協議会監修　大学スポーツコンソーシアムKANSAI編（2018）．「大学スポーツの新展開──日本版NCAA創設と関西からの挑戦──」，晃洋書房．

林直也（2014）．大学アメリカンフットボールの試合観戦者における再観戦意図に影響を

　　及ぼす観戦動機に関する研究，身体運動文化論攷，13，107-126．

林直也（2017）．大学への帰属意識に影響を及ぼす要因に関する研究：大学スポーツチー
　　ムに対するアイデンティティおよび観戦動機との関係に着目して，*Human Welfare*，
　　9，179-192．

二宮浩彰（2011）．プロスポーツ観戦者行動におけるチームに対する愛着とホームタウン
　　への地域愛着，同志社スポーツ健康科学，3，14-21．

横山暁（2019）．大学生のスポーツ観戦に関する調査．日経広告研究所報，53（5，Serial
　　No. 307），54-59．

横山暁・山下勝・芳賀康浩・中邨良樹（2019）．「大学生における大学スポーツ観戦意向に
　　関する調査」，青山学院大学経営学部グローバルビジネス研究所　ワーキングペー
　　パー．

横山暁・山下勝・芳賀康浩・中邨良樹・花内誠（2019）．大学スポーツの観戦者調査──
　　新入生を対象とした調査報告──（Spectator survey for university sports：Report
　　on the results for new students）［要旨］．日本計算機統計学会第33回シンポジウム．
　　（2019年11月30日，青山学院大学）

（横山　暁）

IV

With コロナ／
Post コロナ時代における
スポーツの未来像

経営学・イノベーションから切り拓く

（立命館大学スポーツ健康科学
研究センターシンポジウム）

（2020年9月26日，オンラインにて開催）

【プログラム】

■講演1　[基調講演]「キャズム理論からみたスポーツの普及」
　徳田　昭雄（立命館大学経営学部　教授）

■講演2　「大学スポーツの応援経験調査分析
　　　　　──大学スポーツ応援経験は何をもたらすか」
　横山　暁（青山学院大学経営学部マーケティング学科　准教授）

■講演3　「大学スポーツ応援機会によるアイデンティ形成研究
　　　　　──米国大学での実際」
　萩原　悟一（九州産業大学人間科学部　准教授）

■パネルディスカッション1
「postコロナ時代におけるスポーツの未来像1
　──関西の大学スポーツイノベーションを考える」
パネリスト：
　伊坂　忠夫（学校法人立命館　副総長，立命館大学副学長，立命館大学スポーツ健
　　康科学部　教授，立命館大学スポーツ健康科学研究センター　副センター長）
　藤本　淳也（大阪体育大学　学長補佐，大阪体育大学大学院スポーツ科学研究科ス
　　ポーツマネジメント分野　教授）
　上田　滋夢（追手門学院大学社会学部　兼　追手門学院大学大学院現代社会文化研究
　　科　教授）
モデレーター：
　和田　由佳子（立命館大学スポーツ健康科学部　専任講師）

■パネルディスカッション2
「postコロナ時代におけるスポーツの未来像2
　──コミュニティークラブがカギを握る」
パネリスト：
　羽生　英之（東京ヴェルディ株式会社　代表取締役社長）
　上林　功（追手門学院大学社会学部　准教授，株式会社スポーツファシリティ研究
　　所　代表取締役）
　池田　敦司（一般社団法人大学スポーツ協会　専務理事，仙台大学　教授）
モデレーター：
　花内　誠（立命館大学　客員教授，一般社団法人アリーナスポーツ協議会　理事）

※　肩書は開催時
※　本書掲載の第2章，第4章，第7章は，講演1〜3とは，一部内容が異なる部分がある。

postコロナ時代におけるスポーツの未来像1

関西の大学スポーツイノベーションを考える

■和田　こちらのパネルディスカッションは，テーマが広く，複数のキーワードがございますので，幾つかサブテーマとして挙げさせていただきたいと思います。

　まず，大学スポーツにおいてのイノベーションとは何なのか。そして，何を普及させていくのかということを議論したいと思います。

　次に，そのイノベーションについて，関西ならではの，関西から何が仕掛けられるのかということについて，先生方のご意見を頂戴したいと思っております。

　最後は，テーマにもございますので，未来，大学，スポーツといったところで，先生方のご見解を頂戴したいと思います。どうぞよろしくお願いいたします。

大学スポーツにおける「イノベーション」の普及とは

■和田　では，早速サブテーマ1ですが，本日のシンポジウム冒頭，徳田先生からイノベーションとスポーツの普及に関してご講演がございました（本書第2章参照）。先ほども申し上げました，キーワードになっている「イノベーション」なのですが，大学スポーツのイノベーションを掲げた際に，何をイノベーションと捉えるのか。そして，何が普及していくのかというのが非常に重要な鍵になってくるのではないかと思っております。この点に関して，先生方からご見解を頂戴したいのですが，まず伊坂先生からお願いできますでしょうか。

■伊坂　先ほど，徳田先生の素晴らしい講演を聴いて，イノベーションというのは創造と受容であるというお話で，その受容ができて，初めてイノベーションは成立するということを，私も学ばせていただきました。

　冒頭の普及学のところでは，いわゆる縦軸に取っていたのが，数ですとか，採用数というような話でした。そうすると，「する」というところの人数から，「みる」という価値観の変容で，その辺の価値観と縦軸をどう見るのかというのを感じた次第です。

　ですので，技術的なイノベーションで言えば，例えば，クラウチングスタートの例がありました。高跳びであれば，背面跳びがあったりとか，あるいは，素材であるグ

ラスファイバーが導入されたりとか，そういうテクノロジーのイノベーションという
のは，この間も取り上げられてきました。

　ただ，今回のテーマで，大学スポーツそのものがどうイノベーションするのかと言っ
たら，もっと大きな意味，いわゆる社会科学的な広がりを持ったイノベーションのこ
とになります。私の想定外と言うか，範疇ではない話ですが，とぼけたことも含めて
言わせていただくと，引き算で考えてみて，大学スポーツがなくなったときに，どん
な現象が起きるのかによって，そのイノベーションが起こったかどうかは見えるので
はないかと思います。

　例えば，なくなってしまって，もう狂い死にする人がどれぐらい出てしまうのかと
か，そんなことがもしあったとしたら，おそらくそれはイノベーションが起こってい
たんだというようになると思うんですね。

　すみません，冒頭から変な話からスタートしましたけど，そのように思っておりま
す。

■和田　とんでもございません。非常に面白く，引き算でと言ったときに，プロスポー
ツがなくなって，大変になる方々がたくさんいたと思いますけど，仮に大学からスポー
ツがなくなったとしたら，大学スポーツにどういう価値があったのかがみえてくると
いうところでしょうか。

　続きまして，スポーツマーケティングご専門の藤本先生から，これまでのシンポジ
ウムをお聞きになって，イノベーションとはということでお話しいただきたいと思い
ます。

■藤本　徳田先生のお話の中に，誰による，何を目的とした，誰のための普及かとい
うお話がありました。大学スポーツは，ステイクホルダーが広いので誰に，誰のため
に，そして目的の設定の仕方によっても，だいぶ議論の仕方が変わってくるかなと感
じております。

　イノベーションをどう捉えるか。あるいは，何をもってイノベーションと考えるか
となったときに，1つは構造的なイノベーションがあると思います。構造というのは，
例えば，関西で言えば KCAA*，全国的には UNIVAS（ユニバス）*などです。

　もう1つは，スポーツの特性でもある「ファン」の存在です。スポーツプロダクト

＊KCAA（「一般社団法人　大学スポーツコンソーシアム KANSAI（Kansai Collegiate Athletic Alli-
ance）」の略称）　関西地区における大学が横断的に密接な連携を図り，大学間の英知を結集させなが
ら，大学スポーツにおける課題の解決や関西地区の活性化に資することなどを目的に2018年に設立さ
れた。
公式ホームページ：https://www.kcaa-jp.org/

には試合をつくる選手と監督とともにファンがいます。実は，スポーツプロダクトにはこのファンの関与が非常に強いのです。

　ファンを増やすという視点で普及を考えると，ファンは「見るという行動」を採用するだけではなくて，「見る価値」を採用していると捉えることが重要です。そしてその価値は，ファン自身がそこに行って自ら楽しんで，自分たちでつくり出す態度や行動に大きく依存しています。彼らがつくった価値，いわゆる観戦価値とか経験価値とかの視点も非常に大事かと思います。

　そういう意味では，萩原先生のところでありました（本書第4章参照），アメリカの大学スポーツ研究が注視している大学へのアイデンティティも重要です。このような態度変容を横軸として設定し，時間軸とともに態度軸が進むみたいな，そういう視点も必要なのではないかと思いながら拝聴しておりました。

■和田　確かにおっしゃいますように，これまでのお話に挙がった（エヴェリット・）ロジャーズのイノベーションの普及学に沿って数だけ，すなわちファンの数を増やせばいいかというわけではなくて，われわれスポーツマネジメント，スポーツマーケティング領域では，人々の心の豊かさや，社会に対してどのようなハピネスをもたらすのかというのは，非常に重要なところになってまいります。

　この点に関して，社会学の方から上田先生，また新たな知見をご提案いただければと思います。

■上田　私は長年のプロチームにおける指導や経営という実践的視点，現在の専門領域である社会学の視点から述べさせていただきたいと思います。今回のテーマは，イノベーション，そしてキャズムです。ロジャーズであれ，（ヨーゼフ・）シュンペーターであれ，根幹にあるものは価値の話だと思います。人々によって価値が異なる。価値によって――それを社会学の領域では「場」とか「界」と言いますが――必然的に集団ができる。つまり，拒絶とまでは行かなくても，その価値を受容するか，しないか，ということだけでしかないということです。

　最初の徳田先生のご講演，そして先ほど伊坂先生，藤本先生が時間軸のお話しをされておられました。私のイノベーションにおける時間軸という捉え方を申し上げたいと思います。今，ご登壇の伊坂先生，藤本先生や私を含めた50代以上の方々，つまり

＊UNIVAS（「一般社団法人　大学スポーツ協会（Japan Association for University Athletics and Sport）」の略称）　全米大学体育協会（NCAA）を参考に，大学スポーツの振興を掲げ，大学アスリートたちの安全安心を確保した部活動の取り組みや学業との両立，大学スポーツ参画人口の拡大などを目的に2019年に設立された。
公式ホームページ：https://www.univas.jp/

われわれが子どものころに抱いていた大学のイメージの１つに，体育会のお兄ちゃん達が対抗戦をやっていて，そこに学生さんたちが母校を応援しにいく，という自然な応援文化があったと思います。さきほどの萩原先生のアメリカのカレッジスポーツの戦略的な部分が日本の大学にあったかどうかはわかりませんが，いわゆる過去のものが数値化されて，どんどん変容，もしくは変異していきました。これは，もともとあったものを，何とかしなければならないという使命感からだと思われます。数値化によって，時間，その変容スピードも可視化されるようになり，その可視化がキャズムを産んでしまったのではないかと捉えています。

　しかし，大学の時間軸というもの自体は穏やかに流れています。おそらく，その悠久感が心地良くて大学教員・研究者になられた方々もいらっしゃるかと思います。このあたりの時間軸をノスタルジックに回顧するのではなく，なぜ大学はこのような時間軸になるのか？　という根源に焦点をあてることが，逆に大学にイノベーションをもたらすのではないかと思っています。

■和田　確かに，社会学から見たとき，イノベーションと言うと，ロジャーズであり，あるいはシュンペーターという提唱者が挙げられますが，捉え方というのは様々で，その場，その空間によって，あるいは，その時代によって，応用していかなくてはならない，あるいは，こちらがうまく使いこなしていかなくてはならないものかと思います。

関西の大学スポーツならではの「イノベーション」の仕掛けとは

■和田　本日，東京の六大学やアメリカのカレッジスポーツでの事例が紹介されましたが，では，関西では何ができるのか，関西の大学ならでは，というようなところも必要になってくるのかなと。そういった意味で，各大学の特色も含めた議論も必要になってくるのかなと思いますが，この点に関して，今日ご登壇の先生の中で，大学名に地名と，そして，「体育」も入っていらっしゃって，スポーツマーケティングのご専門である藤本先生から，関西ならでは，大学ならではというところを，ぜひイノベーションを仕掛ける第一歩としてお話しいただければと思います。

■藤本　そうですね，大学スポーツの普及をファンを増やすとか，観客を増やすという視点で見ると，プロスポーツやNCAAみたいな普及は関西の大学スポーツがどんなに頑張ったからといって無理です。日本では大学スポーツのメディアの関心も関東の方が強いですね。

　一方で，関西のいいところは歴史的にもビジネスが生まれる，スポーツビジネスも生まれる地域というところですね。それから，新しいアイデアがトップダウン的に落

ちきて，それを普及させるというよも，各大学，自治体，企業も一緒になって，ボトムアップ的にイノベーションをそれぞれが起こしながら，そしてコミュニケーションでつながりながら発展を目指すみたいなイメージで，関西の大学は今後走っていけるのではないかなと思っています。

　まず，取っ掛かりは，このような感じでよろしいでしょうか。

■和田　ありがとうございます。

　そうしましたら，次に上田先生にお伺いしたいのですが，いま藤本先生にご意見をいただきましたが，率直にどのようにご意見をお持ちでしょうか。

■上田　KCAA について，伊坂先生，藤本先生の前で，私が説明していいのかどうか。伊坂先生，横から補足してくださいね。

　現在，大学スポーツ界の中で，いろいろな統括組織が生まれ始めています。その組織というものは官僚制組織として序列や階級，それにもとづく役割が決まっているところが多いと思います。KCAA は，関西ならではの文化，呑みながら，ワイワイしながら，オチをつけながら，色々な課題を共有したり解決案を練ったりしていく，ネットワーク型組織，別の言い方ではアライアンス（Alliance）として新たな歩みを始めています。

　まさに，関西らしいスタイルをとりながらも，新たな組織形態を生みだしたと言う点で，この KCAA の発足自体がイノベーションだと思っております。

　しかしながら，徳田先生のお話にあったように，イノベーションとして創造しても受容されていくかどうかが現状のわれわれの課題ではないかと思っております。

■和田　そうですね。私も関西人ですけど，関西の人たちはノリもよくて，コミュニケーションも取れてというものが，若い世代にどのように響いていくのかということも１つ気になったりはします。

　伊坂先生，この関西からということでは，KCAA もございますし，また立命館大学においては，関西の京都，滋賀，大阪にキャンパスがございますけれども，複数のキャンパスを束ねながら，関西からどのようなイノベーションを発信できると捉えていらっしゃるでしょうか。

■伊坂　まさに関西って，「おもろい（おもしろい）」ところということですね。それと本音だと思うんですね。僕を含めて関西では値切る人が多いですね。ですから，「もうかりまっか」ときっかけをつくりながら，値切る。やっぱり本音で語れるというところが大きな強みだと思います。一方で，われわれの大学で言いますと，50％以上は近畿圏外から来てくれるんですね。そういう意味では，近畿圏外の人が関西に来て，コテコテに染められていくわけですけれども。その中で大事なのは，やっぱり上田先

生がおっしゃったように，われわれがKCAAをつくってきたときには，最初はwin-winという発想でした。要するに，お互いのいいところを出しながらwin-winの関係を築くということですけど，これからはやっぱりwith-withという感じですね。

それは大学だけではなくて，企業さんとか地域も巻き込んで，今日のテーマでありますコミュニティそのものがwith-withになっていくようなものをつくり上げていく必要があると思いますし，そのときに，やっぱりフラットな関係というのが，関西の魅力であるし，そこから何か事を起こせればと思っております。

■和田　伊坂先生や他の先生方からも本音とか，コミュニケーションでという言葉が出てきたので，もう1つ，先生方にお伺いしたいのですが。

徳田先生のお話にもあったように，キャズムというところを用いますと，ニッチが前提というようになってまいりますが，そうなってくると，東京のようにとか，アメリカのようにというのが理想的なモデルではなくて，何かイノベーションが今後起こってくるのであれば，関西モデルみたいなところも期待してよろしいのでしょうか。

どなたか，先生方，ご自由にと思いますけれども，本音でお願いいたします。

■藤本　では，順番的に私になるかもしれませんが。

いや，大いにご期待くださいとまでは，あまり大きなことは言えませんが，やはり期待していただけるように取り組んでいかなくてはいけないかなと思っています。

その大きなものをどうつくるかという話では，例えば，今日の徳田先生のお話でもオープンイノベーションについて語られましたが，関西では大学スポーツの議論にいろいろな方が入ってくださる。これぞ関西ですね。それから，イノベーションをマーケティングするためには，やはりセグメントをしっかり設定して各セグメントを成長させていくことによって全体的に上がっていく。そういう取り組みが関西ではできると思います。

一番のKCAAのポイントは，イノベーションの普及に不可欠なコミュニケーションを取れるプラットフォームがあるということです。これができたことによって，イノベーションの普及におけるキャズムを回避し，あるいは乗り越えることに繋げていきたいですね。また，PLC（プロダクトライフサイクル）*においても発展期に繋げていけるように頑張ります。

■和田　上田先生もぜひ藤本先生に続いて，関西カラーということで，一言いただければと思います。

■上田　2点あると思います。1つ目は，大枠でコミュニケーションの重要性という

＊PLC（プロダクトライフサイクル）　プロダクト（製品）が市場に投入されてから，衰退していくまでのプロセス。大きく導入期，成長期，成熟期，衰退期の4つの段階に分けられる。

点で，伊坂先生，藤本先生と同様ですが，私なりの解釈を加えたいと思います。

　昨今のアメリカなどでは──グローバル企業として君臨している GAFA（Google, Amazon, Facebook, Apple）も含めて──エンパシー（同調・協調）ということを特に重視しています。面白いことに，この原点は新渡戸稲造の「武士道」から来ているということです。「慈愛の精神」，すなわち「本音で言い合い」ながらも「許し合い」を根底に抱いてコミュニケーションをとることです。コミュニティとは，この「エンパシー」，「慈愛の心」を基にして創られているとも言えます。そうすると，関西はアメリカで潮流となる前からすでにコミュニティが創られているということです。そのため，出発点から東京をモデルにしたり，ライバルと思う必要はないのではないかと思います。

　2つ目は，藤本先生が言われた様に，セグメントの設定の視点です。例えば，日本全国の都市の駅や駅前は，東京で設計されたモデルによる同じ光景が見られます。これは地域開発になっているのかということです。しかしながら，関西では，関西人は，それには迎合しない，という誇りがあります。特に関西は東京のモデルとは異なったやり方を好みます。東京モデルからすると，「なにをやっているの？」と言われるようなやり方をします。

　KCAA では，今年度より学生部会が立ち上がり，動き始めました。学生とわれわれ教職員が同じ視点で会議を行い，企画を出し合ったり，検討したりしています。昨日も KCAA の活動を決めて行く月次の企画委員会がありましたが，その会議に学生部会の学生もメンバーに入ってもらっています。このように学生部会設立後はこれが常態となっています。教員・職員・学生，そして企業，弁護士の方々まで，ここに壁はありません。関西のコミュニティの土壌そのものが息づいています。

　また，この学生部会の自主的な活動と大学教職員による支援は 3 年以上前から行っていました。すでに全国の大学生や大学有志に飛び火しています。まだ，ニッチ層であるイノベーターとアーリーアダプター（初期採用者）なので，今回のテーマでもあるキャズムに陥らないようにしなければならないと思っております。

■和田　伊坂先生，今日，多くの方がご参加いただいているのですが，KCAA について，あまりご存じない方も，もしかしたらいらっしゃるかもしれませんので，ただいまのお二人の先生方のお話と，それから，なにか KCAA から関西らしい，学生とともにした具体的な取り組みなどがあったら，簡単にご紹介いただきたいのですが，よろしいでしょうか。

■伊坂　はい，もう2021年で丸 3 年経つんですけれども，2020年 9 月現在，関西の23大学が正会員として加盟していて，まさにネットワーク型で，お互いの持ち味を出し

ながら，あるいは，困り事を解決しながら，そして，大学スポーツを発展させようというかたちで進んできております。この組織の面白いところ，強みとして学生部会というのが2020年からでき，非常に活発に活動してくれております。学生部会でシンポジウムなどをオンラインで開催しています。ホームページをご覧いただければ，この間のKCAAの公開シンポジウム，応援促進，人財育成の取り組みなどが掲載されていますので，ぜひ見ていただければと思っております。

　先ほどの話を少ししていいですかね。やっぱり関西って，変なことをしても許してくれるという雰囲気がありますね。吉本新喜劇を含めて，お笑い文化の影響もあるのかもしれません。要するに，「かまへん，かまへん」という風土がありますよね。

　つまり，アイデアを出したときに，それがニッチに突き刺さるかどうかは別にして，そういう玉（アイデア）を出すことを許してくれる土壌がありますね。ただ，それで終わるとフォロワーがありませんので，キャズムは越えられないんだけれども，そこで，やっぱりおもろいやんけと，悪ノリも含めて，最初に批判していた人たちも乗っかってくれるようなかたちがありますから，そういう意味では，トライアルしやすいのではないかという気持ちはありますね。

■和田　ノリとか，同調とか，コミュニケーションという言葉が非常に多く出てきたというのも，関西の特徴なのではないかなと捉えます。

ポストコロナ時代に大学スポーツの果たすべき役割とは

■和田　さて，最後のテーマとして先生方にお話をお伺いしたいのですが，Postコロナに向けて，大学の未来について，スポーツとともに考えていきたいと思います。秋の授業がそろそろ始まるという中で，前期はいずれの大学もリモートで授業を経験いたしました。私もリモートで授業をやって，大学の中でリモートの授業をすることというのは，可能だということはある種証明されたというか，手応えはあったものかと思います。

　その一方で，オンライン授業では，学生同士がクラスの中でともに学ぶピア・ラーニングであったり，それから，もっと大事な，何気ない日常の中で立ち話など，こういったことができないという，この難しさを非常に痛感する春学期でもあって，そして，秋学期はどうやってこれをカバーしていこうかというところで考えております。

　そうなってきますと，いま挙げられた同調，コミュニケーション，ノリといったところも非常に難しくなってくるのではないかと思いますが，コロナとの長期戦というものも，すでに予測されていて，既存の大学と異なった在り方で，大学はいま進みつつあります。

当然ながら，私から申し上げるのは僭越なんですけれども，大学は授業を受ける場所だけではないといった中で，このようないまの状況というのは，いまの大学生の未来に，あるいは，大学そのものの未来に，そして，今日のテーマでもある大学スポーツの未来に，どのように影響していくのかということです。

　その一方で，大学に対するアイデンティフィケーションといったものが，従来よりも形成されづらいというのが，Webが中心の大学生活において予測される中，大学スポーツの，あるいは，関西でも結構ですけれども，スポーツが果たす役割というのはどういったものなのかというところを，先生方から最後は少し長めの時間でお話をいただきたいと思います。

　上田先生，いかがしょうか，どうぞ忌憚のないご意見をいただければと思います。

■上田　そうですね。本日は，いろいろな関係者の方がいらっしゃいますが，本質的に社会を見る目で問うと，コロナによってスポーツというものの価値がさらに上がったのではないかと思います。

　例えば，コンタクトスポーツは感染症の恐怖との闘いです。そのスポーツが原因で罹患してしまうかもしれない。これは競技者，応援する人々，どちらの可能性もあります。コロナ禍以前もコンタクトスポーツは命を失う危険性がありましたが，今回のコロナウイルスによって，応援する人々にもその危険性は拡大しました。このような中で，スポーツを「する」「みる」価値があるかどうかを決めるのは学生本人，そして学生アスリート本人であるということです。

　いままで何となくスポーツに参加したり，応援したりしていた人々が，「する」「みる」前に，自らに問うこととなった。その判断と決断によって行動することとなった。価値がなければ罹患や命の危険を犯す必要はないわけです。そのため，スポーツの価値はさらに上がったと言えます。大学に対するアイデンティフィケーションが以前より難しくなったというよりも，スポーツによって学生のアイデンティフィケーションは明確になったと思います。

　最後は，私の願望なのかもかもしれませんが，アメリカがうらやましいなと思うのは，入学式や入学前後の行事を大学構内のスタジアムなどで行い，そのまま大学スポーツを観戦するという，戦略的なイベント設計が確立されていることです。これは，エンタテインメント，演劇，音楽系の方々からはスポーツだけではないと怒られるかもしれないのですが，入学式やその他行事で，関西独自のスポーツによる試みがあっても面白いのではないかと思います。スポーツの価値が見直されている今だからこそ，そのようなことができる時代になってきたのではないかと，私は前向きに捉えています。

伊坂先生からは，お立場から入学式でそんなものできるか，と怒られるかもしれません し，藤本先生からは学生それぞれセグメントが異なる，と言って怒られるかもしれませんが，私は最大のチャンスだと思うのです。

■和田　上田先生が叱られるのではないかということで，お二人にお話を投げられましたが，先生方いかがでしょうか。

■伊坂　いえいえ，僕は上田先生を尊敬していますので，そんなことまったくございません。いつも勉強させていただいています。

　いまの話は，文化を変えるというか，新しい文化，あるいは，スポーツの持つ価値を新しいかたちで提案するというお話だと思うんですね。ある論文で読んだのですが，生物の進化と文化の変容速度は同じであるという表現があります。つまり，われわれはいまコロナ禍にあって，いろいろな局面が変わっていく中で，文化の変容も起こるわけです。その速度もやっぱりこの間のコロナ禍と同じように，急速になるということを考えると，いまのような提案は非常に面白いなと思いますね。それこそ関西広域で，そのような取り組みをしてみることも可能ですし，そのための器もありますから。

　先ほどの，和田先生の話の中で，オンラインが増えていったときに，なかなか余白の部分がないというお話があって，やっぱりこのイベントも終わると，ぶちっと切って，なんか余韻が残りづらかったりします。普段のゼミですと，ゼミが終わった後に雑談などがあり，その中で気付きがあったりする。そのような偶有性とか偶発性がオンラインにはなかなかないというのは，非常に残念なところですが，そこがリアルの魅力，強みだと思うんですね。

　リアルの魅力というのは，そういう偶有性とか偶発性というものが与えられていて，たぶん先生方の人生を見ても，だいたい偶然が80％で成り立ってきているのではないかと思います。そういう意味では，スポーツの観戦に行くこととか，いろいろな大学に行って，いろいろなチラシを見るということ，リアルなそういう場面というのが，やはり大事だと思うのです。

　一方で，オンラインの特性とかメリットも，学生，教職員も感じていますから，それとうまく融合していく。まさに Society 5.0の中で，それらをうまく活用していくという時代に入っていくのではないかと思いますし，そうなったときに，リアルで学生たちが繰り広げてくれる試合ですとか，それを見る観戦者，あるいは，それを支える人たちというのが一体となったときに，地域も巻き込んですごいエネルギーになるのではないかと思っております。

■藤本　伊坂先生がおっしゃるとおりで。あと上田先生，私は文句を言ったことはありますが，怒ったことはないですよ。

■上田　リアルで，会議を深くやりたいですね，皆さんと。

■藤本　そうですね。

■上田　はい。

■藤本　教育界もそうですし，スポーツ界もそうですが，今回，おそらくこのコロナ禍がなければ経験しなかったこと，例えば，オンライン文化と呼ばれる環境に私たちは強制的に放り込まれたわけです。それによって，私たちは新たなツールというよりも，新たな文化をつくり上げてきています。

　一方，一度振り子が右に大きく振れると，今度は左側の価値がよく見えてきます。これがリアルな世界でアスリートがスポーツを通して学んだもの，コミュニケーション，友情，達成，生きる力，というものではないかと思います。このような価値が，また必ず見直されてくる。そして，そこに振り子が戻るときのツールとして，大学スポーツあるいはスポーツが役割を果たせるのではないか，あるいは果たさなくてはいけないのではないかなと思っています。

　危惧することもあります。大学スポーツというスポーツプロダクトの価値をつくっている多くの学生アスリートが4年間という限られた時間の中で活動をしています。そして，指導者も大学も，学生を成長させることを目的に4年間取り組んでいます。その中で，この1年間，こういうことが起こってしまったことが，学生アスリートの心ですとか，大学アイデンティティ，チームのアイデンティティ，仲間との凝集性などの態度変容のプロセスにキャズムが生じているのではないかと感じています。

　この影響が何年か先にいつ，どこに，どう出てくるのかというのは，研究者の中でコホート分析*をされている先生に，ぜひ研究として取り組んでいただけたらと思います。

　いずれにしても，私たちは新たな文化をつくり出す環境に置かれ，オンラインの文化を気付き始めています。今後は，リアルとのバランスの中で，さらに新たな文化創造にもう歩み出していると言えるのではないでしょうか。

■和田　いま先生のお話にあったように，学生アスリート，すなわちスポーツプロダクトを生み出すのは学生であるというのが，大学スポーツの1つの特徴かと思います。私もプロスポーツの選手たちをマネジメントして，大学に着任したときに，同じものを大学生に求めて，大学スポーツというものを振興していくには，ものすごく学生たちへの負担というものが大きいなということを感じておりまして，そこもやっぱり危惧するところではございます。

＊コホート分析　ユーザーをグルーピングして行動を分析する手法。

今日は，ずいぶんと「KCAA」という言葉も出てまいりまして，今日のお話の先には，当然ながら「大学スポーツの振興」といったものがあり，その言葉とともに，同時に出てきた「ビジネス化」という言葉も使われるようになってきたのではないかと思っております。

　この言葉は，非常に取りようが様々あって，ビジネス化と言えば，なにか商業化ということで，お金を稼ぐのかといったことが頭をよぎるかもしれませんが，今日の先生方のお話を聞いていたら，決してそうではないと。

　ビジネスの基本というものが，価値と価値の交換と捉えれば，大学にスポーツがあることや，あるいは，社会の一組織，そして，研究機関としての大学がスポーツを通じて，そこにいる人々の潜在的なニーズに働きかけて，様々なかたちで豊かさを醸成，つくり出していくこととしても捉えられるのではないかなと，先生方のお話を聞いていて感じました。

　そして，この問題，この課題というものがやはりコロナという不測の事態，そして長期化しているという中で，これをどのように創造していくのか。あるいは，具体化させていくのかという検討の必要性が，何か加速度を増して求められてきているというのが，「いま」ではないのかなと感じておりました。

　そうであれば，本日は非常に限られた時間でありましたし，藤本先生からもこういった研究者の知見も必要だということを最後に言ってくださいましたが，また，本日ご登壇された先生方には，ぜひとも，再度ご登壇をお願いして，本音でお話を頂戴し，より具体的なところで議論をする場をあらためて持つことができればと思っております。

　先生方，ぜひ最後に，今日のシンポジウムに参加してくださっている皆さまに，一言ずつ頂戴できればと思います。

■伊坂　和田先生の素晴らしいまとめだけ，文章に残しておいていただければと思いつつ，ご参加いただきました皆さま，本当にありがとうございます。

　やっぱり大事なことは，今日ご参加いただいた人が参加されていない 3 人の方にささやいていただいて，そしてスポーツ，あるいは大学スポーツとは何ぞやというところの多様な価値を，やっぱりディスカッションいただきたいなと思います。

　加えて，今回，大学の先生方も多数ご参加いただいております。やっぱりスポーツに関わる研究がさらに発展して，この分野が発展するということも，大きな器が広がることにもなります。

　また，学生さん，院生さんも来ていただいていますので，そのような一翼を担っているんだというようなものを感じていただきながら，さらに研究を進めていただけれ

ばと思います。本日はどうもありがとうございました。

■藤本　3つの講演を聴いて，ディスカッションもさせていただきましたが，KCAAもそうですし，UNIVASもそうですが，イノベーションを起こすために，まず構造的な改革を進めなくてはいけないとあらためて思います。

　一方で，構造が変わっていくと，そこに人が付いていかなくてはいけない。イノベーションのアイデアも含めて，すべては人がつくり出すものですのですから，やはり仲間を広げていきたい。オープンイノベーションの視点で違う分野の方々と意見を交換しながら，ともに歩むことが重要と思います。

　今日，オンラインでご参加いただいた方々とどこかでお会いする機会があり，そして大学スポーツの改革と発展に一緒に歩めるような時が来ることを願っております。

　本日は誠にありがとうございました。

■上田　コロナ禍において，われわれは自分と向き合わなければならなくなったと思います。すなわち，自分の中で何に価値を置くかが問われるようになったと思います。今までは，どちらかというと経済的な価値が優先されがちでした。この環境下では，例えば，家の中にいることで，家族であったり，家そのものやその場所であったり，当然ながら命の価値と対比しなければならなくなりました。

　一方で，オンラインは時間や空間を拡大・拡張でき，世界中のいろいろな方たちと直に話ができるようになりました。本日のようなイベントは最たる例です。今までは時間や空間を調整して集まっていたけれども，いつでもどこでもオンラインでの開催が可能となりました。その逆として，いつでもどこでも参加できるからこそ自分の時間と空間の限界というものも理解しなければならなくなりました。自分の中で明確な線引きができるようになったとも言えます。

　このように，コロナによって強制的ではありましたが，価値観が変容し，社会的なシステムが変更したということです。その中で学生スポーツに関わる身として，大学，大学での学び，大学でのスポーツにおいて，何が価値かということをあらためて考える機会をいただき，本当に感謝しております。本日はありがとうございました。

■和田　何か宿題のようなものも，それぞれが受け取っている感じとなっておりますが，これもまた1つ大事なことではないかと思います。

　では，こちらでパネルディスカッション1を終了させていただきたいと思います。皆さま，どうもありがとうございました。

（終了）

post コロナ時代におけるスポーツの未来像 2

コミュニティクラブがカギを握る

■花内　花内でございます。パネルディスカッション1の3先生のお話が濃いので，おなかいっぱいの方もいらっしゃるでしょうし，3時間の予定ですけれども，すでに残すところ30分となりました。大変中身の濃い会だと思いますけれども，早くパネリストの方々の話を聞かせてくれという方もいらっしゃると思いますが，あとちょっとだけ私の話を聞いていただければと思います。

　「post コロナ時代のスポーツの未来像──コミュニティクラブがカギを握る」ということで，この後，パネルディスカッション2を行いますが，その前にこのパネルディスカッションの方向性をまとめておきました。「カギを握るコミュニティクラブ」ということで皆さんにはお伝えをしておりますが，いきなりここを変えてしまいました。カギを握るのは，「サードプレイス by スポーツ」ではないかということです。先ほど徳田先生の講演にもありましたけれども，これからサードプレイスのポジショニングが変わるだろうということです。

　レイ・オルデンバーグ（Ray Oldenburg）という人が，『サードプレイス[*]』という本を書いています。ファーストプレイスは自宅，セカンドプレイスの職場，この往復の通勤をしていたわけですけれども，コロナになってリモートワークが進んでいます。今日もリモートのシンポジウムです。そうすると，職場が縮小していきます。自宅でリモート勤務をする人，リモート学習をする人が非常に増えています。そうなると，スポーツとしてのサードプレイスというものがどうなっていくのかということであります。

　新聞でも取り上げられているように，富士通がオフィスの面積を半分にするとか，東芝も3割減らすとか，各社こういうかたちでセカンドプレイスがどんどん減っていくんだろうと思います。

　ただ，ファーストプレイスの自宅は，子どもがいて仕事ができないとか，ついつい

＊『サードプレイス──コミュニティの核になる「とびきり居心地よい場所」』レイ・オルデンバーグ著，忠平美幸訳，みすず書房，2013年。

おやつを食べ過ぎてコロナ太りになってしまうとか，引きこもりから「コロナうつ」を発症してしまうということで，精神的にも肉体的にも健康に問題が生じることが懸念されています。

　サードプレイスに対しては，いままではどちらかというと，精神的な満足度を高める場所として注目されていましたが，コロナの後，肉体的な健康も含めて注目されるようになるのではないかと思います。

　レイ・オルデンバーグは，サードプレイスの8つの特徴を挙げています。postコロナのサードプレイスということになると，健康のための領域として，あるいはシェアオフィス，シェアカレッジといった機能を含めて，自宅のそばにワンストップで行ける場所として存在するようになるでしょうし，コミュニティのアンカーとしてのサードプレイスということで，通勤の移動が減る分，自宅の近くのサードプレイスが増えていくのではないかと思います。

　そうしたときのサードプレイスをイメージしようということであります。これは大中小あるだろうと思います。大きなものは，都市公園にスタジアムやアリーナみたいな大型のスポーツ施設を含んだコミュニティの施設が出てくるでしょうし，小さいものは，近くの小学校・中学校の中にクラブハウスみたいなものをつくることで，サードプレイス化していくのではないかと思います。その中間，スタジアム，アリーナほどではないにしても，廃校であったり，公民館みたいな場所で中規模なサードプレイスというものができることが予想されます。

　これが何を意味するかというと，コロナにおいてスポーツの価値観が変わっていくということです。大学スポーツも含めて従来のスポーツビジネスのイメージは，スタジアムやアリーナ，いわゆるお客さん，不特定多数の観客を相手に試合を見せて収入を得るというかたちでした。当然，コミュニティ対象のスクールやファンクラブのビジネスもあることはあるんですけれども，それはプラスアルファであって，あくまでも試合を見せるということが中心でした。

　afterコロナは，試合を見せるビジネスがなくなるわけではないんですけれども，従来に加えて，コミュニティを対象にしたサードプレイス by スポーツから，いわゆる支えられるビジネスみたいなものが生まれて，それが両輪となるのが新しいスポーツビジネスのかたちではないかと思っています。

　小規模サードプレイスの話に戻ります。文部科学省が「部活動改革」ということで，学校の先生たちに，土日には部活動を見なくていいですというかたちになっていきます。これをどういうふうに誰が引き受けていくのか，この辺がまだまだ議論の対象ですけれども，このサードプレイス by スポーツみたいなものができていけば，そこの

人たちがそれを引き受けていくことも可能でしょうし，またそういうふうになっていくことが本来のスポーツの力を引き出すのではないかと思います。

　それがもっと中規模になっていけば，これは廃校をイメージしていますけれども，シェアオフィス，図書館，カフェ，トレーニングジム，人工芝グラウンドなどがあって，クラブの練習拠点として使われるようになってほしいですし，実はその中規模なもののつながりみたいなもので，「walkable なまち」というのが，これから健康を増進していくと思います。

　最後に大規模です。これは梓設計さんが，すでにスポーツ施設のパンフレットの中に，「多種多様な人が集う街の中心となる，稼げるサードプレースへ」というかたちで，サードプレースという名前でスタジアムの概念図をご紹介されています。たぶん，こういう方向に，スポーツ施設やスポーツのビジネスが変わっていくんだろうと思っているということであります。

　この後,追手門学院大学の上林功先生から,もう少し詳しいサードプレイスのイメージを皆さんに共有していただいて，その上で，大学スポーツ協会の池田敦司専務理事から，それぞれキャズムを越えていくにはというお話を頂戴しようと思っています。

　それでは上林さん，よろしくお願いいたします。

■■「スポーツによるサードプレイス」をイメージする　（上林　功）

　よろしくお願いします。まず簡単に，自分自身の自己紹介からさせていただきます。追手門学院大学の社会学部スポーツ文化学専攻で教鞭を執っております。もともとは建築設計事務所で設計を11年間やっていた技術者で，教員であると同時に会社経営者としての側面もあり，実務としてスポーツチーム向けにスタジアムやアリーナの設計・計画アドバイスもしております。

　設計事務所時代には，広島のマツダスタジアム（Mazda Zoom-Zoom スタジアム広島)の設計にコンペから基本・実施設計，現場監理まで関わらせていただきました。いまちょうどサードプレイスのお話が出ましたけれども，花内さんからのお話にもありましたとおり，マツダスタジアムは完成から10年以上たって，いまだに人気のあるスタジアムとなっています。その理由の一つとして，いわゆる地域コミュニティをうまく積極的に取り入れている点が挙げられると考えています。

　私自身もいま追手門学院大学で，単純にスタジアムをどうつくるかではなく，いかにコミュニティを取り入れるか，もしくはどうやってその人たちに参加してもらうかといった共創の仕組みをテーマにしながら，いろいろと研究を進めたり，実践活動を行っています。

こうした共創的仕組みを取り入れた先進事例ですと，岩手県の盛岡に，岩手県，盛岡市，SPC（特別目的会社），岩手大学を含めた岩手ユニオン，地元メディア，アスリートを交えた，みんなでつくるスタジアムが実際に構想されて，計画が進められています。また審査員として参加した，長野県の松本平陸上競技場のプロポーザルコンペでは，公園に陸上競技場をばらばらにして，誰しもが公園にくるかのように利用できる陸上競技場が提案され，採択されました。

　スタジアムの先進事例をみるなかでインクルーシブ・デザインがキーワードと考える中，花内さんからお声掛けいただきまして，サードプレイスとしてのスポーツ拠点がどのようなものになるのか，一緒にいろいろ具体化して考えられないかと貴重な機会をいただきました。

　いま定期的な勉強会を進めながら，具体的に場所を選んでスケッチなどを書いています。小規模なものとしてまず取り上げたのが，二子玉川にあります廃校になった玉川高校の跡地です。ここは周辺が住宅地で，まさにコミュニティの中心の中にありながら，廃校をきっかけに空洞化してしまっている部分となっています。

　利用されないと施設は老朽化が進んでしまいますので，例えば，こういった屋外の屋上スペースでも防水の張り替えをして，地域の人たちがスポーツを行えるような場所をつくってみてはどうかという簡単な再利用の提案です（図①）。廃校利用しながらリノベーションをして，サードプレイスとなるような場所をつくることができるんじゃないかと考えました。

　これはもう少し大きくなります，練馬区の光が丘公園です。光が丘公園自体は，広域公園として非常に活用はされているものの，特に施設はなく，とにかく広い公園です。隣接して光が丘団地や住宅地に囲まれていて人口は多く，なおかつ，埼玉との県境近くということで交通の往来も盛んな地域です。

図①　中規模サードプレイス by スポーツ：廃校リノベーション（玉川高校跡地）

　例えば，地域防災機能を付加しながら，高機能化，多機能化する中で，さらに地域のコミュニティの核となるようなサードプレイスを考えられないかと勉強会では話し合いました。見る人が見たら分かってしまうシンガポールの Our Tampines Hub の簡易版のような施設になっていますけれども，何かこういう場所を公園の中につくって，公園そのものを多機能化していって，さらに都市防

図②

図③

大規模サードプレイス by スポーツ：公園に地域防災機能を付加（光が丘公園）

図④

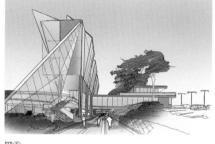

図⑤

大規模サードプレイス by スポーツ：スタジアムの多機能化（駒沢公園スタジアム）

図①〜⑤ ©追手門学院大学社会学部上林研究室／株式会社スポーツファシリティ研究所

災の要とすることも，このサードプレイスと併せて達成できるんじゃないかといった提案になっています（図②③）。

最後になりますが，世田谷区に駒沢公園という非常に大規模な公園があります。都心の中に残った地域でも貴重な緑地公園で，最近のリモートワークに疲れた人たちがランニングであふれているとニュースにもなりました。

この提案は公園内に新しい施設を設けられる場所はないにしても，例えば既存のスタジアムの観客席スタンドの上空を使えないかという，ちょっととっぴもない話です。

メガストラクチャーと呼ばれる大断面鋼材を使用した巨大な構造体を組んで，観客席スタンドのうえに橋をかけるように覆い，施設を組み込みます。観客席スタンドには屋根をつくりつつ，その上に付加的な機能をもつボリュームを載せるみたいなスタディー例になります（図④⑤）。

駒沢公園自体は多様な利用が行われており，立体的にランニングロードが通っている機能性に富んだ公園とも言えます。公園利用との共存できる提案として，サードプ

レイスを何とか実現できないかということで検討を進めているところです。私からは
以上です。

■花内　上林さん，ありがとうございます。

　お待ちかねでしょうから，池田専務理事に，次にお願いしたいと思います。池田専
務理事，お願いいたします。

■■■ 大学×スポーツ×コミュニティ　（池田　敦司）

　大変長丁場の最後になってしまいました。大学スポーツ協会（UNIVAS）としてと
いうことになりますが，まず，簡単に私のプロフィールをご紹介します。流通小売業，
プロスポーツ業（野球・サッカー），大学，いま UNIVAS というような経験を積んで
きております。

　今回，花内先生から2つのお題をいただいております。ずっと出ていますキャズム
の話，それから最後に出てきていますサードプレイスの話，その2つをどう大学スポー
ツとして考えるのかということが課題になっています。

　まず，大学スポーツ自体はキャズムなのかどうか。個人的な見解になりますが，様々
な部分でキャズムは散見されると認識をしています。いまの大学スポーツはどうなの
か，危機感を持った見方で少しバイアスがかかっていますけど，あえて危機感提起型
で環境面を整理したのが図⑥です。

　結論は一番下です。「スポーツの孤立化」を掲げました。

　左側，時代とともに環境は変化していますが，冒頭の横山先生の観戦経験のデータ
でも，年代が高いほど観戦経験は高いという話が出ていて（第7章参照），若年層に
なるに従って観戦経験が減っているというようなことがありました。

　どうしてなんだろうと大学を取り巻く環境を見ていくと，1つは推薦入試の変化で
す。昔に比べると，かなり拡大・進展してきています。2020年から名称が変わりまし
て，総合型選抜，学校推薦型選抜という名称になりましたけれども，スポーツを頑張っ
ている学生のスポーツ推薦入試が増えてきているという点。昨今では一般入試と並ぶ
ぐらいの規模となっている大学もあり，入り口が多様化してきているということであ
ります。

　それから2点目，このセミナー自体もそうですし，立命館大学もそうなんですが，
スポーツ専門研究が昔に比べて発展してきているということがあると思います。UNI-
VAS の加盟大学は221あります。調べてみますと約4分の1が，スポーツ研究の専門
学部や専門学科を保有しているのが実態であります。大変いいことでもありますし，

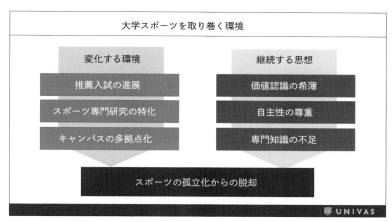

図⑥

推薦入試で入った運動部学生が，ここで学んでいることが多いというような特色もあります。

　そして3点目が，結果としてのキャンパスの多拠点化です。立命館大学は，衣笠，びわこ・くさつ，大阪いばらき，何と3府県にまたがってキャンパスをお持ちになっているという，すごく大きな大学です。その各キャンパスが専門特化をしており，物理的な面において，大学としての一体感をつくっていくことはすごく難しい環境であることと心配をいたします。

　まとめて申し上げると，スポーツ推薦で入学した運動部学生が，スポーツ専門学部に所属をし，一般学生とは違うキャンパスに通っているということが往々にして見えてきている時代になってきたと思います。自分が大学生だったころを考えると，同じ教室で授業を受けている友達の運動部学生が今度試合に出ますよと，じゃあ親近感もあるし何とか応援しようねという気持ちが必然的に湧いてきたんですけれども，そういう機会が減ってきているというような環境になってきたということであります。

　一方，右側ですけれども，大学そのものをどう捉えていくのか。全国で4年制大学は約800近くありますから，千差万別ですが，相対的に見ていくと，まだまだスポーツに対する価値認識が希薄ではないのかと感じられます。

　運動部活動は，あくまでも課外活動としての位置付けであります。課外として扱われるので，例えば指導者とか運営体制，そういったことに対して大学の関与は限定的なことが散見されます。大学にとって，ブランディングとか，コミュニケーションのための重要なツールであるということの理解は，まだまだ深くはなっていないことを

感じます。

　よく言えば，自主性の尊重というキーワードになりますけれども，あくまでも学生の自主的な活動として，大学がガバナンスをしっかり発揮しているというケースは少ないのかもしれません。ひいては大学の運営の中で，スポーツマーケティングとかスポーツビジネス，そういった知がまだまだ行き渡っていないということなのかもしれません。

　従いまして，大学の運営面から見ても別物であり，かつ同級生，同窓である一般学生からも一定の距離を置かれがちな環境にあるということから，大学スポーツの孤立化という危機をちょっと感じています。しかしながら，これを脱却していくために，われわれ UNIVAS が設立されたと思っております。

　あらためて見ていきますと，大学スポーツが抱える潜在コミュニティというのは，非常に大きいものであり，濃いものであると思っております。「するスポーツ」という観点，「ささえるスポーツ」という観点，何と言っても「みるスポーツ」という観点も加えますと，運動部学生を中心に，地域の住民，父兄，そして OB・OG といった人々まで，同じキーワードでのコミュニティが形成される潜在力を秘めているということではないかなと思っております。

　従って，大学コミュニティをどう形成していくのか。「スポーツを核に」ということに加え，「with コロナ」ということも考えていかなければいけません。授業もオンライン化されています。部活動もオンラインではありませんが，かなり IT が導入されて科学的な解析が進んでいます。

　そういった中の中間にあるキャンパスライフ，ここでどう応援文化をしっかりとつくっていくのかということが大きな課題かと思いますし，物理的な面，時間的な側面を超えていくということで考えると，大学スポーツをコンテンツとして映像化し，それをオンラインに乗せていくという手段が非常に有効だろうと考えております。

　UNIVAS では昨年来，今年インカレは28競技ぐらいになる予定ですが，インカレの主たる大会の主たる試合については全て映像化を図っています。去年で800試合を超える規模です。UNIVAS のオフィシャルサイトから無料で皆さんにご覧いただけるようなサービスを展開しています。

　今年は 9 月15日からアーチェリーのインカレ，そして水球の試合が始まっております。両競技ともこの情勢ですので，無観客で試合をやっているということもあって，ライブ配信は非常に多くの視聴者に見ていただいています。1 日 1 万人以上の方がご覧いただいているような数字も出るぐらい，にぎわっています。映像を使って今後どのようにマーケットを切り開いていくのかということが，一つはキャズムを越えるた

めの手段ではないかと考えております。

　一方，いまのような映像で見る方々を増やすという観点で考えたときに，意識をしなければいけないのが地域コミュニティであります。特に，地方における大学の存在価値を地域の中でどう確立していくのかという観点の中では，大学が持つ潜在的なリソースが有効的に活用されていないのではないかと言われている学説も多いかと思います。

　あらためて見ますと，大学は施設であったり，優秀な人材であったり，そして知見といったような有効なリソースを抱えている組織ですので，地域のコミュニティ拠点という位置付けになるのであれば，サードプレイスという言い方にもつながってくるのではないかと考えています。

　すでにいろいろな大学が，いろいろな取り組みをしております。例えば，立命館大学のびわこ・くさつキャンパスは，すごくいいスポーツトレーニング施設をお持ちになっていて，学生や職員の方々がトレーニングをしていますが，そこを地域の方々に開放するということも，すでに行われているようであります。いまはコロナ禍ですので使用制限等々図っているかと思いますが，オンラインでのレッスンを開催するというような取り組みも行っています。

　それから先般お邪魔して非常に驚いたのが，立命館大学の大阪いばらきキャンパスです。昔からある伝統的な大学には必ずある壁がなかったのです。一般道と大学の敷地を遮る壁がないオープンキャンパスになっているというのが，大阪いばらきキャンパスでした。

　壁をつくり忘れたんですかと伺うと，「何をおっしゃいますか，これがコンセプトです」と伊坂先生に力強くおっしゃっていただきましたが，本当にこのキャンパスの真ん中には公園があったり，コンビニがあったり，カフェテリアがあったり，まさに地域に開かれたキャンパスを作り地域と一体化しようとしているところが，このキャンパスの戦略であります。

　一方，鹿屋体育大学も鹿屋市と地域連携をしっかりと行っている中で，いろいろな活動をされています。ご紹介したかったのが，鹿屋市の体育大会を何と大学のキャンパスの中で開催するという取り組みを継続されているようであります。ポスターがございますが，白い帽子が鹿屋市長，赤い帽子が学長先生です。ともにシンボルとなって地域連携を進めているという例かと思います。

　キャズムを迎えつつある大学スポーツ，それを乗り越えていかなければいけない。そのためにはコミュニティを広げていく。従って，地域のサードプレイスという位置付けまで視野に入れていくべきであろうと結びで考えております。スポーツの持つ力

は非常に大きいので，大学のブランディングということだけではなく，地域を取り込むときのきっかけとして，スポーツの持つ大衆性というのは非常に役に立つのではないかなと思っております。

　以上で，私からのプレゼンは終了させていただきます。ありがとうございました。

■花内　池田先生，ありがとうございます。

　最後に，一人一言ずつ，after コロナに向けてサードプレイス by スポーツというものが，どうなっていってほしいのか，どうしたいのかみたいなものをお話しいただければと思います。それでは，上林先生，お願いします。

■上林　古代ギリシャから中世に移るなかで，スタジアムは建物というより，まちの中に組み込まれるようなかたちになっていきました。我々が享受しているスタジアムの姿は，近代スポーツの勃興とあわせて発掘された古代ギリシャの様式を再利用しているに過ぎず，検討の余地はまだまだあると考えています。

　三密を避けようとスローガンを立てた新型コロナの流行が密集・密接・密閉というこれまでのスタジアムを変える引き金になるのかもしれません。今日は羽生社長や池田先生のお話を聞きながら，スタジアムそのものがもっと，まちに溶け込んでいくといいますか，かたちだけではなく，ソフト面においてもうまくなじんでいくような，IoT/ICT も使いながら実現に向かう未来を思い描いておりました。本日はありがとうございました。

■花内　ありがとうございます。最後になりますが，池田先生，お願いいたします。

■池田　今日は本当に多くの先生から，いろいろな情報と英知を頂戴いたしました。本当にありがとうございます。

　大学スポーツは，まだまだやれることが沢山あるかなと思っております。UNIVAS も，こんな時代だからなおのことですが，明るく笑う運動部学生の顔をより多く見たいということに向けて，いろいろな取り組みを頑張ってまいりたいと思います。ぜひ皆さま，よろしくお願いしたいと思います。本日はどうもありがとうございました。

■花内　ありがとうございます。これにてパネルディスカッションを終了させていただきます。after コロナに向けて，スポーツ自体が大きく変わっていく。それは大学スポーツだけではなく，一般のプロスポーツも含めて，まちづくりに至るまで，よりボーダーレスに，スポーツ自体が社会と溶け合っていくというかたちになっていくのではないかと感じました。

以上をもちまして，パネルディスカッション 2 を終わらせていただきます。ありがとうございました。

（終了）

※東京ヴェルディの要請により，羽生英之氏のご発言の掲載は割愛しました。

V

まとめにかえて

第**8**章

キャズムを越えて
一連の論考を通してみえてきたこと

01 本書の意義

　本書は，「スポーツビジネスにキャズム理論は適用できるのか？」という花
内の問題提起に対して，スポーツ科学側からだけでなく，経営学側からも有識
者の方々に学際的に一連の論考をしていただくという贅沢なものとなった。

　有識者の先生方に，普及理論，キャズム理論を通して日本のスポーツビジネ
スを自由に論考していただいたことで，日本のスポーツビジネスの問題の所在
とその外形が徐々に見えてきたと感じる。

　琉球ゴールデンキングスの創業者のひとりである大塚泰造氏は，シリコンバ
レーで IT 企業を起業する起業家だが，私が「スポーツのキャズム」について
の疑問を口にすると，「花内さん，キャズムは死語。もうキャズムとか言って
いる人は居ないよ。」と指摘してくれた。すでに IT ベンチャーの世界では，
キャズムを越える方策がいくつも考えられていて，キャズムに陥る経営者は少
ないということらしい。しかし，わが国のスポーツビジネスでは，キャズムに
ついて死語となるほど研究はされていないし，存在を知っている人の数も少な
い。

　わが国のスポーツビジネスでは，戦略的な意思決定は，少ない成功者の施策
を経験・データとして真似ることが中心とならざるを得ない。残念ながら，ひ
とつの成功事例が必ず他に当てはまり成功するとは限らず，貴重な資源を無駄

にしてしまうケースも多い。

　第5章で藤本先生が「マーケターが保有するデータや経験値で感じていたことがキャズム理論というフレームワークで整理され，マーケティング戦略の意思決定に有用であると感じたからである。」と指摘されたように，今回の一連の論考が，経験やデータを理論的に整理するフレームワークとして機能されることを期待している。

　今後，わが国のスポーツビジネスも，キャズム理論以外でも，こうした理論的なフレームワークを行えば，貴重な資源を有効に投資し成功をおさめる可能性は高くなるだろう。今回の一連の論考が，わが国のスポーツ発展の一助となることを願っている。

02 ｜スポーツビジネスにおけるキャズムの存在
＝Ⅰ層とⅡ層の価値観の違い

　一連の論考から浮かび上がったのは，顧客をプロファイリングし，割合を指摘した汎用性の高い普及理論を唱えたロジャーズの偉大さと，そこから顧客の価値観の違いによるキャズムの存在を指摘したムーアの鋭さである。

　スポーツビジネスにおいても顧客の価値観の違いによるキャズムを意識したマーケティングの戦略意思決定は有用と思われる。

　ここでは，花内が一連の論考から得たことをまとめのかわりに書いてみる。論考をしてくださった有識者の意見と相反する点もあると思われるが，本書から得た知識の利用の一例ととらえていただき，読者にも同様に，それぞれ知識を利用していただければ幸いである。

　わが国のスポーツビジネスにおいて，特にキャズムとして認識されるのは，キャズム前の顧客層（とりあえずわかりやすくするためにⅠ層とする）とキャズム後の顧客層（Ⅱ層とする）の価値観の違いである。

　Ⅰ層は，普及理論のイノベーター層と初期採用者層からなる層で，新しもの好きで，おたくで，アクティブである。

スポーツビジネスにおいては，Ⅰ層にとってのスポーツは，特定の種目を指す場合が多く，その種目に特化して興味を示す。そのスポーツの経験者が多い。例えば，Ⅰ層にとって「スポーツが好き」とは「サッカーが好き」「野球が好き」「バスケが好き」などの特定の種目を意味しており，「サッカーも野球もバスケも同じスポーツだから好き」という意味ではない。その種目に関する情報を詳細に知りたいという価値観があるため，試合の細かいプレーや戦術に興味がある。その中から監督やコーチという指導者が生まれるし，各種目団体の役員はほとんどこのⅠ層で占められていている。「○○の素晴らしさを伝えたい」「観てもらえれば，凄さがわかる」という発想になりがちである。

　Ⅱ層は，初期多数派と後期多数派からなる層で，乗り遅れるのが嫌な人たちである。人より早く乗るためにアンテナを張っているのが初期多数派で，確実に乗るために後から乗ってくるのが後期多数派である。Ⅱ層全体で全体の三分の二を占めるマジョリティ＝大多数である。

　スポーツビジネスにおいては，Ⅱ層にとってのスポーツは特定に種目を指さない場合が多い。Ⅱ層は，様々な種目に興味を持つ。例えばⅡ層にとって「スポーツ好き」とは「サッカー」も「野球」も「バスケ」も好きである。また，特定の１種目に関してⅠ層であっても，他のスポーツに関してはⅡ層であるケースが多い。「乗り遅れるのが嫌」という価値観があり，他の人の動きを窺うので，この層にはマスメディアによるアプローチが効果的である。さらにⅡ層にとっては，その種目自体の試合の細かいプレーや戦術に対する興味がⅠ層に比べて少ない。彼らには，そのスポーツ，種目が彼らのコミュニティに対してどのような影響を及ぼすのか？　の方が興味の対象となりやすい。よって，「あなたのまちの学校の校庭が芝生になります」というＪリーグの百年構想のようなアプローチがⅡ層に対して効果を発揮する。

　スポーツビジネスの難しさと面白さは，このⅠ層とⅡ層の違う価値観に対して，施策を柔軟にバランスしていくところにある。「地域密着」と「勝利こそすべて」のどちらかだけを進めてもキャズムに陥る。最初からⅡ層に向けて「地

域密着」だけを前面に出しても，弱すぎるチームはⅠ層がついてこないので，成功できないだろう。

このⅠ層とⅡ層の存在と価値観の違いを認識した上で，スポーツビジネスを考えてみたい。

03 Ⅰ層とⅡ層から考える（1）
——スポーツ動画配信ビジネスへの期待と不安

Withコロナの段階では，感染リスクを冒して，スポーツを観に行く人は少ないだろう。アメリカ・シートンホール大学の調査では，72%の人が「ワクチンなしではスポーツ観戦に行かない」としている。

そこで注目されるのは，動画配信をはじめとしたITビジネスである。

まずは単純に，「試合映像を動画配信すれば，ファンは満足するのではないか？」と考えるだろう。満足する人もいるだろう。特にⅠ層では，そのスポーツ種目を観ることで満足する人が多いと予測される。

しかし，Ⅱ層に動画配信が広がるかは甚だ疑問である。

Ⅱ層は，そのスポーツ種目に強い興味を抱いているわけではない。「みんなで観に行く」「行って楽しい」ということに価値観を抱いているとすれば，単なる「動画配信」では価値観にずれがある。キャズムに陥るだろう。

そこで次に注目されるのは，「応援」できるIT技術である。

動画配信を観ながら，「いいね！」ボタンを押したり，応援メッセージを送れたり，あるいは「投げ銭」をするという双方向技術である。単なる「動画配信」よりは進んでいるが，これをもってキャズムを越えられると考えるのはやはり疑問である。

Ⅱ層の価値観は，スポーツの試合そのものよりも，自らを取り巻く環境に価値観を抱くとするならば，彼らの価値観を考慮すれば，彼らにとって応援するときに必要なのは「他の観客」である。

デンマークのフットボールリーグではZoomの技術を使い，スタジアム内

に「Zoom Wall」と呼ぶ巨大な LED ビジョンを 3 台並べ「バーチャルグランドスタンド」と言う方法をとったと報道されている（イブニングスタンダード）。

試合というコンテンツとファンをつなげる動画配信だけでなく，試合を観ているファン同士のリアクションを繋げる動画配信が重要だということに注目するべきであろう。

まだ，決定的な IT 技術が見当たらないが，スポーツ観戦を IT 技術で代替していくためには，応援するファン同士のリアクションを繋げるものが必要と思われる。

例えば，動画配信でがら空きの無観客スタンドを映すのではなく，スタンドに観戦するファンの姿が，リアルなのかアバターなのかを問わず「リアル」に見える形で双方向に配信されることが重要なのだと思われる。そして自らのリアクションと他の観客のリアクションがシンクロする時に「場」の共有が行われると考えられるのではないだろうか？

04 | I 層と II 層から考える（2）
——大学スポーツへの期待

UNIVAS ができて発展が期待される大学スポーツについても，I 層と II 層を認識し施策を考えてみたい。大学スポーツの I 層とは体育会学生やその OB・OG，父母家族などの関係者であり，II 層は，非体育会の一般学生だと考えている。

現在は「大学スポーツの振興」のほとんどが競技力向上やガバナンスなど I 層で行われているようにみえる。UNIVAS が動画配信をはじめたが，まだ選手や関係者などの I 層に向けての施策にとどまっている。ここまで考察してきたように II 層に対してのアプローチがなければ，キャズムは越えられない。大学スポーツの各部や大学，そして学連や UNIVAS が II 層に対して的確な施策を打ち出せば，大学スポーツのポテンシャルは大きく発揮される。

たとえば，Ⅱ層にとって，種目ごとの縦割りは意味が無く，野球もサッカーもバスケも同じ大学の「体育会」「部」でしかない。であれば，種目ごとに縦割りされた「部活」を学校単位で統一した体育会をひとつの「クラブ」とし，統一されたブランドの下で，Ⅱ層を取り込んでいく必要がある。

　さらに重要なのは，「自らの大学体育会を応援することで，自分たち非体育会に何のメリットがあるのか？」を提示するということである。現在の日本の大学スポーツでは，この点が弱いために体育会と非体育会の溝が深まる。特に体育会に対して「スポーツの振興」の名目で，推薦入学や学費免除，学業・就職支援などの優遇措置が行われることに不公平感を抱く一般学生も生れてしまう。

　まず，やるべきことは，大学生に自らの大学スポーツを観戦させ，Ⅱ層までファンを拡大させることであろう。本書第7章の調査にもあるように，大学生が自らの大学のスポーツを観戦，応援する経験率は早慶を除けば20％台あれば良い方で，大学生が大学スポーツを観るというのは多数派に拡大していない。まず，新入生全員にスポーツ観戦をする機会を積極的に大学がつくらない限り，大学スポーツの振興は望めない。

　そして，例えば「一般学生が利用できるトレーニングプログラムや用具・施設の整備」など，応援することで得られるちょっとしたメリットをⅡ層に提示していくことも，キャズムを越える有効な手段となるだろう。そのために体育会で「持続的に環境整備」する。これはすなわち体育会がスポーツビジネスのエンジンを持つということである。

　そもそも大学生の体育会などの課外活動は，大学生のワークライフバランスの重要なパーツである。昨今，会社員のワークライフバランスが叫ばれ，教員のワークライフバランスのために，中学高校の土日の部活を学校の教員ではなく，外部の部活指導員に移管する動きがある。教員のワークライフバランスはもちろん重要であるが，学生・生徒たちのワークライフバランスを考える必要もあるのではないだろうか？

教育がワークなのであれば，体育会などの課外活動は教育＝ワークではなく，ライフとして行われるのが望ましい。もちろん，ライフから得られる学びも多いので，ライフも教育効果は高い。ただ，それを「教育を主目的」として行うことは，ライフではなくワークとして課外活動を押し付けかねない。本来ライフとして行われる課外活動が教育＝ワークとして行われることは，学生・生徒たちのワークライフバランスが崩れ，「ブラック部活」化してしまう可能性を秘める。

　学生・生徒の時から部活を通じて，ワークとライフのバランスをとる「自己調整能力」を身に着けることが，社会人となってもワークライフバランスのとれた人生を送るために必要な学びのはずである。日本社会の生産性の低さは，ワークライフバランスをとる「自己調整能力」の低さが原因のひとつでもある。学業と部活の二択を迫るような教育は，学生のワークライフバランスを欠いている。部活などの課外活動は，適度なライフを入れた効率的なワークを学ぶ場として，再確認する必要がある。

　そのためには，大学スポーツの組織構造は，大学と教員を中心としたワーク＝教育としての組織構造と同時に，大学と教員から離れたライフとしての組織構造の２重の構造になっている必要がある。

　日本における Athletic Department の多くは，大学と教員を中心としたワーク＝教育としての組織になっている。20世紀初頭にシカゴ大学で A. スタッグがはじめた近代的 Athletic Department は，大学とは別会計，別組織の二重の構造となっている。教育の組織では，学生・生徒に教育としての活動を押し付けてしまう危険がある。教育の組織と並行してもうひとつのライフのための組織が活動の運営を担うことで，はじめて課外活動をワークにしないことが可能になるのではないだろうか？

　日本の大学スポーツはポテンシャルを秘めている。Ⅰ層だけでなくⅡ層にアプローチする大学が増えていけば，大きく花開くはずである。

05 | I 層と II 層から考える（3）
──新リーグへの期待

　日本のスポーツは1993年の J リーグから2016年の B リーグまでの23年間「プロ化」した種目は生まれなかった。その後，2018年に T リーグが開幕，今後，2021年に女子サッカーの WE リーグ，2022年にラグビーの新リーグが開幕予定である。（T リーグやラグビーの新リーグは「プロ化」ではないとされている。）

　なぜ日本のスポーツ界は23年間「プロ化」できなかったのか？「プロ化」とは何か？　は重要なテーマであるが，ここでは取り上げる紙幅が足りない。いずれ別の機会に考察をするとして，ここでは，リーグにおける I 層と II 層の施策バランスを考えたい。

　前述したように，J リーグでは「百年構想」によって，II 層に対するアプローチが明確になっている。B リーグや T リーグでは，J リーグの「百年構想」の様なはっきりとした II 層へのアプローチはない。B リーグは「エンタテインメント」を打ち出すことで，バスケットボールファンだけでない層へのアプローチを図っているように思えるが，どう評価するべきだろうか？　II 層にとっては，そのエンタテインメントが自らにとって必要なエンタテインメントであることを示せれば良いのだが，今のところ，そこまでには至っていない様にみえる。現状の観客増，収入増は I 層の中での成功に留まっているのだとすれば，まだまだ伸びしろが大きい。今後は，II 層へアプローチすることによって，更なる成功を期待したい。

　WE リーグは，「女性活躍社会」という明らかに II 層に向けてのアプローチをしており，注目している。今後は，WE リーグが成功することで「女性活躍社会」が実現される目に見える施策を提示できれば，キャズムを越える可能性は十分にある。ただ，心配なのは，すべての J リーグチームが WE リーグに参戦していないことである。I 層では，チームの価値は男性と女性で分れてし

まうため，別々に行われるのは歴史的に当然であったが，これからⅡ層に向けてアプローチするのに，Ｊリーグとは別のメンバーで別のリーグを立ち上げて「女性活躍」を謳うことが，Ⅱ層からみると矛盾しているように見える可能性もはらむ。Ｊリーグが更なる発展をするためには，WEリーグに全チームが参加することが望ましい。

　野球界も同様の動きをしていることにも注目している。西武ライオンズが，西武ライオンズ・レディースを立ち上げた。野球はすでにⅡ層に広がりを持つスポーツであるが，そこへアプローチする時に，女子チームを形成するのは自然であり，有効な施策に思える。12球団がすべてレディースチームを持つことは，WEリーグよりも容易く，かつ効果的である。日本のスポーツ施設は，サッカー場よりも野球場の方が多い。12球団レディースチームは，フランチャイズを工夫できれば，今まで未開拓だった分野を含めて12球団のブランド価値，さらには野球の持つ価値を増大させる可能性は高い。

　2022年に予定されているラグビーの新リーグも期待が大きい。現時点でもラグビーのメディア露出量はＢリーグよりも大きいと思われる。2019年のラグビーワールドカップでの日本代表の活躍は，Ⅱ層を十分に掘り起こしている。新リーグに対しては，Ⅱ層へのアプローチがきちんと戦略的に行われれば，キャズムを越えていくポテンシャルは十分にあると期待している。

　まずは「百年構想」のようにⅡ層に向けて，「ラグビーを応援することは自分たちの社会をよくすることだ」という施策をきちんと打ち出せるかが重要になるだろう。その上で，現在のメディア露出量に満足せず，きちんとメディア戦略を検討する必要がある。特にチームに「企業名」を残すことは，テレビで放送する時にスポンサーカテゴリーに制限が加わってしまうことを認識しておくべきである。トヨタVS東芝という試合の放送に，ホンダや日立という企業はスポンサーにならない。企業スポーツの弱点のひとつである。解決のためには，チームに企業名をつけるかわりに，ネーミングライツ料をリーグに支払うスキームを作っておくことである。そしてリーグは，その費用を元に地上波で

の露出をすることである。それができれば，安定したメディア露出量を元にＪリーグに追いつく人気を博す可能性は十分期待できる。

　ラグビーは試合数が少ないので儲からない。と言う人もいるが，スポーツマーケティングの本質を理解されていない。試合は市場に対する重要なきっかけであるが，試合以外でも，どうやって日常に興味を継続させるのかが，腕のみせどころである。

　実際，アメリカで最も人気の高い NFL の試合数はレギュラーシーズンで17試合しかなく，そのうちホームゲームは 8 または 9 試合しかない。彼らは少ない試合数を様々な努力で最高の人気と収益を実現している。チームとリーグがひとつの経営方針となるシングルエンティティなど，見習う点は多い。ラグビーは，Ｊリーグ型のプロ化を目指すのではなく，NFL 型のプロ化を目指し，日本の企業スポーツと地域スポーツを融合させる新しいプロ化をすることで，大成功できるはずである。

06 ｜ Ⅰ層とⅡ層から考える（4）
──部活動改革から日本型ゴールデンプラン

1 部活動改革

　部活動改革についても，これまでと同様に考察してみたい。部活動というと部活動を行う生徒や教師，また保護者といった関係者としてのⅠ層だけの問題として捉えがちであるが，実はスポーツを行わない人々や，子どものいない人，学校に関係のない人などⅡ層にとっても重要な問題だと考えている。

　部活動教員の働き方改革に端を発した運動部活動改革は2023年以降，段階的に地域に移行されるプランが発表されている。こうした動きは，部活動やスポーツに限らず，公共サービスを担うパブリックガバメントのパラダイム変化として捉えるべきである。これまで税金を使って公共サービスとして教育や部活を官僚制によって一律に供給してきたが，社会が豊かに変化してくることで，要求が細分化，専門化，高度化してしまい，とても官僚制で一律に供給すること

は難しくなってしまっている。現場の教員の努力で細分化，専門化，高度化に対応するのに限界がきてしまったため，官僚制で一律に公共サービスを供給することをあきらめ，「民営化」するという動きが，様々な公共サービスで行われている。

　ただし，「民営化」すると，市場の原理にさらされ「公共」としてのサービスがおろそかになる可能性が高い。部活であれば，民営化した結果，部活が「塾」のように有料になってしまい，経済格差によって部活ができない生徒・児童が生じるかもしれない。

　そうした悪い「民営化」を防ぐために，一定のシステムを設けて市場原理だけで運営されないようにしなくてはならない。例えば，部活動以外でも地域による利用を促進し，その利益を使って部活動を無償にする。など，学校部活動だけではなく，地域の一般利用を含めて考える必要がある。学校部活動の地域化には，ソフト面だけでなく，施設利用権を含めたハード面も一緒に考えないと解決は難しい。不動産開発では公的不動産を，公共・公益的な目的をふまえつつ，経済の活性化や財政健全化を目指して運用するPRE（Public Real Estate）戦略が進んでいる。その一環として学校のスポーツ用地・施設をSRE（School Real Estate）と捉えて積極的な利用を考えるのはどうだろう。今の学校は，公共施設として教育目的だけでなくもっと様々な目的で地域住民が利用できる施設になりうる。たとえば，イダルゴ・パリ市長はパリを自宅から徒歩または自転車で15分以内で日常生活に必要な様々な場所にアクセス可能なまちにすることで，まちの活性化だけでなくCO_2削減などの解決策としている。そのための施策例の第一に挙げられているのが，学校を教育施設としてだけでなく，教育で使用しない時間，空間を地域住民が多目的利用する施設に変える施策である。わが国の学校のスポーツ用地・スポーツ施設を教育に支障のない限り，もっと活用する施策が望まれる。

　そして，すべてを民間企業に委託するのではなく，一旦，学校も参加する地域の法人を設立し，そこに移管した上で，部分的な業務を民間に発注するなど

のシステムを構築することで，市場原理から公共サービスを守る必要がある。

　部活動は「教育の一環」であって「教育を主目的」で行われるべきではない。スポーツの教育効果を否定しているのではない。教育を主目的としてスポーツを手段として定義するのか？　それともスポーツはスポーツ自体を目的として行い，教育はあくまでもその結果であるのか？　ということである。

　前述したように，教員のワークライフバランスが重要なように，生徒・児童のワークライフバランスもまた重要なのである。部活動が教育を主目的で行われてしまうと，生徒・児童にとっては，ワークライフバランスが崩れてしまう。教育を主目的とせず，あくまでもスポーツそのものを目的とした上で，教育効果を得ることが重要である。教育を主目的とせず，スポーツを目的とするのであれば，教育を主目的とする学校組織の下に前述の地域の法人を置いてはいけない。学校組織とは別のスポーツを目的とする法人にして，そこに学校が加わる形であるべきだろう。

　部活動改革は，施設のありかたを含めて学生・生徒・児童だけでなく，高齢者を含めた地域住民のスポーツのありかたを総合的に検討することで，課題の解決だけでなく，よりよいスポーツ環境を整備する機会となりうる。

2　日本型ゴールデンプラン

　スポーツ施設の整備については，ドイツのゴールデンプランが手本となる。ゴールデンプランは，「健康は人間にとって黄金のように尊い」ということから命名されたスポーツ施設整備のナショナルプロジェクトで，住区 ⇒ 近隣 ⇒ 地区 ⇒ 地域 ⇒ 広域というエリアに分けられて必要なスポーツ施設整備を段階的に行い，ドイツのスポーツ活動環境は飛躍的に向上した。1960年代からはじまったプロジェクトは，現在も継続されており，ドイツオリンピックスポーツ連盟が2021年3月23日に発表したところによると，「スポーツクラブ文化」がドイツ・ユネスコ委員会の無形文化遺産に登録されたほど，スポーツクラブが文化として社会に定着している。

日本においても，1972年の保健体育審議会でドイツのゴールデンプランをモデルに「コミュニティスポーツ振興」が総合国策としてあげられたが，作文に終わってしまった。日本が試みた「コミュニティスポーツ振興」が実現しなかった理由は「土地の確保と資金の調達」にある（『戦後日本のスポーツ政策』関春南著，大修館書店，1997年）。

　1970年代の経験を糧に，日本型ゴールデンプランとして以下の3点を提案したい。

　　1　土地の確保 ⇒ 学校用地内のスポーツ用地・施設の特例化
　　2　資金の調達 ⇒ SRE（PRE の学校版）としての民間投資の導入
　　3　公益性の担保 ⇒ スポーツ法人によるコミュニティソリューション運営

　この3点に対する法制・税制を整備することで，部活動問題の根本的解決だけでなく高齢化社会を迎える日本が，健康でウェルビーイング溢れる国になる施策となる。

　本書Ⅳ部のパネルディスカッション2において，「サードプレイス by スポーツ」を紹介しているが，今後は「日本型ゴールデンプラン」として，学校を拠点にスポーツによるまちづくりを考えていきたい。

（花内　誠）

おわりに

　本書は，立命館大学副総長・伊坂忠夫教授の「花内さん，ニュートンはペスト禍で大学が休学している間に万有引力の法則を発見したんです。コロナ禍の間に，花内さんも何か発見したらどうですか？」という言葉から出発した。

　ニュートンには及びもつかないが，以前から疑問であったスポーツビジネスの成功と失敗を分ける要因のひとつを普及論とキャズム理論から考察したことを話すと，伊坂先生は，「花内さん，それ，面白いね。他の先生にも声掛けてみましょう。」と本書に寄稿していただいた諸先生に原稿を依頼していただいただけでなく，立命館大学スポーツ健康科学部10周年記念シンポジウム「Withコロナ／Postコロナ時代におけるスポーツの未来像──経営学・イノベーションから切り拓く」の開催までセッティングいただいた。伊坂先生の導きで本書は出版されたといって過言ではない。心から感謝を申し上げる。

　寄稿いただいた各先生にも感謝をお伝えしたい。皆様，ご多忙にもかかわらず，貴重な論考を御寄せいただいた。

　徳田昭雄先生は，経営学の潮流がすでにキャズム理論から離れていることを指摘されながらも，「あらためてスポーツを，そういう視点でみる。というのは，面白い経験だ。」とお付き合いいただいた。徳田先生の論考が本書の要となっている。

　上田滋夢先生と藤本淳也先生は，普及論とスポーツの関係について取り組んだ経験をお持ちであり，その論考の難しさをよくご存じであった。当初，論考を仕上げることはできないかも。と難色を示されていただが，「ここで取り組むのもまた運命を感じる」と原稿をいただいた。お二人の論考が本書の骨格を作っている。

萩原悟一先生と横山暁先生は，こちらからお願いした無茶ぶりを，きちんと膨らませて論考にしていただいた。特に横山先生の調査分析から，大学スポーツの応援経験が大学への寄附行動を促すという発見があった。これまでの大学スポーツのビジネスモデルの変革につながる発見とも言える。両先生の論考が本書の肉になり動きのあるものにしている。

　和田由佳子先生は，実際に行われている普及の現状についての貴重な論考だけでなく，シンポジウムにおいてパネルディスカッションのコーディネーターとして，伊坂先生，上田先生，藤本先生の3人のパネリストから上手く話を引き出していただいた。和田先生が，本書を血の通ったものにしてくれている。感謝の意を表したい。

　また2つめのパネルディスカッションにご登壇いただいた池田敦司先生，上林功先生にも御礼を申し上げるとともに，一緒にご登壇いただいた羽生英之氏の発言を東京ヴェルディからの要請により削除することになったことは，心からお詫び申し上げたい。

　最後に，晃洋書房編集の吉永さんに感謝する。相変わらず私が締切を守らずにご苦労をおかけした。あなたの丁寧な作業がなければ，本書は完成しなかった。本当に感謝している。

　さて，コロナ禍のトンネルは思った以上に長くなっている。このトンネルが明けた時に，世の中は大きく変わっているだろう。スポーツはその時，どうなっていくだろうか？　少しでもスポーツの環境が良くなることを願っている。

　　コロナ禍の中で

　　　　　　　　　　　　　　　　　　　　　　　　　　　花内　　誠

《執筆者紹介》（*は編著者，掲載順，[ ]は執筆・掲載箇所）

＊花 内　誠（はなうち　まこと）[はじめに，第1章，パネルディスカッション2，第8章]
株式会社電通スポーツ事業局シニアディレクター兼パブリックスポーツ課長。
（一社）スポーツと都市協議会（旧アリーナスポーツ協議会）理事（2013年〜），（公財）ヤマハ発動機スポーツ財団理事（2016年〜）立命館大学客員教授（2020年〜）。
　電通スポーツ局にて，ゴルフ（宮里藍），野球（サムライジャパン），バスケットボール（2リーグ統合）等を担当後，2016年文部科学省「大学スポーツ振興に関する検討会議」にて，「スポーツ産学連携＝日本版NCAA」を提案。

徳 田 昭 雄（とくだ　あきお）[第2章]
立命館大学研究担当副学長，立命館大学経営学部教授（経営学博士）。
　2000年立命館大経営学部助教授，英国レディング大学，独国アーヘン工科大学，仏国EHESS，仏国Institut Mines-Télécom，慶応大学SDM研究科での在外研究を経て，現職。専門は経営戦略論，イノベーション論。主著『EUにおけるエコシステム・デザインと標準化』（科学情報出版，2017年）。

上 田 滋 夢（うえだ　じむ）[第3章，パネルディスカッション1]
追手門学院大学社会学部教授。
　京都教育大学大学院教育学研究科修了。日本サッカー協会強化委員会委員，京都教育大学，Jリーグ-福岡，神戸，中京大学，名古屋グランパスで指導者・チーム統括責任者，大阪成蹊大学マネジメント学部教授を経て，現職。専門はガバナンス論，社会システム論，戦略論。主な著書は『図とイラストで学ぶ新しいスポーツマネジメント』（分担執筆，大修館書店，2016年），『スポーツ戦略論』（代表編者，大修館書店，2017年）。

萩 原 悟 一（はぎわら　ごいち）[第4章]
九州産業大学人間科学部准教授。
　米国アーカンソー州立大学大学院修了（M. S. Sports Administration），国立大学法人九州工業大学大学院生命体工学研究科脳情報専攻短縮修了（博士（学術））。国立大学法人鹿屋体育大学大学院准教授を経て，現職。その他，株式会社リトルソフトウェア技術顧問を務める。スポーツ庁長官賞など受賞。

藤 本 淳 也（ふじもと　じゅんや）[第5章，パネルディスカッション1]
大阪体育大学体育学部教授，学長補佐。
　鹿屋体育大学大学院修了。1993年大阪体育大学助手，イリノイ大学客員研究員，フロリダ州立大学客員研究員を経て，現職。専門は，スポーツマーケティング。著書として『スポーツマーケティング改訂版』（共著，大修館書店，2018年），『スポーツ産業論入門 第7版』（分担執筆，杏林書院，2021年）など。

和田由佳子（わだ　ゆかこ）[第6章，パネルディスカッション1]
立命館大学スポーツ健康科学部専任講師。
　聖心女子大学卒業，立命館大学大学院（修士），早稲田大学大学院（博士）修了。競技団体会長の個人秘書を経て，プロスポーツチームの監督などのマネジメントに携わりながら博士号（スポーツ科学）を取得。スポーツ消費者の理解とスポーツチームのブランディング，スポーツによる地域振興に関する研究を行っている。2018年から現職。

横 山　　暁（よこやま　さとる）[第 7 章]
青山学院大学経営学部マーケティング学科准教授。

　慶應義塾大学大学院理工学研究科開放環境科学専攻後期博士課程修了。博士（工学）。帝京大学経済学部経営学科助教，講師を経て，2017年より現職。専門社会調査士。専門は多変量解析（特にクラスター分析），マーケティング・リサーチ。主な論文に「One-mode three-way overlapping cluster analysis」（Computational Statistics 誌，24巻，pp. 165-179，2009年，共著），「Improving algorithm for overlapping cluster analysis」（Advanced Studies in Behaviormetrics and Data Science, pp. 329-338，2020年）。

伊 坂 忠 夫（いさか　ただお）[パネルディスカッション 1]
学校法人立命館副総長，立命館大学副学長，立命館大学スポーツ健康科学部教授，立命館大学スポーツ健康科学研究センター副センター長。

　1992年立命館大学理工学部助教授。1999博士（工学）。2003年理工学部教授。2010年よりスポーツ健康科学部教授，2019年より現職。研究分野は，応用バイオメカニクス。文部科学省 COI プログラム「運動の生活カルチャー化により活力ある未来をつくるアクティブ・フォー・オール拠点」の研究リーダー。主な著書として『スポーツサイエンス入門』（共編著，丸善，2010年）など。

上 林　　功（うえばやし　いさお）[パネルディスカッション 2]
追手門学院大学社会学部スポーツ文化学専攻准教授，株式会社スポーツファシリティ研究所代表取締役。

　建築設計事務所にてスポーツ施設の設計・監理を担当。2014年に独立，2017年に博士（スポーツ科学）Ph.d. のち現職。「スポーツ消費者行動とスタジアム観客席の構造」など研究と建築設計の両輪にて実践。早稲田大学スポーツビジネス研究所招聘研究員，慶應義塾大学大学院メディアデザイン研究所リサーチャー，日本政策投資銀行スマートベニュー研究会委員，一般社団法人運動会協会理事，スポーツテック＆ビジネスラボ　コミティ委員など。

池 田 敦 司（いけだ　あつし）[パネルディスカッション 2]
一般社団法人大学スポーツ協会専務理事，仙台大学教授。

　早稲田大学卒業後，西武百貨店にてマーケティング業務に従事。2005年楽天イーグルスの創設に参画，取締役副社長としてボールパーク構想・地域密着戦略を推進し，プロスポーツビジネスモデルの確立を果たし，2013年球団創設 9 年目に日本一を経験。その後，ヴィッセル神戸代表取締役社長に就任，集客強化とスタジアム営業の改革を図る等，プロ野球とプロサッカーの 2 大プロスポーツの経営執行を経験。2017年より仙台大学教授，2019年 3 月より一般社団法人大学スポーツ協会専務理事。

ASC 叢書　3
スポーツビジネスの「キャズム」
新リーグ, 新チームの成功と失敗を分けるマーケティング理論

2021年6月30日　初版第1刷発行		＊定価はカバーに 表示してあります

監修者	一般社団法人 スポーツと都市© 協議会
編著者	花　内　　　誠
発行者	萩　原　淳　平

発行所　株式 　　　　会社	晃　洋　書　房

〒615-0026 京都市右京区西院北矢掛町7番地
電話　075 (312) 0788番代
振替口座　01040-6-32280

装丁　尾崎閑也	印刷・製本　亜細亜印刷㈱

ISBN 978-4-7710-3506-5